AF801095

भारतीय युवा और चुनावी राजनीति

भारतीय युवा और चुनावी राजनीति

उभरती हुई भागीदारी

संपादन

संजय कुमार

SAGE | bhasha

Los Angeles | London | New Delhi
Singapore | Washington DC | Melbourne

Originally Published in 2014 in English by
SAGE Publications India Pvt Ltd as *Indian Youth and Electoral Politics: An Emerging Engagement*

This edition published in 2019 by

SAGE | bhasha

SAGE Publications India Pvt Ltd
B1/I-1 Mohan Cooperative Industrial Area
Mathura Road, New Delhi 110 044, India
www.sagepub.in

SAGE Publications Inc
2455 Teller Road
Thousand Oaks, California 91320, USA

SAGE Publications Ltd
1 Oliver's Yard, 55 City Road
London EC1Y 1SP, United Kingdom

SAGE Publications Asia-Pacific Pte Ltd
18 Cross Street #10-10/11/12
China Square Central
Singapore 048423

Published by Vivek Mehra for SAGE Publications India Pvt Ltd, typeset in 13/15 pt Kokila by AG Infographics, Delhi.

ISBN: 978-93-532-8225-7 (PB)

Translator: Ramendra Sinha
SAGE Team: Syed Husain Naqvi, Vinayak Dubey

विषय सूची

तालिकाओं और रेखाचित्रों की सूची

तालिका

रेखाचित्र

प्रस्तावना

"भारतीय युवा" के रूप में संदर्भित श्रेणी या सामाजिक समूह सरल लग सकता है, क्योंकि हम में से अधिकांश इस श्रेणी को एक निश्चित आयु समूह द्वारा पहचानते हैं, लेकिन जितना सोचा जाता है, यह उतना आसान नहीं है। यहां तक कि आयु के अनुसार भारतीय युवा श्रेणी को परिभाषित करने के प्रयास का भी विरोध किया जाता है क्योंकि आयु वर्ग जिसे भारत में "युवा" के रूप में संदर्भित श्रेणी का गठन करना चाहिए, के बारे में कोई आम सहमति नहीं है। विभिन्न राष्ट्रीय युवा नीतियों में युवाओं की परिभाषा के रूप में भारत सरकार का 13–35 वर्ष का अपना आयु वर्ग था। हालांकि, राष्ट्रीय युवा नीति (2012) में आयु का वर्ग 16–30 वर्ष तक घट गया था। भारतीय युवाओं पर अध्ययन करने वाले शोधकर्ताओं ने एक अलग आयु वर्ग को देखा है—लगभग 25 वर्षों तक। इसलिए भारतीय युवाओं पर अनुसंधान करने की चुनौती आयु, एक ऐसी श्रेणी जिस पर शायद ही कोई आम सहमति है, के संबंध में युवाओं की परिभाषा से शुरू होती है। युवाओं के बारे में राय का अंतर न केवल विभिन्न आयु समूहों तक सीमित है, बल्कि अन्य जनसांख्यिकीय कारक, जैसे स्थान, लिंग, शैक्षिक उपलब्धि का स्तर, जाति, क्षेत्र, धर्म और युवा जिस परिवार का सदस्य है, वो किस आर्थिक वर्ग से हैं; ये सभी युवाओं के रूप में संदर्भित श्रेणी को परिभाषित करने में चुनौतियां पैदा करने हैं। युवाओं की सामाजिक विशेषताओं में ये अंतर भारतीय युवाओं की धारणा, झुकाव और व्यवहार को प्रभावित करते हैं, न केवल सामाजिक मुद्दों के बारे में बल्कि राजनीति से संबंधित मुद्दों तथा चुनावी भागीदारी के विभिन्न पहलुओं के बारे में भी। यह पुस्तक चुनावी राजनीति में भारतीय युवाओं की राय, झुकाव, धारणा और भागीदारी में ऐसे अंतरों की पड़ताल का प्रयास करती है।

जबकि भारत में युवाओं के रूप में किस आयु वर्ग को संदर्भित किया जाना चाहिए, इस बारे में बहस जल्दी नहीं थम सकती है, एक बात जिस पर सर्वसम्मति है, वो यह है कि युवा जनसंख्या का एक बड़ा हिस्सा हैं। 18 वर्ष से ऊपर के युवाओं के बड़े अनुपात को देखते हुए, यह स्वाभाविक है कि युवा, भारत में मतदाताओं का एक बड़ा हिस्सा भी बनाते हैं। युवा मतदाताओं की संख्या बहुत बड़ी हो सकती थी, अगर अन्य आयु वर्ग के मतदाताओं की तरह उन्होंने खुद को समान अनुपात में मतदाताओं के रूप में पंजीकृत किया होता। सेंटर फॉर द स्टडी ऑफ डेवलपिंग सोसाइटीज (सीएसडीएस) द्वारा आयोजित एक हालिया अध्ययन में मतदाताओं के अन्य आयु समूहों की तुलना में युवाओं के कम नामांकन अनुपात को दर्शाया गया। युवाओं में बड़ी संख्या में भारतीय मतदाता हैं, भले ही उनका पंजीकरण अनुपात अन्य आयु वर्ग के मतदाताओं के बीच पंजीकरण अनुपात की तुलना में कम हो।

भारत में युवा, भारतीय मतदाताओं का एक बड़ा वर्ग बनाते हैं, लेकिन राजनीतिक वर्ग के रूप में युवा मतदाता हाल ही के समय तक राजनीतिक हित और अनुसंधान का मुद्दा शायद ही रहे हैं। 2009 के लोकसभा चुनाव के बाद ही भारत में युवाओं के मत में दिलचस्पी बढ़ी है। चूंकि वे बड़ी संख्या में हैं, न केवल राजनीतिक दलों ने विभिन्न अभियानों और विशेष रूप से अभिकल्पित कार्यक्रमों के माध्यम से युवा मतों पर नजर रखी है, बल्कि चुनाव आयोग भी युवाओं को उच्च चुनावी भागीदारी के लिए संगठित करने का प्रयास कर रहा है। 2009 के लोकसभा चुनाव के बाद, प्रिंट और इलेक्ट्रॉनिक मीडिया दोनों में युवाओं पर मीडिया कवरेज की अच्छी मात्रा है। इस पर ध्यान मुख्यतः इसलिए केंद्रित था क्योंकि ऐसा माना जा रहा था कि 15वीं लोकसभा में बड़ी संख्या में युवा सदस्य चुने गए थे। एक साझा धारणा भी थी कि अतीत की तुलना में, राहुल गांधी के अभियान के कारण 2009 के लोकसभा चुनाव के दौरान युवा मतदाताओं को राजनीतिक रूप से अधिक संख्या में एकत्रित किया गया था। कुछ लोगों का यह भी मानना था कि युवा मतदाताओं ने 2009 के लोकसभा चुनाव के दौरान युवा उम्मीदवारों के लिए बड़े अनुपात में मतदान किया था।

हालांकि इस बात पर ध्यान दिया गया कि 2009 के लोकसभा चुनाव के दौरान कैसे युवा मतदाताओं ने महत्वपूर्ण भूमिका निभाई और कैसे बड़ी संख्या में युवा राजनेता संसद में चुने गए, 2009 में लोकसभा के लिए चुने गए 40 वर्ष से कम आयु के लोगों की एक साधारण संख्या ने सुझाव दिया कि इस "युवा" श्रेणी में केवल 79 सदस्य थे। 15वीं लोकसभा में बड़ी संख्या में युवा सदस्यों के निर्वाचित होने के बारे में बहुत अधिक मीडिया प्रचार था, लेकिन जब हमने पिछली सदन के साथ 15वीं लोकसभा में संसद सदस्यों (सांसदों) की संख्या की तुलना की, तो यह स्पष्ट था कि संख्या 15वीं लोकसभा में युवा सांसदों की संख्या से अधिक नहीं थी। जबकि एक साधारण गिनती हमें इस सरल प्रश्न का उत्तर देने में मदद करती है, वहीं कुछ बड़े प्रश्न रह जाते हैं, जैसे क्या भारत में "युवा मत" है, क्या युवा मतदाता की मतदान प्राथमिकता अन्य आयु वर्ग के मतदाताओं से कुछ अलग है, भारतीय युवाओं की राजनीति में रुचि का स्तर क्या है, क्या हम युवा मतदाताओं के बीच राजनीति में रुचि में गिरावट देखते हैं, इत्यादि। संक्षेप में, जिस मुद्दे की सावधानीपूर्वक विश्लेषण की आवश्यकता थी वह यह था कि क्या एक युवा उम्मीदवार, युवा मतदाताओं को अधिक चुनावी भागीदारी के लिए प्रेरित करता है। पुस्तक इन मुद्दों में से कुछ पर केंद्रित है, जो न केवल शोधकर्ताओं बल्कि उन सभी के लिए महत्वपूर्ण हैं जो राजनीति में सक्रिय हैं, अर्थात राजनीतिज्ञ और राजनीतिक दल।

प्रश्न सरल हो सकते हैं लेकिन युवाओं और चुनावी राजनीति से संबंधित इन प्रश्नों के उत्तर देने के लिए शायद ही कोई साक्ष्य उपलब्ध था। इस मुद्दे पर जानकारी की कमी के बारे में पूरी तरह से जानते हुए, मैंने उस चुनावी राजनीति में युवा भागीदारी के विभिन्न पहलुओं पर ध्यान केंद्रित करते हुए युवाओं और राजनीति के मुद्दे पर व्यवस्थित अध्ययन और अनुसंधान करने का विचार किया, जिसमें विरोध आंदोलनों में भाग लेने से लेकर चुनाव रैलियों तथा मतदान के लिए अभियानों में भाग लेना तक शामिल है।

आभार

जब मैंने इस अध्ययन के विचार को कुछ वर्ष पहले भारतीय युवाओं पर हमारे पहले अध्ययन का समर्थन करने वाले फाउंडेशन Konrad-Adenauer-Stiftung (KAS) के साथ साझा किया तो फाउंडेशन ने प्रस्तावित अध्ययन में बहुत रुचि दिखाई थी। मैं केएएस का धन्यवाद करता हूं न केवल इस प्रयास के लिए जरूरी समर्थन प्रदान करने के लिए, जिसने इस पुस्तक का आधार रखा, बल्कि महत्वपूर्ण अध्ययन और मूल्यवान सुझाव प्रदान करने के लिए भी, जिसने इस अध्ययन को आकार देने में सहायता की। इस अध्ययन को सेंटर फॉर द स्टडी ऑफ डेवलपिंग सोसाइटीज (सीएसडीएस) में मेरे सहयोगियों, विशेष रूप से वी. बी. सिंह, डी. एल. शेठ, योगेंद्र यादव और संजीर आलम से प्राप्त नियमित सहयोग और प्रोत्साहन से काफी लाभ हुआ। मैं सीएसडीएस के वर्तमान निदेशक राजीव भार्गव का भी शुक्रिया अदा करना चाहता हूं, जिन्होंने मुझे स्वतंत्र रूप से कार्य करने का अवसर प्रदान किया, जिसने मुझे समय पर इस पुस्तक को पूरा करने में मदद की। मैं सुहास पलशीकर और संदीप शास्त्री के प्रति भी आभार व्यक्त करता हूं, जिन्होंने हमेशा मुझे इस पुस्तक को लिखने के लिए प्रोत्साहित किया।

लोकनीति में कार्य कर रहे कई शोधकर्ताओं ने मुझे इस पुस्तक को लिखने में अलग-अलग समय और विभिन्न चरणों में मदद की, लेकिन मुझे लोकनीति के साथ कार्य करने वाले मेरे कुछ सहयोगियों को धन्यवाद देने से शुरू करना चाहिए, जो इस संस्करण में योगदानकर्ता भी हैं—विभा अत्री, किंजल संपत, ज्योति मिश्रा, श्रेयस सरदेसाई और अनन्या सिंह। उन्होंने न केवल इस संस्करण के लिए अध्यायों का योगदान दिया है, बल्कि इस प्रोजेक्ट के विभिन्न चरणों में भी कड़ी मेहनत की है। योगदानकर्ताओं के अलावा, कुछ अन्य सहयोगियों, बनस्मिता बोरा, आशीष रंजन और अमृष को भी धन्यवाद देना बनता है, जिन्होंने इस अध्ययन की विभिन्न शोध गतिविधियों में मदद की। सीएसडीएस की डेटा यूनिट टीम को भी धन्यवाद देता हूं, जिसमें हिमांशु भट्टाचार्य, कंचन मल्होत्रा और के. ए. क्यू. ए. हिलाल शामिल हैं। अगर मैं धनंजय कुमार सिंह और अनुराधा सिंह के नामों का जिक्र नहीं करता हूं, तो यह अन्यायपूर्ण होगा, जिन्होंने जब भी जरूरत हो तब मुझे विभिन्न प्रकार के प्रशासनिक और संचालन संबंधी सहायता प्रदान की।

शमशाद अंसारी, सुप्रियो बसु, नितिन बिर्मल, सत्य प्रकाश दाश, सज्जाद इब्राहिम के.एम., सुधीर कुमार, संजय लोढा, कुशल पाल, जी. कोटेश्वर प्रसाद, राकेश रंजन, पी. नरसिंह राव और यतींद्र सिंह सिसोदिया के लिए मेरा आभार, जिन्होंने विभिन्न राज्यों में सर्वेक्षण आयोजित करने में मदद की। प्रोजेक्ट के साथ उनकी गहन वचनबद्धता के बिना, अध्ययन पूरा नहीं हो सकता था और इस पुस्तक को लिखने के लिए आंकड़े उपलब्ध नहीं हो सकते थे।

मेरी पत्नी रश्मि हमेशा मेरे लिए प्रेरणा का स्रोत रही हैं। उन्होंने हमेशा इस पुस्तक को लिखने के लिए आवश्यक नैतिक समर्थन प्रदान किया है। उन्होंने न केवल इस पुस्तक को लिखने में मेरा समर्थन किया व मुझे प्रोत्साहित किया है, बल्कि उन सभी पुस्तकों में भी जिन्हें लिखने की मैंने योजना बनाई। मुझे यकीन है कि उनके नैतिक समर्थन के बिना इस पुस्तक को पूरा करना मेरे लिए आसान नहीं होता। मेरी दो बेटियां विशाखा नंदिनी और मानवी नंदिनी भी विशेष उल्लेख की अधिकारी हैं। अखबारों, समाचार पत्रिकाओं, जर्नल्स, या संपादित ग्रंथों में जब मेरा लिखा प्रकाशित होता है तो वे बेहद खुश महसूस करती हैं और खुशी साझा करती हैं। मेरी छोटी बेटी मानवी खुशी को साझा करने के लिए अपने दोस्तों को मेरा लेख दिखाती है, और इसे पढ़ने की और कुछ समझने की कोशिश भी करती है। मैंने उसके द्वारा उत्सुकता से पढ़े गए अपनी पिछली पुस्तकों के अध्याय से यादृच्छिक रूप से चुने गए कुछ अनुच्छेदों का भी आनंद लिया है। यह पुस्तक मेरी बेटियों को कोशिश करने व पढ़ने के लिए एक और ग्रंथ देगी, और वे खुशी को अपने तरीके से साझा करेंगी। मेरी बेटियों को मेरी सफलता पर उनकी खुशी व्यक्त करते देखना एक वास्तविक खुशी है। मेरी दोनों बेटियां, विशाखा और मानवी, मेरी पिछली पुस्तक के कवर पेज के बुकमार्क का उपयोग करती हैं। मुझे यकीन है कि वे एक नया बुकमार्क प्राप्त करने में प्रसन्न होंगी जो वे अपने दोस्तों के साथ साझा कर सकेंगी। मैं उन सभी परिवार के सदस्यों का शुक्रिया अदा करना चाहता हूं जिन्होंने इस पुस्तक को लिखने में मुझे नैतिक समर्थन प्रदान किया। इस पुस्तक को लिखते समय कुछ अन्य लोग भी हो सकते हैं जिन्होंने मुझे विभिन्न प्रकार के सहायता प्रदान की है। मैंने शायद उनके नामों का उल्लेख नहीं किया हो, लेकिन उन सभी के प्रति भी मेरा हार्दिक आभार।

संजय कुमार

परिचय

भारत में राजनीति, विशेषतौर पर चुनावी राजनीति पर चर्चा मुख्यतः राजनीतिक पार्टियों के लिए जाति में विभेदन के संदर्भ में हुई हैं। इसमें भी मुख्यतः 1990 के दशक के मध्य में अन्य पिछड़ी जातियों (ओबीसी) और हाल के दिनों में दलितों की लामबंदी का संदर्भ रहा है। कई विद्वानों ने जाति राजनीति और चुनावी राजनीति पर इसके प्रभाव पर ध्यान केंद्रित किया है। क्रिस्टोफ़ जैफ्रेलॉट, सुधा पई, कंचन चंद्र और प्रदीप छिब्बर ने "जाति और चुनावी राजनीति" विषय पर बड़े पैमाने पर काम किया तथा जाति और पहचान राजनीति के उभरने और कैसे भारत में इसने दल राजनीति और चुनावी प्रतिस्पर्धा के स्वरूप को बदल दिया, इस पर ध्यान केंद्रित किया। भारतीय राजनीति में महिलाओं पर भी ध्यान केंद्रित किया जाता है और चारों ओर बहस होती है कि यदि पुरुषों के मुकाबले महिलाएं अलग मत देती हैं और यदि महिला मत जैसा कुछ है, राष्ट्रीय स्तर पर न सही, लेकिन कम से कम उन राज्यों में जहां महिलाओं ने शीर्ष स्थान पर कब्जा कर लिया हो, मुख्यमंत्री रही हों। कुछ अध्ययनों ने महिलाओं के मतदान प्रतिरूप और चुनावी राजनीति में उनकी भूमिका पर ध्यान केंद्रित किया है। उदाहरण के लिए 2004 के लोकसभा चुनावों के बाद राजेश्वरी देशपांडे ने महिलाओं के बीच मतदान प्रतिरूप का विश्लेषण किया और निष्कर्ष निकाला कि महिलाएं ईकाई के रूप में मतदान नहीं देती हैं बल्कि उनकी सामाजिक-आर्थिक पृष्ठभूमि उनके मतदान व्यवहार को प्रभावित करती है (देशपांडे 2004) और 2009 के लोकसभा चुनावों के दौरान महिलाओं के बीच समान मतदान प्रतिरूप ही पाया गया था (देशपांडे 2009)। दूसरी ओर कुछ अध्ययन बताते हैं कि कुछ राज्यों में चुनावी जीत मतदान में महिलाओं की भागीदारी पर निर्भर करती है। उदाहरण के लिए, बिहार (2010)[1] और पंजाब (2012) में हालिया चुनावों में महिलाओं के मत और समर्थन संबंधित राज्यों में जेडी(यू)-बीजेपी और एसएडी-बीजेपी गठबंधन[2] की जीत के लिए महत्वपूर्ण कारक थे। चुनावी परिणाम का विश्लेषण करते समय स्थान भी एक व्याख्यात्मक परिणाम्य है जो दिखाता है कि गांवों और शहरों में मतदान प्रतिरूप कैसे अलग-अलग हैं और कई विद्वानों ने ग्रामीण-शहरी आयाम और मतदान प्रतिरूप पर इसके प्रभाव पर ध्यान केंद्रित किया है।

हालांकि, एक राजनीतिक श्रेणी के रूप में नवयुवक, युवा मतदाता हाल ही के समय तक राजनीतिक हित और विश्लेषण का मुद्दा शायद ही रहे हैं। यह केवल 2009 के लोकसभा चुनावों के दौरान और लोकसभा चुनावों के बाद विभिन्न विधानसभा चुनावों में था कि भारत में युवाओं के मत में रुचि बढ़ रही थी। दोनों प्रिंट और इलेक्ट्रॉनिक मीडिया द्वारा 2009 की लोकसभा की अच्छी मात्रा में मीडिया कवरेज ने भारतीय राजनीति में युवाओं पर ध्यान केंद्रित किया। यह व्यापक रूप से माना गया था कि 2009 में 15वीं लोकसभा के लिए

बड़ी संख्या में युवा सदस्य चुने गए थे, मुख्य रूप से क्योंकि युवा मतदाता, जो मतदाताओं के बड़े अनुपात का गठन करते थे, ने युवा उम्मीदवारों के लिए मतदान किया था। जहां 2009 के लोकसभा चुनावों के परिणाम का मीडिया विश्लेषण संसद में चुने जाने वाले बड़ी संख्या में युवा सदस्यों के बारे में विश्लेषण से भरा हुआ था, लेकिन 15वीं लोकसभा के लिए चुने गए सदस्यों की उम्र का सावधानीपूर्वक विश्लेषण ने सुझाव दिया था कि ऐसे केवल 79 सदस्य (40 साल की उम्र से कम) थे और यह संख्या पिछले सदन की तुलना में अधिक नहीं थी। यह बेहद आसान था; लोकसभा के लिए चुने गए सदस्यों की उनकी उम्र को देखते हुए हस्तचालित गिनती ने इस सरल प्रश्न का उत्तर देने में मदद की, लेकिन भारत में एक युवा मत के बारे में बड़े प्रश्नों के बारे में सावधानीपूर्वक विश्लेषण की आवश्यकता है और पुस्तक इन महत्वपूर्ण मुद्दों पर केंद्रित है, जिस पर न केवल शोधकर्ताओं के बीच, बल्कि व्यावहारिक वृतिक, राजनीतिक नेताओं और राजनीतिक दलों के बीच भी रुचि बढ़ रही है।

भारत में युवा मतदाताओं पर इतना ध्यान क्यों है?

एक समय में पता लगाने के लिए जब अभी भी इसकी न्यूनतम परिभाषा पर विद्वानों में कोई आम सहमति नहीं है, एक श्रेणी के रूप में भारतीय युवा बेहद जटिल और मुश्किल हैं। फिर भी, उपमहाद्वीप में अपने आकार के कारण जनसांख्यिकीय श्रेणी के रूप में युवाओं का महत्व निर्विवाद है। आज देश की औसत आयु 25 वर्ष है। यह इसे चीन से 10 साल छोटा और अमेरिका से 15 साल छोटा बनाता है। जबकि आने वाले दशकों में भारत की औसत आयु धीरे-धीरे बढ़ेगी[3] और अपेक्षा से अधिक तेज़ी से देश की उम्र बढ़ने की उम्मीद है, तथ्य यह है कि युवा आबादी की आज की वास्तविकता, युवाओं को अनदेखा करना असंभव बनाती है। अधिक आंकड़े उद्धृत करते हुए, 15 से 24 वर्ष का आयु वर्ग (संयुक्त राष्ट्र के अनुसार युवाओं की परिभाषा) भारत की कुल जनसंख्या का लगभग पांचवां हिस्सा बनाता है। इससे अधिक यह कि 2011 के लिए एक प्रक्षेपण ने 240 मिलियन आबादी दर्शायी थी[4], और 2020 तक विभिन्न अनुमानों के अनुसार देश की औसत आयु 29 वर्ष[5] होगी। यह जनसांख्यिकीय उभार जहां भारत की कामकाजी आयु आबादी के एक बड़े हिस्से में युवा शामिल हैं, कुछ समय से अर्थशास्त्री और जनसांख्यिकीय विशेषज्ञों के लिए रुचिकर हो गया है। यह धारणा कि सामाजिक-राजनीतिक दुनिया में इस उभार का असर होगा, युवाओं को समरूप श्रेणी के रूप में देखने का परिणाम है। इस अध्ययन के आधार के रूप में युवाओं के अनुभाग सर्वेक्षण का उपयोग करते हुए हम युवाओं की श्रेणी की समरूप परिभाषा से दूर चले जाते हैं और युवाओं को जनसांख्यिकीय श्रेणी के रूप में प्रकट करते हैं, जो समाज में उनके सामाजिक-आर्थिक स्थान के आधार पर विभेदित होता है। यह अध्ययन युवा और पुरानी पीढ़ी के साथ तुलनात्मक अभ्यास और युवाओं के कुछ पहलुओं का समयोपरि विश्लेषण है।

युवा कार्यक्रम और खेल विभाग, भारत सरकार के अनुसार, युवा 13 से 35 वर्ष की उम्र के बीच का समूह है। 2011 में, विभाग के 'किशोर और युवा विकास पर कार्य समूह' ने सिफारिश की थी कि युवाओं के लिए 18–30 वर्ष की उम्र आयु मानदंड होना चाहिए और 13 से 18 वर्ष के बीच के लोगों को किशोरावस्था के रूप में वर्गीकृत किया जाना चाहिए।[6] इन तथ्यों और हमारे विशिष्ट अध्ययन की आवश्यकताओं को ध्यान में रखते हुए, जो स्वरूप में राजनीतिक हैं, हमने युवा प्रतिवादियों को 18 से 33 वर्ष की उम्र के लोगों के रूप में परिभाषित किया है।[7] न्यूनतम आयु के रूप में 18 वर्ष का चयन करने के लिए तर्क यह है कि यह भारत में न्यूनतम मतदान उम्र है। हमने 34 वर्ष और उससे अधिक उम्र के लोगों की तुलना में युवाओं के हमारे निष्कर्षों को जोड़ दिया है, और उन्हें "अन्य" के रूप में संदर्भित किया गया है। युवाओं की प्रवृत्ति और राजनीतिक भागीदारी शेष जनसंख्या से अलग है या नहीं, यह समझने के लिए 34 वर्ष और उससे अधिक उम्र के लोगों के साथ तुलना प्रदान की जा रही है।

यदि भारत में बड़ी युवा आबादी है, तो भारत में युवा मतदाताओं (18–25 वर्ष) के बड़े अनुपात की अपेक्षा करना स्वाभाविक है, हालांकि राष्ट्रीय स्तर पर या अलग-अलग राज्यों में इस आयु वर्ग में मतदाताओं के अनुपात का कोई आधिकारिक अनुमान नहीं है, लेकिन हर चुनाव से पहले भारत के निर्वाचन आयोग ने आंकड़ों को जारी किया है कि किसी विशेष राज्य की चुनावी सूची में कितने नए मतदाता जोड़े गए हैं। हालांकि यह युवा मतदाताओं का अनुमान नहीं देता है, लेकिन यह निश्चित रूप से इंगित करता है कि वर्षों से, युवा आबादी बढ़ने के कारण, युवा मतदाताओं का अनुपात भी बढ़ रहा है। भारतीय राजनीति में अधिक युवा मतदाताओं को प्रोत्साहित करने के लिए सरकार ने एक पहल की और 2011 से 25 जनवरी को राष्ट्रीय मतदाता दिवस के रूप में मनाया, विशेष रूप से नए योग्य युवाओं को नामांकित करने के लिए, जिन्होंने चुनावी सूची में 18 वर्ष की आयु प्राप्त की है। तीसरे राष्ट्रीय मतदाता दिवस (25 जनवरी, 2013) को चुनाव आयोग द्वारा जारी आंकड़ों के मुताबिक देश भर में आयोग द्वारा आयोजित नामांकन अभियान के तहत 2.32 करोड़ से ज्यादा नागरिक पंजीकृत हुए हैं।[8]

अध्ययन के अध्यायों में नवयुवक और युवाओं को विनिमेयता के अनुसार इस्तेमाल किया गया है, जिसका अर्थ है कि उन सभी प्रतिवादियों को 18 से 33 वर्ष के आयु वर्ग में और बेहतर समझ के लिए, युवाओं के भीतर हमने युवाओं को दो समूहों में विभाजित किया है 18–25 और 26–33। युवा नेताओं या नवयुवक नेताओं को शब्दावली के रूप में भी विनिमेयता के अनुसार इस्तेमाल किया गया है। इस अध्ययन में युवा नेताओं के लिए आयु परिभाषा 25 से 40 वर्ष के आयु वर्ग के सभी लोगों के लिए है। शब्दावली पुराने प्रतिवादियों, वरिष्ठ प्रतिवादियों, अन्य प्रतिवादियों, गैर-युवा प्रतिवादियों को अध्ययन के सभी वर्गों विनिमेयता के अनुसार इस्तेमाल किया गया है का मतलब है कि वो सभी

प्रतिवादी 34 वर्ष और उससे अधिक उम्र के आयु वर्ग में हैं। शब्दावली के रूप में वरिष्ठ नेताओं या पुराने नेताओं को भी विनिमेयता के अनुसार इस्तेमाल किया गया है। इस अध्ययन में वरिष्ठ नेताओं के लिए आयु परिभाषा 41 साल और उससे अधिक उम्र के आयु वर्ग के सभी लोगों के लिए है।

आंकड़े बताते हैं कि भारतीय चुनाव में युवा मतदाताओं की संख्या बढ़ रही है, लेकिन क्या इसका चुनाव प्रतिरूप पर कोई असर पड़ता है? क्या युवा मतदाता किसी अन्य दल की तुलना में एक दल का पक्ष लेते हैं? एक मजबूत धारणा है कि युवा मतदाता युवा उम्मीदवारों, युवा नेताओं को पसंद करते हैं/मत देते हैं। 2009 के लोकसभा चुनावों के दौरान, युवाओं ने उसके युवा नेता राहुल गांधी के कारण अन्य दलों पर कांग्रेस को मत दिया/पसंद किया, और इसी तरह, युवा मतदाताओं के बड़े अनुपात ने समाजवादी पार्टी के लिए मत दिया क्योंकि दल ने युवा मतदाताओं को काफी हद तक अपने युवा नेता अखिलेश यादव के कारण आकर्षित किया। लेकिन यह निष्कर्ष निकालना शायद इतना आसान नहीं है कि युवाओं के मतदान विकल्प मुख्य रूप से उम्मीदवार की आयु से निर्धारित होते हैं। ऐसा विश्लेषण न केवल युवा आबादी की विविधता को अनदेखा करता है बल्कि वास्तविकता को पूरी तरह से अस्वीकार करता है कि लोकसभा का युवा दल बड़े पैमाने पर राजनीतिक परिवारों के सदस्यों से बना है। संसद के युवा सदस्यों में से अधिकांश एक विशेषाधिकार प्राप्त पृष्ठभूमि से हैं और उनके चुनाव काफी हद तक इस तथ्य के कारण हो सकता था कि वे राजनीति में अच्छी तरह से जुड़े परिवारों से संबंधित हैं, लेखक और इतिहासकार पैट्रिक फ्रेंच द्वारा प्रभावी रूप से उनकी पुस्तक 'इंडिया: ए पोर्ट्रेट' में एक तर्क (2011)। 15वीं लोकसभा के सदस्यों के प्रालेख के फ्रेंच के विश्लेषण में पाया गया कि 40 वर्ष से कम आयु के लगभग दो तिहाई सांसदों का वंशानुगत संबंध था।[9] मिसाल के तौर पर, भारत के सबसे छोटे सांसद, हमदुल्ला सईद, नौ बार के पूर्व सांसद के पुत्र हैं। इसी तरह अगाथा संगमा, जो हाल ही में सरकार में सबसे कम उम्र की मंत्री थीं, एक और पूर्व नौ बार के सांसद की बेटी हैं। इसलिए, शायद पारिवारिक संयोग ना कि उनकी आयु युवा उम्मीदवारों के संसद के निचले सदन में प्रवेश की व्याख्या कर सकती है। विचार करने का एक और तथ्य यह है कि किसी भी तरह से यह सबसे कम आयु की लोकसभा नहीं है। यह वास्तव में सबसे कम युवा में से एक है। सेंटर फॉर द स्टडी ऑफ डेवलपिंग सोसाइटीज (सीएसडीएस) द्वारा किए गए शोध से संकेत मिलता है कि 15वीं लोकसभा की औसत आयु 53 है, जो इसे अब तक का दूसरा सबसे पुराना सदन बनाता है (रेखाचित्र 1.1 देखें)।

इसके अलावा, अगर हम आज तक सभी लोक सभाओं की रचना को देखते हैं तो हम देखते हैं कि पहली दो लोकसभाओं (1952 और 1957) में 164 युवा सांसद (25 से 40 वर्ष के आयु वर्ग के) चुने गए, अब तक का सबसे ज्यादा (रेखाचित्र 1.2 देखें)। 1962 और

रेखाचित्र 1.1: समय के साथ सांसदों की बढ़ती हुई औसत आयु

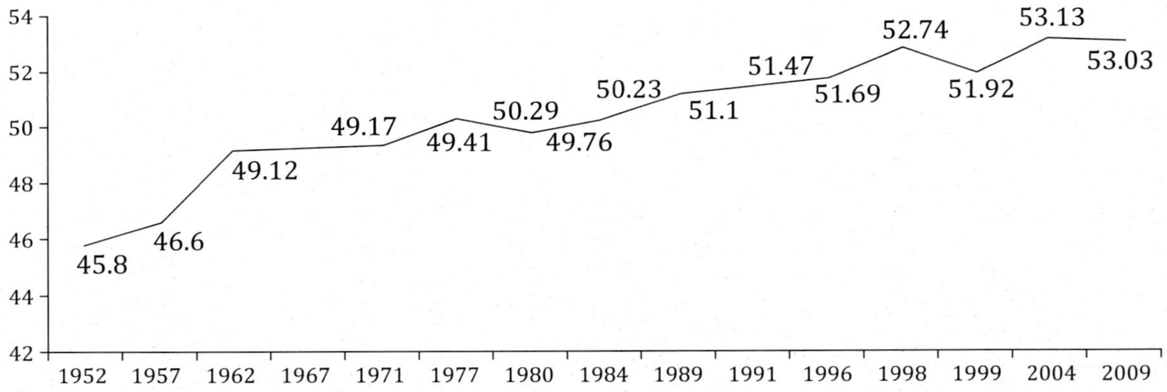

स्रोत: लेखक।

रेखाचित्र 1.2: समय के साथ युवा सांसदों की घटती संख्या

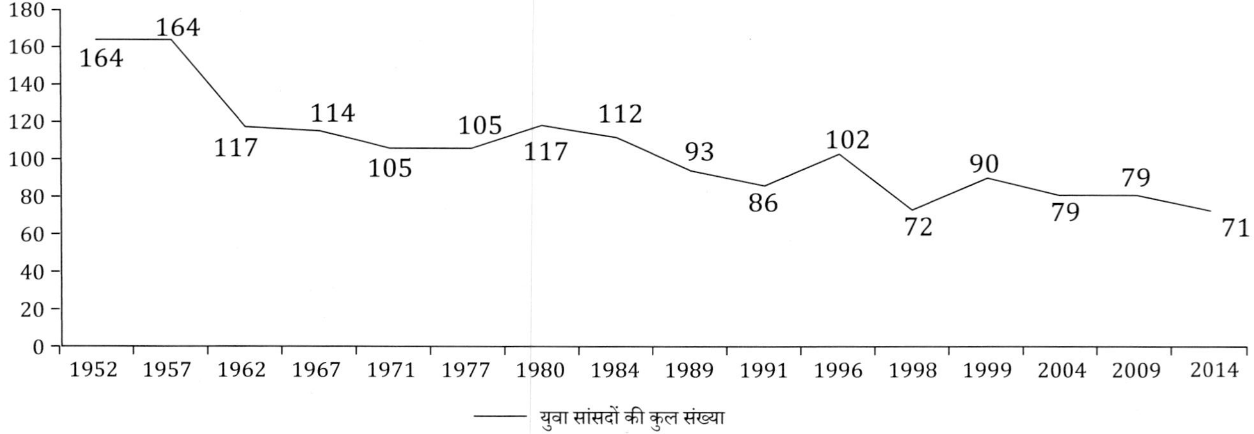

स्रोत: लेखक।

1984 के बीच लगातार चुनावों में युवा सांसदों की संख्यात्मक ताकत में उतार-चढ़ाव होने के बावजूद, महत्वपूर्ण बात यह है कि इस अवधि के दौरान युवा सांसदों का आंकड़ा कभी भी एक सौ से नीचे नहीं गया। इसके विपरीत, 1989 से 2009 तक, वर्ष 1996 के अपवाद के साथ जब यह 102 थी, संख्या हमेशा नीचे रही है। दोनों 14वीं और 15वीं लोक सभा में, चुने जाने वाले युवा सांसदों की दूसरी सबसे कम संख्या देखी गई, सबसे कम 12वीं लोकसभा में 72। पिछले सात लोकसभाओं (1989–2009) के दौरान युवा सदस्यों का हिस्सा लोकसभा की कुल शक्ति का पांचवां हिस्सा पार नहीं हुआ है। 15वीं लोक सभा में, कुल 543 में से 79, 25 और 40 वर्षों के आयु वर्ग में हैं, जो मौजूदा लोकसभा का लगभग दसवां हिस्सा है। इस प्रवृत्ति को जारी रखते हुए, हम देखते हैं कि 16वीं लोकसभा में, केवल 13% सांसद इस आयु-वर्ग (तालिका 1.1) के भीतर थे। इसलिए, इन तथ्यों से हम लोकप्रिय मीडिया द्वारा किए गए तर्कों को खारिज कर सकते हैं कि 15वीं और 16वीं लोकसभा में संसद में युवाओं की संख्या में वृद्धि हुई है।

इसके अलावा, युवाओं के मत के लिए कोई विशिष्ट प्रतिरूप नहीं है। पिछले पांच लोकसभा चुनावों में, जिसके लिए सीएसडीएस द्वारा आयोजित राष्ट्रीय चुनाव अध्ययन से विश्वसनीय आंकड़े उपलब्ध हैं, युवा मतदाता के बीच मतदान औसत राष्ट्रीय मतदान की तुलना में लगभग 4 प्रतिशत कम है और प्रमुख राजनीतिक दलों के लिए युवा मत संबंधित राजनीतिक दलों की राष्ट्रीय मत हिस्सेदारी के आसपास दो प्रतिशत के संकेत बंधन के भीतर रहा। ऐसा लगता है कि युवा मतदाता अन्य आयु वर्ग के मतदाता की तुलना में अलग नहीं हैं। इसलिए, बड़ा प्रश्न यह है कि, क्या मीडिया द्वारा युवाओं के मतों की विशिष्टता का जरूरत से अधिक प्रचार किया गया है? क्या वास्तव में एक युवा मत है जो मतदान गुट के रूप में कम या ज्यादा मत देता है या क्या वह मिथक है? इसके अलावा, क्या युवा मतदाता राजनीतिक राय साझा करते हैं जो अन्य आयु वर्ग के मतदाताओं से अलग हैं? इस मुद्दे पर शायद ही कोई भी अध्ययन केंद्रित है और इस मुद्दे पर शोध बहस में इस ख़ालीपन के प्रकाश में, यह पुस्तक सीएसडीएस द्वारा किए गए एक अध्ययन के आधार पर युवा भारतीय मतदाता के स्वरूप और लक्षण तथा राजनीति के साथ इसके जुड़ाव का पता लगाने की कोशिश करती है।

अध्ययन जो पुस्तक का आधार बनता है वो लोकसभा निर्वाचन क्षेत्रों के एक नमूने में आयोजित किए गए थे, जहां से एक युवा उम्मीदवार लोकसभा के लिए चुना गया था या 2009 के लोकसभा चुनाव के दौरान उपविजेता था। युवा उम्मीदवार और उनके लिए मतदान करने के लिए युवा मतदाता की प्रवृत्ति के बीच संबंधों को देखने के अलावा, शोध जांच ने राजनीति में युवाओं की रुचि और भागीदारी के स्तर, भाई-भतीजावाद और राजवंश राजनीति के प्रश्नों पर युवाओं की राय, समकालीन लोकतंत्र पर उनके दृष्टिकोण व विचार

और चुनावी सुधारों के मुद्दे को देखने का अवसर भी दिया। प्रयास यह देखने का है कि क्या युवा मतदाता पुरानी पीढ़ी से अपनी मत वरीयताओं, चुनावी और राजनीतिक प्रक्रियाओं के साथ जुड़ाव, तथा राजनीति और लोकतंत्र का सामना करने वाले विभिन्न मुद्दों पर उनकी राय से अलग हैं।

अध्ययन तीन शोध मार्गों का उपयोग करके आयोजित किया गया था, 14 लोकसभा निर्वाचन क्षेत्रों में मतदाताओं के व्यापक प्रतिनिधित्व का एक सर्वेक्षण, कुछ निर्वाचन क्षेत्रों में फोकस समूह चर्चा जहां सर्वेक्षण आयोजित किया गया था और संसद के कुछ युवा सदस्यों (सांसद) के साथ साक्षात्कार जो 15वीं लोकसभा के लिए चुने गए थे। सर्वेक्षण के लिए, लोकसभा निर्वाचन क्षेत्रों को 140 लोकसभा निर्वाचन क्षेत्रों से चुना गया जहां युवा उम्मीदवार (25 से 40 वर्ष की उम्र) या तो निर्वाचित हो गए थे या उपविजेता थे। चूंकि इन सभी 140 निर्वाचन क्षेत्रों में अध्ययन करना संभव नहीं था, इसलिए हमने इन निर्वाचन क्षेत्रों में से 10 प्रतिशत में अध्ययन आयोजित किया, जो कि 14 लोकसभा निर्वाचन क्षेत्रों के बराबर है। इन 14 लोकसभा निर्वाचन क्षेत्रों को यादृच्छिक रूप से चुना गया था। सर्वेक्षण के लिए हमारी 14 लोकसभा सीटों को यादृच्छिक रूप से चुनने के बाद, प्रत्येक चयनित लोकसभा निर्वाचन क्षेत्र में दो विधानसभा क्षेत्रों को यादृच्छिक रूप से चुना गया था। नमूना चयन का तीसरा चरण उन स्थानों का नमूना लेना था जहां सर्वेक्षण आयोजित किया जाना था। प्रत्येक चयनित विधानसभा क्षेत्र में चार मतदान केंद्र व्यवस्थित यादृच्छिक नमूना तकनीक का उपयोग करके चुने गए थे। विधानसभा निर्वाचन क्षेत्रों के भीतर मतदान केंद्रों के चयन ने हमें गांवों और शहरी क्षेत्रों में स्थान का पता लगाने में मदद की जहां सर्वेक्षण किया जाना था। नमूना चयन में अंतिम चरण उन मतदाताओं का था जिनका हम साक्षात्कार लेना चाहते थे। साक्षात्कार लिए जाने वाले मतदाताओं के नमूने को प्रत्येक नमूने वाले स्थान की सबसे हालिया चुनावी सूचि में से चुना गया था। कुल 3700 मतदाता चुने गए जिनमें से 2352 मतदाताओं का सफलतापूर्वक साक्षात्कार किया गया। राजनीति, राजनीति और चुनाव में भागीदारी, राजनीतिक प्राथमिकताओं, चुनावी सुधारों पर राय, राजवंश राजनीति पर राय तथा राजनीति को अपने करियर के रूप में चुनने के बारे में उनके विचार के विषय पर अधिकतम परिमितोत्तर प्रश्नों के साथ एक संरचित साक्षात्कार अनुसूची का उपयोग करके, मतदाताओं के घरों या उनके कार्यस्थलों पर सभी साक्षात्कार आयोजित किए गए थे।

युवाओं की राजनीतिक राय के साथ जनसांख्यिकीय महत्व की तुलना करना इस तथ्य का खुलासा है कि राजनीतिक समुदाय के रूप में युवा, अलग-अलग, पूरी तरह से उनकी उम्र के आधार पर अभी उभरे नहीं है। पुरानी पीढ़ी की तरह के तरीकों से विभिन्न मानकों पर युवा सोचना और कार्य करना जारी रखते हैं। राजनीतिक क्षेत्र में युवाओं के पास ऐसे विकल्प

नहीं होते हैं जो उनके सामाजिक निर्देशांक के बावजूद उन्हें एकजुट करते हैं। दूसरे शब्दों में, युवाओं के राजनीतिक विकल्प आयु के अलावा स्थान, समुदाय, शिक्षा प्राप्ति और वर्ग जैसे कारकों द्वारा निर्धारित किए जाते हैं। यह बदले में युवा लोगों के लिए विशिष्ट विकल्पों के साथ पहचान करने के लिए देश भर में युवाओं को रोकता है। इस अध्ययन में विश्लेषण किए गए मतदान प्रतिरूपों से पता चलता है कि युवा वास्तव में किसी भी राजनीतिक विचारधारा के प्रति झुकाव नहीं दिखाते हैं या विशेष रूप से किसी भी राजनीतिक दल के साथ संबद्ध नहीं होते हैं, जो उन्हें एक ही सामाजिक-राजनीतिक निर्देशांक में स्थित अपने वृद्ध समकक्षों से अलग करेगा। स्थान, वर्ग और शिक्षा का स्तर तथा लिंग, आयु के परिणाम्य के साथ अंतरण करता है जो एक सांचा बनाता है जो युवाओं की श्रेणी में विचार और कार्य की समानता के बजाय विविधता को दर्शाता है। युवाओं के बीच विचारों की विविधता को प्रभावित करने वाले कारक न केवल ऊपर वर्णित लोगों तक ही सीमित हैं, बल्कि उम्र स्वयं ही विभिन्न मायनों पर पर्याप्त प्रभाव डाल रही है, हमें विश्वास दिलाने के लिए कि कुछ मुद्दों पर युवाओं की श्रेणी (इस पुस्तक में 18 से 33 वर्ष के बीच परिभाषित किया गया है) को दो अलग-अलग आयु वर्गों में विभाजित किया जा सकता है–युवा समूह जिसमें 18 वर्ष से 25 वर्ष तक और 26 से 33 वर्ष के आयु वर्ग के अधिक परिपक्व खंड शामिल हैं। 18–25 वर्ष आयु वर्ग में ज्यादातर युवा शामिल हैं जो अपनी शिक्षा पूरी करने की प्रक्रिया में हैं और नौकरी/आजीविका की तलाश शुरू कर रहे हैं। 26–33 साल में ज्यादातर युवा महिलाएं और पुरुष शामिल होते हैं जिन्होंने या तो आगे की शिक्षा पूरी की है, और या तो अच्छी तरह से बस गए हैं या अपनी नौकरियों और जीवन में बसने की प्रक्रिया में हैं। हमें अभी तक यह पता लगाना है कि यह उम्र या अवधि का प्रभाव है, लेकिन राजनीति में भागीदारी, राजनीति में रुचि और चुनावी सुधारों के बारे में विचारों के कई महत्वपूर्ण मानकों पर 26 से 33 वर्ष की उम्र के युवाओं युवा आयु वर्ग से अलग राय रखते हैं। यह निर्धारित करना मुश्किल है कि क्या यह आयु समूह 33 वर्ष से ऊपर की उम्र के लोगों की तरह व्यवहार करता है या ऐसी किसी भी स्थिरता की कमी के कारण सबसे कम उम्र के साथ अधिक एकरेखित हैं। हालांकि कुछ मौकों पर उनकी राय की विशिष्टता और उनके जीवन चक्र के संदर्भ में सामाजिककरण के महत्वपूर्ण मौके पर जहां वे वर्तमान में खुद को पाते हैं, युवाओं के उप समूह के रूप में अपने महत्व को उजागर करते हैं जिसपर आगे ध्यान देने की आवश्यकता होती है। युवाओं की श्रेणी न केवल विविधता के साथ गढ़ी हुई है बल्कि आंतरिक विरोधाभासों के साथ भी, विशेष रूप से जब विचारों का क्षेत्र वास्तविक कार्रवाई के विपरीत होता है। जबकि मतदान में भागीदारी समय के साथ लगातार बनी हुई है, वहीं पिछले कुछ वर्षों में युवाओं के बीच राजनीति में रुचि बढ़ती जा रही है। इस विचार के साथ आगे बढ़ने के लिए, जबकि दौड़ में युवाओं के साथ सभी निर्वाचन क्षेत्रों में युवा राजनीतिक नेतृत्व युवाओं द्वारा दृढ़ता

से समर्थित है, युवा मतदाता मतदान या तो कुल मतदान के बराबर बना रहता है या कुछ मामलों में और गिर जाता है। युवा नेतृत्व के विचार के लिए समर्थन युवाओं को अपने मत का प्रयोग करने के लिए पर्याप्त नहीं लगता है, यहां तक कि उन परिस्थितियों में जहां युवा उम्मीदवार चुनाव में गंभीर दावेदार हैं।

विचारधारा और कार्रवाई के बीच एक अंतर के रूप में यहां जो सुझाव दिया गया है, उसे विचारधारा के स्तर पर राजनीति के साथ युवाओं के विशिष्ट उभरते जुड़ाव के रूप में अवधारणाबद्ध किया जा सकता है। इस अध्ययन के विभिन्न पहलुओं में देखे गए तीन संकेतक दृढ़ता से यही सुझाव देते हैं। सभी श्रेणियों में युवा उनके पुराने समकक्षों की तुलना में बहुत अधिक राय रखते हैं। दूसरा, युवा राजनीतिक नेतृत्व के लिए समर्थन और अंततः अस्वीकार करने के अधिकार और वापस बुलाने के अधिकार जैसे चुनावी सुधारों के विचार के साथ एक जबरदस्त समझौता युवाओं के विचारों के भीतर एक निश्चित एकता का सुझाव देता है। युवा राजनीतिक नेतृत्व और चुनावी सुधार महत्वपूर्ण बुनियादी बातों के रूप में साबित होते हैं जहां राजनीति के क्षेत्र और देश के युवाओं के बीच इस कमजोर और अभी तक उभरते जुड़ाव को और मजबूत किया जा सकता है।

लिंग मायने रखता है। हम इसे और अधिक जोरदार ढंग से नहीं कह सकते हैं, जैसे सभी विषयों–रुचि, भागीदारी और राय में महिलाएं व पुरुष विचारों के क्षेत्र में और विभिन्न कार्यों के क्षेत्र में अलग-अलग दुनिया पर कब्जा रखना जारी रखते हैं। जबकि आधुनिकीकरण के साधन जैसे शिक्षा और मीडिया के संपर्क में, महिलाओं को और अधिक राय देने में सीमित सीमा तक मदद करते हैं, हालांकि सार्वजनिक क्षेत्र में वास्तविक भागीदारी की बात आने पर इनमें से कोई भी कारकों का कोई महत्वपूर्ण प्रभाव नहीं पड़ता है। युवा पुरुषों की तुलना में बहुत कम युवा महिलाएं विरोध प्रदर्शन या जुलूसों या किसी भी चुनावी गतिविधियों में भाग लेती हैं। हालांकि कई महिलाओं की राजनीतिक आकांक्षाएं हैं, लेकिन यह युवा पुरुषों की तुलना में कम है। सार्वजनिक क्षेत्र से युवा महिलाओं की अदृश्यता का तथ्य, भले ही भौतिक या विचारधारात्मक, तथा राजनीति की दुनिया में और भी हमारे अध्ययन के मुताबिक अविवादित स्थित है।

युवाओं का अध्ययन करते समय, ऐसा लगता है कि युवाओं पर मीडिया के प्रभाव का अध्ययन करने के महत्व पर बहुत जोर नहीं दिया जा सकता है। मीडिया के लिए अनावरण तुरंत राजनीतिक घटनाओं, राजनीति में रुचि, चुनावी सुधारों के संबंध में स्वच्छंद बनाता है और युवा राजनीतिक नेतृत्व के लिए अधिक समर्थन के बारे में जागरूकता बढ़ाता है। मीडिया अनावरण का महत्व इस तथ्य में निहित है कि इसका किसी व्यक्ति पर आनुक्रमिक के बजाय तत्काल प्रभाव पड़ता है। राजनीतिक घटनाओं के बारे में जागरूक प्रतिवादियों के अनुपात में अचानक वृद्धि, राजनीतिक सुधारों पर विचार रखने या जो मीडिया के संपर्क

में नहीं हैं तथा जिनके पास कम मीडिया अनावरण है के बीच राजनीति में रुचि रखने वाले बेजोड़ हैं और शिक्षा या शहरीकरण के प्रभाव से काफी दूर हैं।

पहला अध्याय वर्तमान राजनीतिक घटनाओं और राजनीतिक संस्थानों के बारे में युवाओं के जागरूकता के स्तर की पड़ताल करता है। युवा उन पुराने लोगों की तुलना में राजनीतिक घटनाओं के बारे में अधिक जागरूक हैं। उच्च जागरूकता बाकी की तुलना में युवाओं का कार्य केवल अधिक शिक्षित होना नहीं है, क्योंकि इसी तरह के शिक्षा के साथ भी, आयु वर्ग के लोगों की तुलना में युवा जागरूकता पर उच्च रैंक पर हैं। युवा महिलाओं की तुलना में युवा पुरुष अधिक जागरूक हैं और यह भी शिक्षा प्राप्ति के स्तर में अंतर के कारण केवल नहीं है। सभी शिक्षा श्रेणियों में ग्रामीण युवाओं की तुलना में शहरी युवा अधिक जागरूक हैं। इससे पता चलता है कि देश में राजनीतिक घटनाओं के बारे में जागरूकता के स्तर के बारे में लिंग और स्थान महत्वपूर्ण हैं।

अध्याय दो भारतीय युवाओं के बीच राजनीति में रुचि और राजनीतिक भागीदारी के मुद्दे पर केंद्रित है। परंपरागत ज्ञान से पता चलता है कि भारत में युवा लोग राजनीति से अलग व विमुख हो गए हैं जिसमें कई लोगों ने कहा है कि युवाओं की यह मुक्ति राजनीतिक व्यवस्था की वैधता की व्यापक समस्या को दर्शाती है। यह अध्याय इन मुद्दों को संबोधित करता है और पाता है कि व्यापक विश्वास के विपरीत, युवा लोग राजनीतिक मामलों में रुचि रखते हैं, भले ही वे व्यवस्था के बारे में संदेह रखते हों और उनकी चिंताएं सीमाओं से परे निहित हो सकती हैं कि कैसे राजनीति को परंपरागत रूप से समझा जाता है। यद्यपि युवाओं के बीच राजनीति में रुचि पिछले कुछ वर्षों में बढ़ी है, पिछले कुछ चुनावों में समग्र मतदान की तुलना में मतदाता मतदान के मामले में युवा चुनावी भागीदारी कम रही है। चुनाव और प्रदर्शन व जुलूस जैसे अतिरिक्त चुनावी गतिविधियों में भागीदारी हालांकि बढ़ती जा रही है। पुनः लिंग मायने रखता है; युवा पुरुषों की तुलना में युवा महिलाओं में राजनीतिक भागीदारी कम है। महिलाओं के शहरीकरण और शिक्षित होने के बावजूद यह अंतर बना हुआ है। शिक्षा प्राप्त करने से राजनीतिक क्षेत्र में महिलाओं की उपस्थिति में वृद्धि होना जरूरी नहीं है। कुल मिलाकर शहरी युवा राजनीति में अधिक रुचि रखते हैं लेकिन ग्रामीण युवा राजनीतिक भागीदारी में शहरी युवाओं की तुलना में अधिक हैं। इसके अलावा इस अध्याय में यह भी बताया गया है कि 2009 के चुनावों के दौरान युवा प्रतिभागियों की उपस्थिति का अनिवार्य रूप से परिणाम उन निर्वाचन क्षेत्रों में युवा मतदाताओं का बाहर आना और बड़ी संख्या में मतदान करना नहीं था। असल में इन निर्वाचन क्षेत्रों में पुराने मतदाताओं का मतदान युवा मतदाताओं की तुलना में काफी अधिक था।

अध्याय तीन में बड़े पैमाने पर भारतीय युवाओं के मतदान प्रतिरूप का विश्लेषण किया गया है। यह सिर्फ एक लोकसभा चुनाव के लिए नहीं बल्कि 1996–2009 की अवधि के

दौरान पिछले पांच लोकसभा चुनावों के लिए है। 1996 से हर लोकसभा चुनाव के बाद सीएसडीएस द्वारा आयोजित राष्ट्रीय चुनाव अध्ययन द्वारा एकत्र किए गए आंकड़ों की मदद से विश्लेषण किए गए हैं। युवाओं का मतदान प्रतिरूप अन्य आयु वर्ग के मतदाताओं से बहुत अलग नहीं है; वे विशेष रूप से किसी भी राजनीतिक दल के लिए या उसके खिलाफ झुकाव नहीं रखते हैं। 1990 के मध्य में युवाओं का भाजपा की ओर एक स्पष्ट परिवर्तन देखा गया, (1998 और 1999 के लोकसभा चुनाव) शहरी और शिक्षित युवाओं में अधिक। लेकिन भाजपा ने हाल के वर्षों में शहरी और शिक्षित युवाओं के बीच अपना फायदा खो दिया है। युवाओं के बीच लिंग विभाजन काफी स्पष्ट है; युवा महिलाएं कांग्रेस के पक्ष में अधिक हैं जबकि युवा पुरुष भाजपा की तरफ झुकते हैं। यह अध्याय विभिन्न समुदायों, मुख्य रूप से दलितों, आदिवासियों, अन्य पिछड़ा वर्ग और ऊपरी जातियों से युवाओं के मतदान प्रतिरूप पर भी केंद्रित है।

युवाओं द्वारा राजनीतिक नेतृत्व का विचार और प्रस्ताव कि युवा राजनीतिक उम्मीदवार चुनाव में मतदाताओं के रुख, धारणाओं और भागीदारी में अंतर बनाते हैं, अधिकतर युवा मतदाताओं के बीच, इस पुस्तक के अध्याय चार में केंद्रीय फोकस विषय है। सभी आयु वर्ग के मतदाताओं के बीच युवा उम्मीदवार के लिए प्राथमिकता है, हालांकि वृद्धावस्था समूहों की तुलना में युवा उम्मीदवार, युवा मतदाताओं के लिए अधिक सहायक हैं। सब मिलाकर अपने निर्वाचन क्षेत्र में मतदाताओं की देखभाल करने के मामले में वृद्ध उम्मीदवार की तुलना में युवा प्रतिवादी युवा उम्मीदवारों का अधिक सकारात्मक मूल्यांकन करते हैं। जबकि राजवंश राजनीति के लिए शायद ही कोई समर्थन है, लेकिन जब एक वृद्ध राजवंशवादी नेता तथा एक युवा राजवंश नेता के बीच चुनाव होता है, तो युवा नेता लोकप्रिय विकल्प प्रतीत होता है। हालांकि बहुत कम इस विचार को स्वीकार करते हैं कि एक उम्मीदवार की युवा आयु उम्मीदवार चुनने के लिए एकमात्र या सबसे महत्वपूर्ण विशेषता हो सकती है।

चुनाव प्रक्रिया में सुधारों के बारे में युवाओं के विचार और राय की अध्याय पांच में चर्चा की गई है। यदि कोई समस्या है जिस पर सभी युवा आयु, लिंग, और शैक्षिक प्राप्ति के स्तर पर एक साथ आते हैं, तो यह चुनावी सुधारों के विचारों के लिए उनके समर्थन में है। जबकि विभिन्न प्रकार के विचारों या प्रस्तावित चुनावी सुधारों को दोनों युवाओं और वृद्ध उम्र समूहों के बीच मंजूरी मिलती है, वृद्ध उम्र समूहों की तुलना में इस तरह के प्रस्तावित सुधारों का समर्थन युवाओं के बीच अधिक है। शहरी और शिक्षित युवाओं के बीच प्रस्तावित चुनावी सुधारों को अधिक स्वीकृति मिलती है। चुनाव सुधार के सभी चार विचारों के विरोध के मुकाबले ज्यादा समर्थन है, जिस पर अध्ययन में प्रश्न पूछे गए थे। वापस बुलाने के अधिकार पर आम सहमति दोनों युवा और वृद्धावस्था समूहों में सबसे अधिक है, जबकि चुनाव लड़ने के लिए 65 साल की ऊपरी आयु सीमा निर्धारित करने का समर्थन दोनों युवा और वृद्ध में सबसे कम है।

अध्याय 6 दर्शाता है, भारतीय युवा अपने करियर के रूप में राजनीति चुनने के विचार के लिए कितने स्पष्ट हैं। यह अध्ययन में पूछे गए प्रश्नों के उत्तरों का विश्लेषण करता है- यदि मौका मिले तो क्या कोई राजनीति को अपना करियर बनाना पसंद करेगा। युवाओं का एक बड़ा हिस्सा राजनीति को अपने करियर के रूप में लेना चाहता है। जो लोग करियर के रूप में राजनीति को लेने के इच्छुक नहीं हैं, उनमें से बड़ा अनुपात गंभीर बाधा के रूप में राजनीतिक नेताओं के साथ उनके परिचित होने की कमी और किसी भी राजनीतिक परिवार से संबंधित नहीं होने को देखता है। इस खोज को आजकल कई राजनीतिक दलों द्वारा युवाओं की प्रतिभा को गले लगाने, बढ़ावा देने और पोषित करने के प्रयासों के संदर्भ में देखा जाना चाहिए।

आखिरी अध्याय कई राजनीतिक घटनाओं पर प्रकाश डालता है जिसने 2012 के बाद युवाओं के राजनीति को समझने के तरीके पर असर डाला है।

अंत में, इस अध्ययन को न केवल जीवन चक्र प्रभाव या बुढ़ापे के जैविक प्रभाव तथा लोगों के रुख और व्यवहार में बदलाव जब वो वृद्ध हो जाते हैं, बल्कि इसे अवधि प्रभाव के रूप में भी समझा जाना चाहिए। अवधि प्रभाव उन प्रमुख घटनाओं को संदर्भित करता है जो एक समय अवधि के दौरान होते हैं और सभी आयु समूहों पर एक समवर्ती प्रभाव होने की संभावना रखते हैं, भले ही उनका प्रभाव युवाओं पर अक्सर सबसे मजबूत हो क्योंकि उनके मूल्य और प्रथाएं अन्य आयु समूहों की तुलना में कम तय होती हैं। चूंकि 2011 में आयोजित इस अध्ययन के लिए युवाओं की परिभाषा 18 से 33 वर्ष के आयु वर्ग के लोगों के बीच है, इसका अर्थ है कि 1978 और 1993 के बीच पैदा हुए लोगों के रुख और राय, अध्ययन का केंद्र हैं। इस अवधि के दौरान, साथ ही साथ इसके बाद के वर्षों, 2011 तक, भारत जबरदस्त राजनीतिक और आर्थिक उथल-पुथल का साक्षी रहा है। यह अवधि राजनीतिक हत्याओं, भ्रष्टाचार के घोटालों, अलगाववादी हिंसा, धार्मिक उग्रवाद और हिंसा का उदय, धार्मिक और जाति आधारित राजनीतिक दलों के उदय और अन्य चीजों के बीच भारतीय अर्थव्यवस्था के उघड़ने के साथ भारतीय राजनीतिक परिदृश्य के विखंडन द्वारा चिह्नित है। इसलिए यह माना जा सकता है कि अध्ययन में साक्षात्कार किए गए कई युवा इस अवधि के दौरान हुई कुछ घटनाओं से कुछ हद तक प्रभावित होंगे, जो मुद्दों को देखने के उनके तरीकों को आकार देते और प्रभावित करते होंगे। दूसरे शब्दों में उनके विचार शायद उस अवधि का प्रतिबिंब हैं, जिसमें वे बड़े हुए और सामाजिककृत हुए, और यही वह है जो उन्हें पुराने मतदाताओं से ही नहीं बल्कि पिछली पीढ़ी के उनके युवा समकक्षों से भी अलग करता है। यह तर्क दिया जा सकता है कि युवाओं की वर्तमान पीढ़ी, जिसको इस अध्ययन में सम्मिलित किया गया है, अस्थिर, शत्रुतापूर्ण और गहन वातावरण में उनके जीवन के अनुभवों के कारण युवाओं की पिछली पीढ़ियों से अलग है। इस पुस्तक के पाठकों को इस अवधि के संदर्भ को ध्यान में रखना चाहिए।

टिप्पणियां और संदर्भ

टिप्पणियां

1. Alok Pandey, (2013) "Bihar election: Women's mandate" [Online] Available from http://www.ndtv.com/article/india/bihar-election-women-s-mandate-67196 [Accessed on 01/04/2013].
2. "Fourteenth Assembly Elections in Punjab" Special Statistics: 2012 State Election, *Economic & Political Weekly* 47, No. 14 (April 7, 2012).
3. 'India ageing faster than expected' [Online] Available at http://www.livemint.com/Politics/jwab6RZ67J74aT9sPpTRhN/India-ageing-faster-than-expected.html; [Accessed on 11/2/2013]
4. Government of India, Ministry of Health and Family Welfare. (2009). 'A Profile of Youth in India' [Online] Available from http://measuredhs.com/pubs/pdf/OD59/OD59.pdf [Accessed on 19/2/2012]
5. Chandrasekhar C.P., Jayati Ghosh and Anamitra Roychowdhury. (2006). 'The 'Demographic Dividend' and Young India's Economic Future' Economic and Political Weekly, December 9, 2006 [Online] Available from http://www.eledu.net/rrcusrn_data/The%20%E2%80%98Demographic%20Dividend%E2%80%99%20and%20Young%20India%E2%80%99s%20Economic%20Future.pdf [Accessed on 19/2/2012]
6. Report of Working Group on Adolescent and Youth Development, Deptt. of Youth Affairs, Ministry of Youth Affairs and Sports, for formulation of 12th Five Year Plan (2012–17) [Online] Available from http://planningcommission.nic.in/aboutus/committee/wrkgrp12/hrd/wg_repadolscent.pdf [Accessed on 6/2/2013]
7. इससे पहले भारत में मतदान के लिए न्यूनतम आयु 21 वर्ष थी और 1989 में भारतीय संविधान में 61वें संशोधन में इसे 18 साल तक घटा दिया गया था।
8. [Online] Available from http://zeenews.india.com/news/nation/national-voters-day-being-observed-today_824984.html [Accessed 01/04/2013].
9. The full dataset on family politics in the Lok Sabha is available at http://www.theindiasite.com/973-2/; [Accessed on 11/2/2013]

संदर्भ

Chandra, Kanchan. (2004). *Why Ethnic Parties Succeed: Patronage and Ethnic Head Counts in India.* Cambridge and New York: Cambridge University Press.

Chhibber, Pradeep. (1999). *Democracy without Associations: Transformation of the Party System and Social Cleavages in India*. Ann Arbor: University of Michigan Press.

Deshpande, Rajeshwari. (2004). "How Gendered Was Women's Participation in Election 2004?" *Economic and Political Weekly* 39, No. 51, (December 18–24) pp. 5431–5436.

Deshpande, Rajeshwari. (2009). "How Did Women Vote in Lok Sabha Elections 2009?" *Economic and Political Weekly* 44, No. 39 (September 26-October 2) pp. 83–87.

French, Patrick. (2011). *India: A Portrait – An Intimate Biography of 1.2 Billion People*; Allen Lane/Penguin.

Jaffrelot, Chrisophe. (2003). *India's Silent Revolution: The Rise of the Low Castes in North Indian Politics.* Delhi: Permanent Black.

Pai, Sudha. (2002). *Dalit assertion and the unfinished democratic revolution: the Bahujan Samaj Party in Uttar Pradesh.* New Delhi; Thousand Oaks, California: Sage Publications.

Pai, Sudha. (2010). *Developmental state and the Dalit question in Madhya Pradesh: Congress response*. New Delhi: Routledge.

1 राजनीतिक मुद्दों पर जागरूकता

विभा अत्री

'अगर आप खेल के नियमों और खिलाड़ियों को नहीं जानते हैं और परिणाम की परवाह नहीं करते हैं तो आपके खुद के खेलने की कोशिश की संभावना भी नहीं है।' (पुटनम, 2000: 35)। जब हम राजनीतिक जागरूकता और राजनीतिक भागीदारी के बीच संबंध का अध्ययन करते हैं तो रॉबर्ट पुटनम का बारीकी से किया गया अवलोकन निश्चित रूप से सच लगता है। राजनीतिक घटनाओं और मुद्दों के बारे में राजनीतिक जागरूकता या ज्ञान लोकतंत्र में बड़े पैमाने पर नागरिकों का रुख निर्धारित करता है और तय करता है कि क्या वे सक्रिय रूप से राजनीति में भाग लेते हैं या नहीं। लोकतंत्र में नागरिकों को राजनीतिक व्यवस्था की न्यूनतम समझ होनी चाहिए जिसमें वे अपनी पसंद व्यक्त करते हैं और प्रतिनिधियों का चुनाव करते हैं क्योंकि सफल राजनीतिक जुड़ाव के लिए जानकारी एक शर्त है। यदि नागरिक यह ध्यान नहीं रखते कि उनके चारों ओर क्या होता है तो यह अनिवार्य रूप से एक गैर-सहभागी नागरिक की ओर ले जाता है। किसी भी लोकतंत्र की ताकत एक अच्छे जानकार नागरिक में होती है। रॉबर्ट डाहल ने भी अपने काम में इस पर जोर दिया है कि कैसे जानकार नागरिकों को लोकतांत्रिक सिद्धांत का केंद्रीय स्तंभ और लोकतंत्र का एक महत्वपूर्ण तत्व माना जाता है। (डाहल, 1979) उनके अनुसार जानकार नागरिक वे नागरिक हैं जो अपने चारों ओर होने वाली राजनीतिक और सामाजिक घटनाओं के बारे में जागरूक होते हैं। इस कारण, राजनीतिक जागरूकता या ज्ञान को व्यवहार्य लोकतंत्र के क्रियाशील और अनिवार्य तत्व के रूप में देखा जाता है। इसलिए नागरिकों के बीच राजनीतिक जागरूकता का अध्ययन महत्वपूर्ण है और भारत जैसे लोकतांत्रिक देश में यह और भी अधिक महत्वपूर्ण है। सीएसडीएस द्वारा किया गया अध्ययन हमें भारतीय नागरिकों के बीच राजनीतिक जागरूकता के अध्ययन की पहल करने के योग्य बनाता है। हमारे अध्ययन में, राजनीतिक जागरूकता यह दर्शाती है कि हाल ही में देश में हुई राजनीति और अन्य राजनीतिक गतिविधियों के बारे में युवा मतदाता कितने जागरूक हैं। जागरूकता सिर्फ राजनीतिक प्रतिनिधियों के नाम जानने तक की संकीर्ण भावना में नहीं देखी जाती बल्कि देश में महत्वपूर्ण राजनीतिक घटनाओं के बारे में जागरूकता से भी संबंधित है।

नागरिकों के बीच राजनीतिक जागरूकता का स्तर अलग-अलग है। यह अध्याय भारतीय युवाओं के बीच राजनीतिक जागरूकता के स्तर तक पहुंचने की कोशिश करता है। यह भी देखता है कि राजनीतिक जागरूकता और वर्तमान राजनीतिक मुद्दों और घटनाओं के बारे में चर्चा पर उम्र का असर पड़ता है या नहीं। क्या एक युवा राजनीतिक प्रतिद्वंद्वी वाले

निर्वाचन क्षेत्रों के भारतीय युवा, अन्य आयु समूहों की तुलना में राजनीतिक रूप से अधिक जागरूक हैं? हमने जागरूकता के स्तर और विभिन्न सामाजिक-जनसांख्यिकीय कारकों के स्वरूप के बीच संबंधों का भी विश्लेषण किया। युवा और वृद्ध लोगों के बीच राजनीतिक जागरूकता को मापने के लिए कुछ सवालों का उपयोग कर एक सूचकांक बनाया गया, जिसमें वर्ष 2010–11 के महत्वपूर्ण मुद्दों और घटनाओं के बारे में जागरूकता की आवृत्ति का अनुमान लगाया गया। (समापन टिप्पणी 1 देखें)

भारतीय युवाओं के बीच राजनीतिक जागरूकता

अध्ययन से पता चलता है कि जिन युवाओं का साक्षात्कार किया गया था, उनमें से 31 प्रतिशत जागरूकता की श्रेणी में नहीं आते हैं। इसका अर्थ है कि लगभग एक तिहाई भारतीय युवाओं को उनके आसपास होने वाली राजनीतिक घटनाओं की जानकारी नहीं थी। 69 प्रतिशत युवा इन घटनाओं से अवगत थे; इनमें से 20 प्रतिशत अत्यधिक जागरूक थे और 49 प्रतिशत में मध्यम राजनीतिक जागरूकता थी (तालिका 1.1)। नागरिकों के बीच जागरूकता का स्तर समान नहीं है और विभिन्न आयु वर्गों में भिन्न होता है। जबकि 20 प्रतिशत युवाओं के पास उच्च स्तर की राजनीतिक जागरूकता है, केवल 15 प्रतिशत उम्रदराज उत्तरदाताओं के पास उच्च स्तर की जागरूकता है। जब हमने जागरूकता के मध्यम और उच्च स्तर को जोड़ दिया, तो यह अंतर काफी हद तक बढ़ गया। 57 प्रतिशत वृद्ध लोगों की तुलना में 69 प्रतिशत युवा राजनीतिक रूप से जागरूक नागरिकों की श्रेणी में आते हैं।

युवा वर्ग में, 18 से 25 वर्ष का आयु समूह 26 से 33 वर्ष के आयु समूह की तुलना में अधिक जागरूक है। 18 से 25 वर्ष के आयु वर्ग के 23 प्रतिशत युवाओं में उच्च राजनीतिक जागरूकता है, जबकि 26 से 33 आयु वर्ग के युवाओं में 18 प्रतिशत युवा मौजूदा राजनीतिक घटनाओं के बारे में बेहद जागरूक हैं। इससे पता चलता है कि उम्र में कमी के साथ जागरूकता का स्तर बढ़ता है (तालिका 1.2)।

गैर-युवाओं की तुलना में युवाओं के बीच जागरूकता के बढ़े हुए स्तर ने हमें युवाओं में जागरूकता के स्तर को विभिन्न सामाजिक-जनसांख्यिकीय दृष्टिकोण वाले समूह के रूप में

तालिका 1.1: लगभग एक तिहाई भारतीय युवा राजनीतिक रूप से अनभिज्ञ हैं

	कोई जागरूकता नहीं	*मध्यम जागरूकता*	*उच्च जागरूकता*
युवा	31	49	20
अन्य	43	42	15

स्रोत: युवा एवं राजनीतिक सर्वेक्षण (2011)
नोट: सभी आंकड़े प्रतिशत में हैं।

तालिका 1.2: राजनीतिक घटनाओं के बारे में युवा दूसरों की तुलना में अधिक जागरूक हैं

आयु वर्ग	*कोई जागरूकता नहीं*	*मध्यम जागरूकता*	*उच्च जागरूकता*
18–25	30	47	23
26–33	32	50	18
34 +	43	42	15

स्रोत: युवा एवं राजनीतिक सर्वेक्षण (2011)
नोट: सभी आंकड़े प्रतिशत में हैं।

देखने के लिए प्रेरित किया। बाद के आंकड़े बताते हैं कि ये सामाजिक-जनसांख्यिकीय चर युवाओं के बीच राजनीतिक जागरूकता के स्तर को निर्धारित करने के कारक हैं। राजनीतिक ज्ञान की प्राप्ति और वर्तमान राजनीतिक मुद्दों के बारे में जागरूकता को लेकर युवा महिलाएं युवा पुरुषों से पीछे रहती हैं। उच्च राजनीतिक जागरूकता वाली 9 प्रतिशत महिलाओं की तुलना में 29 प्रतिशत युवा पुरुष राजनीतिक रूप से अधिक जागरूक हैं। युवा पुरुषों और युवा महिलाओं के राजनीतिक जागरूकता के स्तर के बीच एक बड़ा अंतर क्यों है, यह जानने के लिए हमने समान स्तर की शिक्षा, इलाके, मीडिया अनावरण और आर्थिक वर्ग वाले पुरुषों और महिलाओं की तुलना की। यदि हम ध्यान से तालिका 1.3 को देखें तो हम देख सकते हैं कि युवा महिलाएं जिनकी राजनीतिक जागरूकता उच्च है, समाज के मध्य

तालिका 1.3: युवा महिलाओं की तुलना में युवा पुरुषों में राजनीतिक जागरूकता अधिक है

	युवा पुरुष	*युवा महिलाएं*
क्षेत्र		
ग्रामीण	25	5
शहरी	38	19
शिक्षा		
गैर शिक्षित	2	1
कॉलेज शिक्षित	42	23
मीडिया अनावरण		
मीडिया एक्पोजर नहीं	6	1
उच्च मीडिया अनावरण	39	18
वर्ग		
निम्न	12	3
मध्यम	37	16
उच्च	38	10

स्रोत: युवा एवं राजनीतिक सर्वेक्षण (2011)
नोट: सभी आंकड़े प्रतिशत में हैं।

और ऊपरी स्तर से संबंधित हैं, अत्यधिक शिक्षित हैं, शहरी क्षेत्रों में रहती हैं और उनका मीडिया अनावरण उच्च है। एक महिला की शैक्षिक पृष्ठभूमि उच्च जागरूकता की संकेतक है। 23 प्रतिशत कॉलेज शिक्षित युवा महिलाएं विभिन्न श्रेणियों की अन्य युवा महिलाओं की तुलना में राजनीतिक रूप से अधिक जागरूक हैं, लेकिन जब हम युवा महिलाओं के साथ समान सामाजिक-आर्थिक पृष्ठभूमि के युवा पुरुषों की तुलना करते हैं तो हम पाते हैं कि इनकी जागरूकता के स्तर के बीच का अंतर बहुत बड़ा है।

लिंग और क्षेत्र दोनों ही कारक युवाओं के बीच जागरूकता के स्तर को प्रभावित करते हैं। शहरी क्षेत्रों से युवाओं की तुलना में ग्रामीण इलाकों में रहने वाले युवा राजनीतिक रूप से कम जागरूक हैं। 30 प्रतिशत शहरी युवा की तुलना में 16 प्रतिशत ग्रामीण युवा राजनीति और राजनीतिक घटनाओं के बारे में बेहद जागरूक हैं। (तालिका 1.4)

यह शहरीकरण के प्रभाव और राजनीतिक जागरूकता के स्तर के बीच सहसंबंध को इंगित करता है। आधुनिकीकरण और शहरीकरण के साथ, युवाओं को अधिक शिक्षा मिल रही है और वे लगातार अपने साथियों के समूह और परिवार के साथ राजनीतिक और सामाजिक मुद्दों पर चर्चा करते हैं। शहरीकरण राजनीतिक संचार की मात्रा को बढ़ाता है और नागरिकों के बीच सामाजिक और राजनीतिक जरूरतों के बारे में अधिक जागरूकता पैदा करता है। शहरीकरण आधुनिकीकरण की प्रक्रियाओं में से एक है जो नागरिकों की राजनीतिक उन्मुखता को संकीर्ण से प्रतिभागी तक बदल देता है। जैसा कि हम तालिका 1.5 में देख सकते हैं, शहरी क्षेत्रों में गैर-साक्षर युवा ग्रामीण गैर-साक्षर युवाओं की तुलना

तालिका 1.4: शहरी युवाओं की तुलना में ग्रामीण युवा कम जागरूक हैं

युवा	*कोई जागरूकता नहीं*	*उच्च जागरूकता*
ग्रामीण युवा	34	16
शहरी युवा	23	30

स्रोत: युवा एवं राजनीतिक सर्वेक्षण (2011)
नोट: सभी आंकड़े प्रतिशत में हैं।

तालिका 1.5: शिक्षा के समान स्तर के बावजूद शहरी युवा ग्रामीण युवाओं से ज्यादा जागरूक हैं

युवा	*उच्च जागरूकता*
गैर शिक्षित ग्रामीण युवा पुरुष	1
गैर शिक्षित शहरी युवा पुरुष	5
कॉलेज शिक्षित ग्रामीण युवा पुरुष	31
कॉलेज शिक्षित शहरी युवा पुरुष	45

स्रोत: युवा एवं राजनीतिक सर्वेक्षण (2011)
नोट: सभी आंकड़े प्रतिशत में हैं।

में राजनीतिक रूप से अधिक जागरूक हैं। इसी तरह शहरी कॉलेज शिक्षित पुरुष, समान शैक्षणिक प्राप्ति वाले ग्रामीण युवा पुरुषों की तुलना में राजनीतिक रूप से अधिक जागरूक हैं। इससे पता चलता है कि राजनीतिक ज्ञान और राजनीतिक जागरूकता प्राप्त करने के लिए शिक्षा की तुलना में इलाके का मजबूत प्रभाव होता है।

इसलिए, यह जांचना महत्वपूर्ण है कि क्या शिक्षा के स्तर का जागरूकता के स्तर पर असर पड़ता है। गैर-साक्षर युवाओं की तुलना में कॉलेज शिक्षा पाने वाले युवा राजनीतिक रूप से अधिक जागरूक हैं। गैर साक्षर और उच्च शिक्षित युवाओं के बीच राजनीतिक जागरूकता के स्तर को लेकर एक बड़ा अंतर है। केवल 2 प्रतिशत गैर-साक्षर युवा राजनीतिक रूप से जागरूक हैं, जबकि 36 प्रतिशत उच्च शिक्षित युवाओं की राजनीतिक जागरूकता उच्च स्तर की है। शिक्षा नागरिकों के बीच राजनीतिक जागरूकता पैदा करने का एक कारक है, लेकिन इलाका शिक्षा के प्रभाव को खत्म कर देता है।

मीडिया अनावरण का राजनीतिक जागरूकता के स्तर पर असर पड़ता है। चूंकि मीडिया एक स्रोत है जहां से विभिन्न राजनीतिक घटनाओं के बारे में जानकारी और विवरण प्राप्त हो सकता है। इसमें आश्चर्य की बात नहीं है कि मीडिया अनावरण न पाने वाले व्यक्ति के राजनीतिक रूप से जागरूक होने की संभावना कम है। यही कारण है कि बिना मीडिया अनावरण केवल 3 प्रतिशत युवा उच्च स्तर की राजनीतिक जागरूकता हासिल करते हैं। इसके विपरीत, उच्च मीडिया अनावरण के साथ 36 प्रतिशत युवा हाल ही में हुई राजनीतिक घटनाओं के बारे में बेहद जागरूक हैं। मीडिया के संपर्क में आने का स्तर बढ़ने के साथ, जागरूकता का स्तर भी बढ़ता है (तालिका 1.6)। जब हम ग्रामीण-शहरी राजनीतिक जागरूकता और मीडिया अनावरण नियंत्रण को देखते हैं तो हमें एक दिलचस्प तथ्य मिलता है। यदि ग्रामीण युवा मीडिया के अत्यधिक संपर्क में हैं तो वे राजनीतिक रूप से अधिक जागरूक हैं। जैसा कि हम तालिका 1.7 में देख सकते हैं कि मीडिया अनावरण नहीं पाने वाले ग्रामीण युवा, बिना मीडिया अनावरण वाले शहरी युवाओं की तुलना में राजनीतिक रूप से कम जागरूक हैं। जिस क्षण ग्रामीण युवाओं ने मीडिया अनावरण का उच्च स्तर हासिल

तालिका 1.6: मीडिया अनावरण बढ़ने के साथ युवाओं में जागरूकता बढ़ती है

युवा	*कोई जागरूकता नहीं*	*उच्च जागरूकता*
मीडिया अनावरण नहीं	66	3
कम मीडिया अनावरण	35	9
मध्यम मीडिया अनावरण	13	31
उच्च मीडिया अनावरण	19	36

स्रोत: युवा एवं राजनीतिक सर्वेक्षण (2011)

नोट: सभी आंकड़े प्रतिशत में हैं।

तालिका 1.7: उच्च मीडिया अनावरण वाले ग्रामीण युवा राजनीतिक मुद्दों के प्रति अधिक जागरूक हैं

युवा	*राजनीतिक जागरूकता*
मीडिया अनावरण न पाने वाले ग्रामीण युवा	34
मीडिया अनावरण न पाने वाले शहरी युवा	36
उच्च मीडिया अनावरण वाले ग्रामीण युवा	83
उच्च मीडिया अनावरण वाले शहरी युवा	78

स्रोत: युवा एवं राजनीतिक सर्वेक्षण (2011)
नोट: सभी आंकड़े प्रतिशत में हैं।

किया, प्रवृत्ति में बदलाव हो गया। शहरी युवाओं की तुलना में ग्रामीण युवा राजनीतिक रूप से अधिक जागरूक हो जाते हैं जब वे मीडिया के ज्यादा संपर्क में आते हैं।

आर्थिक पृष्ठभूमि भी युवाओं के राजनीतिक ज्ञान और जागरूकता को प्रभावित करती है। उच्च वर्ग के युवा गरीब वर्ग से युवाओं की तुलना में अधिक जागरूक हैं। गरीब वर्ग के आधे से ज्यादा युवाओं को राजनीतिक जागरूकता और राजनीतिक ज्ञान नहीं है। गरीब वर्ग के सात प्रतिशत युवा उच्च राजनीतिक जागरूकता रखते हैं और युवाओं के आर्थिक वर्ग में वृद्धि के साथ राजनीतिक जागरूकता का स्तर बढ़ता है। जैसा कि हम तालिका 1.8 में देख सकते हैं, उच्च वर्ग के 31 प्रतिशत युवा राजनीतिक रूप से अत्यधिक जागरूक हैं।

हम देख सकते हैं कि जनसांख्यिकीय समूहों के बीच जागरूकता के स्तर में मतभेद सामने आता है। शिक्षा के स्तर, मीडिया अनावरण, आर्थिक वर्ग, क्षेत्र और लिंग का युवाओं के जागरूकता स्तर पर असर पड़ता है। शिक्षित युवा राजनीतिक रूप से अधिक जागरूक हैं। उच्च मीडिया अनावरण वाले युवा राजनीतिक जागरूकता में उच्च स्थान पर हैं। हमारे परिणाम स्पष्ट रूप से दिखाते हैं कि राजनीतिक जागरूकता पर विभिन्न सामाजिक-जनसांख्यिकीय पहलुओं का काफी प्रभाव पड़ता है (आंकड़ा-2.9)।

राजनीतिक घटनाओं के बारे में कोई जागरूकता नहीं रखने वाले युवाओं की तरफ बढ़ते हुए, गैर-साक्षर युवा 69 प्रतिशत के साथ शीर्ष पर हैं। कम मीडिया अनावरण वाले

तालिका 1.8: राजनीतिक घटनााओं के बारे में उच्च वर्ग के युवा सबसे ज्यादा और गरीब वर्ग के युवा सबसे कम जागरूक हैं

	कोई जागरूकता नहीं	*उच्च जागरूकता*
गरीब	52	7
निम्न	31	18
मध्यम	24	29
उच्च	14	31

स्रोत: युवा एवं राजनीतिक सर्वेक्षण (2011)
नोट: सभी आंकड़े प्रतिशत में हैं।

तालिका 1.9: शहरी, शिक्षित, उच्च वर्ग और उच्च मीडिया अनावरण वाले युवा राजनीतिक घटनाओं के प्रति ज्यादा जागरूक हैं

युवा	*उच्च जागरूकता*
कॉलेज शिक्षित युवा	36
उच्च मीडिया अनावरण वाले युवा	36
उच्च वर्ग युवा	31
शहरी युवा	30
युवा पुरुष	29
ग्रामीण युवा	16
युवा महिलाएं	9
गरीब वर्ग से संबंधित युवा	7
मीडिया अनावरण न पाने वाले युवा	3
गैर शिक्षित युवा	2

स्रोत: युवा एवं राजनीतिक सर्वेक्षण (2011)
नोट: सभी आंकड़े प्रतिशत में हैं।

युवाओं के पीछे गैर-साक्षर युवा रहे, जिनमें से 66 प्रतिशत कोई जानकारी नहीं रखने वाली श्रेणी में शामिल हैं। इसके बाद गरीब वर्ग, युवा महिलाएं और ग्रामीण युवा हैं। (आंकड़ा-2.10)

हमने युवाओं और उम्रदराज लोगों में अपने सांसदों और विधायकों के नामों के बारे में जागरूकता जानने की भी कोशिश की। सांसद और विधायक दोनों के बारे में युवाओं

तालिका 1.10: गैर शिक्षित, गरीब और मीडिया अनावरण न पाने वाले युवा राजनीतिक रूप से सबसे कम जागरूक हैं

युवा	*कोई जागरूकता नहीं*
गैर शिक्षित युवा	69
मीडिया अनावरण न पाने वाले युवा	66
गरीब वर्ग के युवा	52
युवा महिलाएं	45
ग्रामीण युवा	34
शहरी युवा	23
युवा पुरुष	21
उच्च मीडिया अनावरण	19
उच्च वर्ग के युवा	14
कॉलेज शिक्षित युवा	12

स्रोत: युवा एवं राजनीतिक सर्वेक्षण (2011)
नोट: सभी आंकड़े प्रतिशत में हैं।

तालिका 1.11: अन्य की तुलना में, युवा अपने सांसदों और विधायकों के नाम से ज्यादा परिचित हैं

	अपने सांसद का नाम जानते हैं	*अपने विधायक का नाम जानते हैं*
युवा	58	64
अन्य	51	55

स्रोत: युवा एवं राजनीतिक सर्वेक्षण (2011)
नोट: सभी आंकड़े प्रतिशत में हैं।

की जागरूकता, अन्य की तुलना में अधिक है। दोनों आयु वर्ग में एक समान बात यह है कि दोनों अपने सांसदों के मुकाबले विधायक के बारे में ज्यादा जानकारी रखते हैं। यह खोज राष्ट्रीय राजनीति की तुलना में क्षेत्रीय राजनीति के साथ अपनी संबद्धता दिखाती है। (तालिका 1.11)

सामाजिक-जनसांख्यिकीय कारक के साथ-साथ कुछ अनुवांशिक कारक भी लोगों की राजनीतिक जागरूकता को प्रभावित करते हैं। इन अनुवांशिक कारकों में, राजनीति में रुचि, मतदान में विश्वास रखना, राजनीति और राजनीतिक मुद्दों पर चर्चा प्रमुख कारक हैं जो राजनीतिक जागरूकता को प्रभावित करते हैं। राजनीति और राजनीतिक मामलों में रुचि न रखने वाले युवाओं की तुलना में राजनीति में रुचि रखने वाले युवाओं के जागरूक होने की संभावनाएं अधिक हैं। यदि युवाओं को राजनीति में रुचि है तो वे दिन-प्रतिदिन होने वाली राजनीतिक घटनाओं के बारे में जागरूक रहने की कोशिश करेंगे। इससे बदले में, राजनीति में उनकी जागरूकता बढ़ेगी। हमारे आंकड़ों ने भी इस प्रवृत्ति को उजागर किया। जैसे-जैसे हम राजनीति में रुचि न रखने वालों से उच्च्च रुचि रखने वालों की तरफ बढ़ते हैं, राजनीतिक जागरूकता का स्तर भी बढ़ जाता है। राजनीति में रुचि न रखने वाले युवाओं में से आधे से ज्यादा में राजनीतिक जागरूकता नहीं है (तालिका 1.12)।

युवा जो अपने वोट को अधिक महत्व देते हैं यानी जो लोग महसूस करते हैं कि उनका वोट इस बात पर असर डालता है कि देश कैसे चल रहा है, वे उन लोगों की तुलना में राजनीतिक रूप से अधिक जागरूक हैं जो सोचते हैं कि उनके वोट का कोई प्रभाव नहीं है। 'कोई जागरूकता नहीं' की श्रेणी से संबंधित युवाओं में अपने वोट पर भरोसा करने की संभावना नहीं है। (तालिका 1.13)

तालिका 1.12: राजनीति में रुचि रखने वाले युवा ज्यादा जागरूक हैं

युवा	*कोई जागरूकता नहीं*	*उच्च्च जागरूकता*
राजनति में रुचि	15	39
राजनीति में रुचि नहीं	54	8

स्रोत: युवा एवं राजनीतिक सर्वेक्षण (2011)
नोट: सभी आंकड़े प्रतिशत में हैं।

तालिका 1.13: अपने वोट को महत्व देने वाले युवा राजनीतिक घटनाओं के बारे में अधिक जागरूक हैं

युवा	*कोई जागरूकता नहीं*	*उच्च जागरूकता*
वोट का असर है	23	26
वोट का असर नहीं	37	17

स्रोत: युवा एवं राजनीतिक सर्वेक्षण (2011)
नोट: सभी आंकड़े प्रतिशत में हैं।

राजनीति और राजनीतिक घटनाओं पर चर्चा

कई राजनीतिक घटनाओं के स्पष्टीकरण में सोशल नेटवर्क एक प्रमुख भूमिका निभाते हैं। राजनीतिक चर्चाओं में अधिक भाग लेने वाले व्यक्तियों में राजनीति और राजनीतिक मुद्दों पर अधिक जागरूक होने और राजनीति में सक्रिय भूमिका निभाने की संभावना होती है। चर्चा के परिणामस्वरूप जागरूकता बढ़ती है जो नागरिकों को राजनीतिक ज्ञान प्रदान करती है। तालिका 1.14 से पता चलता है कि 18 प्रतिशत युवाओं ने उनके आसपास हुई राजनीतिक घटनाओं पर उच्च चर्चा की थी (समापन टिप्पणी 2 देखें)। इस मुद्दे पर युवाओं और बुजुर्ग लोगों के बीच एक अंतर है। 18 प्रतिशत युवाओं की तुलना में केवल 12 प्रतिशत उम्रदराज उत्तरदाताओं ने राजनीति और वर्तमान राजनीतिक मामलों पर लगातार चर्चा की है। 31 प्रतिशत युवाओं की तुलना में 43 प्रतिशत उम्रदराज उत्तरदाताओं ने राजनीतिक घटनाओं पर कोई चर्चा नहीं की है। यदि हम युवाओं और गैर-युवाओं को देखते हैं जो मध्यम चर्चा में भाग लेते हैं, तो हम देखते हैं कि दोनों के बीच का अंतर काफी बड़ा है। 45 प्रतिशत गैर-युवाओं की तुलना में 51 प्रतिशत युवाओं में मध्यम राजनीतिक चर्चाएं होती हैं (मध्यम चर्चा को मापने के लिए बारंबार और अक्सर होने वाली चर्चाओं का एक साथ विलय कर दिया जाता है)। इससे पता चलता है कि अन्य की तुलना में युवाओं में अधिक चर्चाएं होती हैं।

युवाओं के बीच चर्चा का स्तर उनकी सामाजिक-जनसांख्यिकीय पृष्ठभूमि के आधार पर बढ़ता है। कॉलेज शिक्षित युवाओं में लगातार राजनीतिक चर्चाएं होती हैं। इसके बाद अधिक मीडिया अनावरण वाले युवा, उच्च वर्ग के युवा, पुरुष युवा और शहरी क्षेत्रों में रहने वाले युवा आते हैं। इसलिए हम स्पष्ट रूप से देख सकते हैं कि शिक्षित युवा राजनीतिक चर्चा

तालिका 1.14: अन्य की तुलना में युवाओं में राजनीतिक घटनाओं की लगातार चर्चा अधिक होती है

	चर्चा नहीं	*मध्यम चर्चा*	*उच्च चर्चा*
युवा	31	51	18
अन्य	43	45	12

स्रोत: युवा एवं राजनीतिक सर्वेक्षण (2011)
नोट: सभी आंकड़े प्रतिशत में हैं।

तालिका 1.15: कॉलेज शिक्षित, उच्च मीडिया अनावरण वाले और उच्च वर्ग के युवा राजनीतिक चर्चा में अधिक सक्रिय हैं

युवा	*उच्च चर्चा*
कॉलेज शिक्षित युवा	36
उच्च मीडिया अनावरण	35
उच्च वर्ग युवा	35
युवा पुरुष	27
शहरी युवा	24

स्रोत: युवा एवं राजनीतिक सर्वेक्षण (2011)
नोट: सभी आंकड़े प्रतिशत में हैं।

तालिका 1.16: युवा महिलाओं की तुलना में युवा पुरुष राजनीति की अधिक चर्चा करते हैं

	चर्चा की
गैर शिक्षित युवा पुरुष	42
गैर शिक्षित युवा महिलाएं	27
कॉलेज शिक्षित युवा पुरुष	90
कॉलेज शिक्षित युवा महिलाएं	83

स्रोत: युवा एवं राजनीतिक सर्वेक्षण (2011)
नोट: सभी आंकड़े प्रतिशत में हैं।

में लगातार ज्यादा हिस्सा लेता है। मीडिया के उच्च अनावरण वाले युवाओं ने देश में घटने वाले हालिया राजनीतिक मुद्दों पर चर्चा भी की थी। (तालिका 1.15)

युवा पुरुषों और युवा महिलाओं के बीच समानता नहीं है, भले ही वे समान स्तर की शिक्षा प्राप्त कर चुके हों। शिक्षा के समान स्तर वाली महिलाएं युवा पुरुषों की तरह राजनीतिक चर्चाओं में भाग नहीं ले रही हैं। शिक्षा एक महत्वपूर्ण कारक हो सकता है क्योंकि हम देख सकते हैं कि शिक्षा स्तर में वृद्धि के साथ युवा पुरुष और युवा महिलाएं दोनों, मौजूदा राजनीतिक मुद्दों के बारे में अधिक चर्चा करते हैं, लेकिन हम देख सकते हैं कि लिंग राजनीतिक चर्चा को नियंत्रित कर रहा है। (तालिका 1.16)

राजनीतिक संस्थानों और किरदारों पर चर्चा

राजनीतिक घटनाओं पर चर्चा पर्याप्त नहीं है; बल्कि सरकार का मूल्यांकन और इसकी कार्यप्रणाली राजनीतिक चर्चाओं का एक महत्वपूर्ण हिस्सा भी है जहां नागरिक राजनीतिक संस्थानों और राजनीतिक किरदारों द्वारा किए गए कार्यों पर चर्चा करते हैं (सामान्य टिप्पणी 3 देखें)। हमारे अध्ययन से पता चलता है कि उम्रदराज उत्तरदाताओं

की तुलना में युवा उत्तरदाता राजनीतिक संस्थानों और राजनीतिक किरदारों पर चर्चाओं में अधिक भाग ले रहे हैं।

फिर से, राजनीतिक संस्थानों और किरदारों द्वारा किए गए कार्यों के बारे में युवाओं और दूसरों के बीच लगातार की गई चर्चा में एक अंतर (2 प्रतिशत) है। 20 प्रतिशत युवाओं की तुलना में 25 प्रतिशत उम्रदराज उत्तरदाताओं ने राजनीतिक संस्थानों द्वारा किए गए कार्यों के बारे में कभी भी कोई चर्चा नहीं की (तालिका 1.17)। इस तथ्य को उजागर करना महत्वपूर्ण है कि युवा राज्य और केंद्र सरकारों के काम पर चर्चा करने से कहीं ज्यादा पंचायत और नगर पालिका के काम पर चर्चा करते हैं। हम उम्रदराज लोगों के बीच भी लगभग समान प्रारूप देख सकते हैं। 18 से 25 वर्ष के आयु वर्ग के युवाओं ने अन्य दो आयु वर्गों की तुलना में सरकार के काम पर ज्यादा चर्चा की। जहां तक सांसद, विधायक और राजनीतिक दलों के काम की चर्चा का सवाल है, राजनीतिक दलों और सांसदों के काम की तुलना में विधायक के काम पर थोड़ी ज्यादा चर्चा की गई है। इसका एक कारण यह हो सकता है कि लोग स्थानीय सरकार के करीब महसूस करते हैं क्योंकि वे राज्य, केंद्र सरकार, सांसदों और राजनीतिक दलों के मुकाबले स्थानीय सरकार से अधिक जुड़े हुए हैं। (तालिका 1.18)

यह देखने के लिए कि युवा पुरुषों और महिलाओं के बीच राजनीतिक चर्चाओं की आवृत्ति में कोई अंतर है या नहीं, या क्या यह शिक्षा का नतीजा है, हमने विभिन्न शिक्षा

तालिका 1.17: अन्य की तुलना में युवा पुरुष राजनीतिक संस्थानों की चर्चा में अधिक सक्रिय हैं

	चर्चा नहीं	*मध्यम चर्चा*	*उच्च चर्चा*
युवा	20	62	17
अन्य	25	61	15

स्रोत: युवा एवं राजनीतिक सर्वेक्षण (2011)
नोट: सभी आंकड़े प्रतिशत में हैं।

तालिका 1.18: हर राजनीतिक संस्थान के बारे में, अन्य की तुलना में युवा अधिक चर्चा करते हैं

	केंद्र सरकार द्वारा किया गया कार्य	*राज्य सरकार द्वारा किया कार्य*	*सांसद द्वारा किया गया कार्य*	*विधायक द्वारा किया गया कार्य*	*राजनीतिक दल द्वारा किया गया कार्य*	*पंचायत/नगर पालिका द्वारा किया कार्य*
युवा	50	56	52	58	57	74
अन्य	40	47	44	48	48	65

स्रोत: युवा एवं राजनीतिक सर्वेक्षण (2011)
नोट: सभी आंकड़े प्रतिशत में हैं।

तालिका 1.19: समान शिक्षा स्तर की युवा महिलाओं की तुलना में युवा पुरुष राजनीतिक संस्थानों पर चर्चा अधिक करते हैं

	चर्चा नहीं	*अक्सर चर्चा*
गैर शिक्षित युवा पुरुष	33	6
गैर शिक्षित युवा महिलाएं	47	2
कॉलेज शिक्षित युवा पुरुष	8	32
कॉलेज शिक्षित युवा महिलाएं	14	13

स्रोत: युवा एवं राजनीतिक सर्वेक्षण (2011)
नोट: सभी आंकड़े प्रतिशत में हैं।

स्तर के युवा पुरुषों और महिलाओं को देखने की कोशिश की। हम पाते हैं कि युवा महिलाओं और पुरुषों के बीच राजनीतिक चर्चाओं की आवृत्ति का अंतर शिक्षा का नतीजा नहीं है और यहां तक कि समान शैक्षणिक योग्यता वाली युवा महिलाएं युवा पुरुषों से पीछे हैं। (तालिका 1.19)

जब हम राजनीतिक चर्चा की आवृत्ति को देखते हैं, तो पाते हैं कि युवाओं के चर्चा में हिस्सा लेने या नहीं लेने में उच्च वर्ग और मीडिया अनावरण एक महत्वपूर्ण भूमिका निभाता है। उच्च वर्ग के युवाओं में से 31 प्रतिशत राजनीतिक संस्थानों और कलाकारों पर लगातार राजनीतिक चर्चा करते हैं। इसके बाद 28 प्रतिशत युवा आते हैं जिनके पास उच्च मीडिया अनावरण होता है। 26 प्रतिशत स्नातक युवाओं ने लगातार चर्चा की है। युवा महिलाओं की तुलना में, पुरुष युवाओं में राजनीतिक संस्थानों और कलाकारों पर राजनीतिक चर्चा होने की अधिक संभावना है। यह शहरी युवाओं और ग्रामीण युवाओं की ओर भी इशारा करता है जहां शहरी युवा राजनीतिक चर्चाओं पर अधिक सक्रिय हैं। (तालिका 1.20)

तालिका 1.20: उच्च मीडिया तक अधिक पहुंच वाले उच्च वर्ग के युवा राजनीतिक संस्थानों पर चर्चा सबसे ज्यादा करते हैं

युवा	*राजनीतिक संस्थानों पर चर्चा करने वाले*
उच्च वर्ग के युवा	31
उच्च मीडिया अनावरण वाले युवा	28
स्नातक और इससे ऊपर के शिक्षित युवा	26
युवा पुरुष	25
शहरी युवा	21

स्रोत: युवा एवं राजनीतिक सर्वेक्षण (2011)
नोट: सभी आंकड़े प्रतिशत में हैं।

निष्कर्ष

सीएसडीएस द्वारा किए गए अध्ययन के आधार पर, व्यापक रूप से यह निष्कर्ष निकाला जा सकता है कि भारत के युवा लोग या 18 से 33 वर्ष के आयु वर्ग के लोग 33 वर्ष से ऊपर या अन्य लोगों की तुलना में अधिक जागरूक हैं। यहां तक कि युवाओं में उम्र में वृद्धि के साथ जागरूकता में कमी आई है, जो बताता है कि सबसे छोटी श्रेणी (18–25 वर्ष), उन लोगों से ज्यादा जागरूक है जो ज्यादा युवा नहीं हैं (26–33 वर्ष)। सामाजिक-आर्थिक कारक युवाओं के बीच जागरूकता के स्तर को और निर्धारित करते हैं। उदाहरण के लिए, युवाओं की शिक्षा बढ़ने के साथ राजनीति के बारे में उनकी जागरूकता बढ़ जाती है। इसी प्रकार जब लिंग के संदर्भ में विश्लेषण किया जाता है तो युवा पुरुषों की तुलना में युवा महिलाएं कम जागरूक होती हैं। पुरुषों और महिलाओं के बीच यह अंतर शिक्षा का नतीजा नहीं है। पुरुषों से तुलना करने पर महिलाएं आमतौर पर कम जागरूक दिखती हैं। उच्च मीडिया अनावरण वाले युवाओं को कम और मीडिया अनावरण न पाने वाले लोगों की तुलना में अधिक जानकारी थी। जागरूकता के अलावा गैर-युवाओं या अन्य लोगों की तुलना में युवा राजनीति और राजनीतिक घटनाओं पर अधिक चर्चा करते हैं। यह उनकी उच्च जागरूकता के लिए एक स्पष्टीकरण भी हो सकता है। बदले में, उच्च जागरूकता उच्च राजनीतिक भागीदारी का कारण बन सकती है, जो निम्नलिखित अध्यायों की विषयवस्तु में से एक है।

समापन टिप्पणियां:

1. राजनीतिक जागरूकता का सूचकांक

   वर्तमान राजनीतिक मुद्दों के बारे में जागरूकता के समग्र स्तरों का आकलन करने के लिए राजनीतिक जागरूकता के बारे में सूचकांक बनाया गया था। सीएसडीएस युवा और राजनीति अध्ययन से क्यू3ए1, क्यू3बी1, क्यू3डी1, क्यू3ई1 और क्यू3एफ1 प्रश्नों का इस्तेमाल किया गया। प्रश्नों ने उस वर्ष होने वाली विभिन्न राजनीतिक, सामाजिक राष्ट्रीय घटनाओं जैसे कश्मीर में युवाओं के प्रदर्शन, अयोध्या मुद्दे पर इलाहाबाद उच्च न्यायालय का फैसला, नक्सली हिंसा और राष्ट्रमंडल खेलों से संबंधित भ्रष्टाचार तथा 2 जी स्पेक्ट्रम आवंटन घोटालों के बारे में युवाओं के जागरूकता स्तर को माप लिया।

   सभी पांच प्रश्नों को एक समान प्रारूप में पूछा गया जहां उत्तरदाताओं के पास हां, नहीं और कोई जवाब नहीं देने का विकल्प था। इन सभी सवालों के जवाबों की तुलना कर इन्हें चार श्रेणियों में विभाजित किया गया- कोई जागरूकता नहीं, कम जागरूकता, मध्यम जागरूकता और उच्च जागरूकता। जो लोग सभी पांच घटनाओं से अवगत थे, वे उच्च जागरूकता की श्रेणी में आते थे। जो लोग पांच में से तीन या चार घटनाओं के बारे में जानते थे, मध्यम जागरूकता की श्रेणी में आए। जिन लोगों ने कोई जागरूकता नहीं की श्रेणी बनाई है, वे सभी पांच घटनाओं में से किसी से भी अवगत नहीं थे। जिन लोगों को एक या दो घटनाओं के बारे में पता था, उन्हें कम जागरूकता वाले समूह में रखा गया।

2. मौजूदा राजनीतिक मुद्दों पर चर्चा के बारे में सूचकांक

   मौजूदा राजनीतिक मुद्दों पर चर्चा की आवृत्ति का आकलन करने के लिए वर्तमान राजनीतिक मुद्दों पर चर्चा के बारे में सूचकांक बनाया गया था। सीएसडीएस युवा और राजनीति अध्ययन से क्यू3ए2, क्यू3बी2, क्यू3सी2, क्यू3डी2,

क्यू3ई2 और क्यू3एफ2 प्रश्नों का इस्तेमाल किया गया। क्यू3ए2 ने यह पूछताछ की कि क्या उत्तरदाताओं ने कश्मीर में युवाओं द्वारा विरोध प्रदर्शनों के बारे में सुना है, क्यू3बी2 ने अयोध्या मुद्दे पर इलाहाबाद उच्च न्यायालय के फैसले, क्यू3सी2 ने बिहार विधानसभा चुनाव के बारे में, क्यू3डी2 ने नक्सली हिंसा के बारे में क्यू3डी2, क्यू3ई2 ने दिल्ली में आयोजित राष्ट्रमंडल खेलों में भ्रष्टाचार के बारे में और क्यू3एफ2 ने 2जी स्पेक्ट्रम/टेलीकॉम घोटाले के बारे में पूछताछ की।

सभी छह प्रश्नों को एक समान प्रारूप में पूछा गया जहां उत्तरदाताओं के पास हां, नहीं और याद नहीं का विकल्प था। इन सभी सवालों के जवाबों की तुलना की गई और इन्हें चार श्रेणियों में बांटा गया- कोई चर्चा नहीं, कम चर्चा, मध्यम चर्चा और उच्च चर्चा। सभी छह राजनीतिक घटनाओं पर चर्चा करने वालों ने 'उच्च चर्चा' की श्रेणी बनाई। जिन लोगों ने छह में से चार या छह में से पांच पर चर्चा की, ने 'मध्यम चर्चा' की श्रेणी बनाई। जिन लोगों ने 'कोई चर्चा नहीं' की श्रेणी बनाई है, वे सभी छह राजनीतिक घटनाओं में से किसी एक के बारे में चर्चा नहीं करते थे। जो लोग छह में से एक, दो या तीन पर चर्चा करते हैं, उन्हें 'कम चर्चा' श्रेणी में शामिल किया गया था।

3. राजनीतिक संस्थानों/किरदारों पर चर्चा के बारे में सूचकांक

राजनीतिक संस्थानों/राजनीतिक किरदारों पर चर्चा की आवृत्ति का आकलन करने के लिए राजनीतिक संस्थानों/राजनीतिक किरदारों पर चर्चा के बारे में सूचकांक बनाया गया था। इस सूचकांक को बनाने के लिए क्यू2 के समूह (क्यू2ए से क्यू2एफ तक) का उपयोग किया जाता है। केंद्र सरकार, राज्य सरकार, सांसद, विधायक, राजनीतिक दलों और पंचायत/नगरपालिका द्वारा किए गए कार्यों पर चर्चा के लिए विचार किया गया।

सभी छह प्रश्नों को समान प्रारूप में पूछा गया जहां उत्तरदाताओं के पास जवाब देने का विकल्प था–हमेशा, कभी-कभी, कभी नहीं, और कोई राय नहीं। इन सभी सवालों के जवाबों को एकत्रित किया गया और चार श्रेणियों में विभाजित किया गया–कभी नहीं, कभी-कभी, अक्सर और बहुत बार। जो लोग सभी छह राजनीतिक संस्थानों और कलाकारों पर चर्चा करते हैं, वे 'बहुत बार' श्रेणी का गठन करते हैं। जो लोग छह में से 4 और छह में से पांच पर चर्चा करते हैं, ने अक्सर श्रेणी बनाई। जिन लोगों ने कभी नहीं की श्रेणी बनाई, वे सभी छह राजनीतिक संस्थानों और किरदारों के बारे में चर्चा नहीं करते थे। जो लोग छह में से एक, दो या तीन राजनीतिक संस्थानों और कलाकारों पर चर्चा करते हैं, उन्हें 'कभी-कभी' श्रेणी में शामिल किया गया।

संदर्भ

Putnam, Robert. (2000). 'Bowling Alone: The Collapse and Revival of American Community'. New York: Simon and Schuster.

Niemi, Richard and Jane Junn (1998). 'Civic Education: What Makes Students Learn'. New Haven: Yale University Press.

Dahl, Robert A. (1979). 'Procedural Democracy'. In P. Laslett and J. Fishkin (Eds.), 'Philosophy, Politics, and Society'. New Haven: Yale University Press.

Memoli, Vincenzo. (2011). 'How Does Political Knowledge Shape Support for Democracy? Some Research Based on the Italian Case'. Bulletin of Italian Politics Vol. 3, No.1, pp 79–102.

Nie, Norman H., G. Bingham Powell, and Kenneth Prewitt. (1968). 'Social Structure and Political Participation: Developmental Relationships'. The American Political Science Review, Vol. 63, No. 2, pp. 361–378.

2 राजनीति और राजनीतिक भागीदारी में रुचि

किंजल संपत और ज्योति मिश्रा

यह अध्याय राजनीति में युवाओं की रुचि और भागीदारी के स्तर की जांच करता है। यह रुचि और भागीदारी द्वारा साझा रिश्तों का अध्ययन करता है तथा अनुवांशिक और जनसांख्यिकीय श्रेणियों के माध्यम से प्रतिरूपों की पहचान करता है जो राजनीतिक रुचि और भागीदारी के स्तर को निर्धारित करते हैं। इस अध्याय में चार अलग-अलग प्रश्नों का विश्लेषण किया गया है। जबकि रुचि का मूल्यांकन एक प्रश्न पर आधारित है, भागीदारी की राजनीतिक मुद्दों में चुनावी से गैर-चुनावी भागीदारी के रूप में वर्णित विस्तृत श्रेणी के रूप में व्याख्या की जाती है। तीन अलग-अलग प्रश्न चुनाव में उम्मीदवारों के लिए धन इकट्ठा करने, चुनाव बैठक और रैलियों में भाग लेने तथा प्रचार पुस्तिकाओं को वितरित करके अभियान में भाग लेने जैसी गतिविधियों में उत्तरदाताओं की भागीदारी की आवृत्ति की पूछताछ करते हैं। क्या आपने 2009 के लोकसभा चुनाव में मत दिया था, का उपयोग गैर-मतदाताओं से मतदाताओं की पहचान करने के लिए किया गया है। इसके अतिरिक्त, चुनाव आयोग द्वारा रिपोर्ट किए गए मतदाता उपस्थिति का उपयोग अधिक सामान्यीकृत अवलोकनों के लिए किया जाता है। इन प्रश्नों के अतिरिक्त, उत्तरदाताओं से पूछा गया कि क्या उन्होंने किसी भी विरोध या प्रदर्शनों में भाग लिया था। रुचि पर प्रश्न उत्तरदाताओं के स्वयं के रुचि के स्तर का प्रतिवेदन है। तुलना पिछले सीएसडीएस अध्ययनों से और ग्लोबल बैरोमीटर सर्वेक्षणों से ली जाती है, जहां कहीं भी आवश्यक समझा जाए।

पृष्ठभूमि

गेब्रियल आलमंड और सिडनी वर्बा राजनीतिक रुचि और राजनीतिक भागीदारी को न केवल जुड़ा हुआ बल्कि एक दूसरे को प्रभावित करने वाला मानते हैं (आलमंड और वर्बा, 1963)। इस ढांचे को उधार लेते हुए, इन दोनों पहलुओं पर विश्लेषण–रुचि और भागीदारी को इसी अध्याय में शामिल किया गया है। "राजनीतिक भागीदारी राजनीतिक व्यवहार के सूक्ष्म स्तर के विश्लेषण का एक हिस्सा है जो स्थूल राजनीतिक व्यवस्था के व्यवहार को प्रभावित करती है" (मिल्ब्रैथ, 1965)। इसलिए अध्याय का एक बड़ा हिस्सा राजनीतिक गतिविधियों में युवा भागीदारी का विश्लेषण करने के लिए समर्पित है और राजनीतिक रूप

से निष्क्रिय समूहों के मुकाबले राजनीतिक रूप से भागीदार समूहों के बीच अनुवांशिक मतभेदों का पता लगाता है। इस अध्याय में विश्लेषण की गई राजनीतिक गतिविधियों के विस्तार में, चुनावी से अतिरिक्त चुनावी राजनीतिक भागीदारी शामिल है, अर्थात् मतदान, राजनीतिक दल में सदस्यता/किसी भी राजनीतिक दल के छात्र खंड, अभियान गतिविधि, धन इकट्ठा करने, चुनावी बैठक और रैलियों में भाग लेने से लेकर विभिन्न राजनीतिक मुद्दों पर चर्चा के माध्यम से राजनीति में रुचि लेना और चुनावों के अतिरिक्त सामाजिक या राजनीतिक मुद्दे से संबंधित विरोध/प्रदर्शनों में भाग लेने तक।

मिल्ब्रैथ ने सक्रिय-निष्क्रिय अबाध क्रम (active-inactive continuum) से राजनीतिक भागीदारी मापी और राजनीतिक भागीदारी के आधार पर जनसंख्या को तीन श्रेणियों में विभाजित किया: "निरुत्साह," "दर्शक" और "वाद-विवाद करने वाले"[1]। "राजनीतिक गतिविधि को आम तौर पर मात्रा में वर्गीकृत किया जा सकता है: कुछ लोग अन्य व्यक्तियों की तुलना में किसी भी चीज को अधिक करते हैं। वे अधिक आवृत्ति और नियमितता के साथ एक गतिविधि में संलग्न हो सकते हैं। कुछ लोग लगभग पूरी तरह से निष्क्रिय होते हैं; कुछ एक प्रकार के व्यवहार में सक्रिय हैं लेकिन दूसरे में निष्क्रिय हैं; कुछ विभिन्न प्रकार के व्यवहार में सक्रिय हैं। निष्क्रियता को शून्य या आधार बिंदु के रूप में माना जा सकता है, जिससे कार्रवाई की मात्रा को मापा जा सकता है (ibid., p9)।" इसे शुरुआती बिंदु के रूप में लेते हुए राजनीतिक भागीदारी के क्षेत्र का सरल पैमाने के बजाय कई आयामों के साथ विश्लेषण किया जाता है। इन आयामों में मतदान के माध्यम से भागीदारी, मतदान के अतिरिक्त चुनावी गतिविधियों में भागीदारी और विरोध प्रदर्शन और जुलूस जैसे अतिरिक्त चुनावी राजनीतिक भागीदारी शामिल हैं।

क्लिफ जुकिन और उनके सहयोगी ने राजनीति के साथ युवाओं के विघटन के सामान्य दावे को खारिज कर दिया है। इसके बजाए उन्होंने दावा किया कि आज के युवा अमेरिकी राजनीति में अधिक व्यस्त थे (जुकिन एवं अन्य, 2006)। इसके विपरीत, वर्ल्ड डेवलपमेंट रिपोर्ट 2007 से पता चलता है कि युवा लोग राजनीति में कम रुचि ले रहे हैं और उच्च आय वाले देशों और कई मध्यम आय वाले देशों में मुख्यधारा के संस्थानों से अधिक असंतुष्ट हो सकते हैं, लेकिन कम आय वाले देशों में, राजनीति और राजनीतिक मामलों में रुचि निश्चित रूप से बढ़ रही है। रिपोर्ट में यह भी पता चलता है कि चीन, भारत और नाइजीरिया जैसे कम आय वाले देशों में राजनीति में युवा रुचि बढ़ रही है (वैश्विक विकास रिपोर्ट, 2007)। अध्ययन में प्रस्तुत किया गया है कि ज्यादातर मध्यम और उच्च आय वाले देशों में युवा लोगों का अनुपात जो सोचते हैं कि राजनीति महत्वपूर्ण है, वृद्ध आयु समूहों से आधा है। लेकिन चीन, भारत, नाइजीरिया, वियतनाम और जिम्बाब्वे में, युवा लोग कम से कम वृद्ध लोगों जितनी राजनीति में रुचि रखते हैं। इंडोनेशिया और ईरान

के इस्लामी गणराज्य में, युवाओं के बीच राजनीति में रुचि सबसे ज्यादा है, और उम्र के साथ गिरावट आती है (ibid.)।

भारत में, मतदाता उपस्थिति की प्रवृत्ति पिछले कुछ वर्षों में लगातार वृद्धि दर्शाती है। 1990 के दशक में, भारत ने सभी जाति, आर्थिक वर्ग, लिंग या स्थानों में सामाजिक रूप से वंचित लोगों के बीच एक बड़ा सहभागिता उछाल देखा। इस घटना को *दूसरे लोकतांत्रिक उछाल* के रूप में जाना जाता था (यादव, 2000)। हालांकि पिछले कुछ वर्षों में युवा मतदाता उपस्थिति काफी समान रही है। यदि 2011 में अन्ना हजारे द्वारा शुरु किए गए भारत में राजनीतिक और नौकरशाही संस्थानों में भ्रष्टाचार के खिलाफ हालिया आंदोलन जैसे अन्य संकेतों पर विचार किया जाए तो एक अलग कहानी सामने आती है। भ्रष्टाचार विरोधी कार्यकर्ता अन्ना हजारे की भ्रष्टाचार के खिलाफ उनकी लड़ाई में उनसे जुड़ने की युवाओं से लगातार अपील और इस आयु वर्ग की भागीदारी पर मीडिया का सकेंद्रण इस देश के राजनीतिक क्षेत्र में युवाओं के महत्व को इंगित करता है। इस तरह के आंदोलन खुद को चुनावी भागीदारी के अतिरिक्त एक मंच के रूप में पेश करते हैं जहां युवाओं और राजनीति के संबंधों को समझा जा सकता है। राजनीति की ओर युवा बेपरवाही से राजनीति की ओर युवाओं के उत्साह का यह बदलाव भारत के लिए नया भी नहीं है। इनमें से कुछ साक्ष्य आधारित दावे हैं जबकि अन्य केवल अटकलें हैं। हालांकि पृष्ठभूमि में इस वैश्विक संदर्भ को ध्यान में रखते हुए युवाओं और राजनीति के प्रसंग को इस अध्याय में उनके स्वयं के रुचि के स्तर और भागीदारी के माध्यम से पता लगाया गया है। भागीदारी का तीन अलग-अलग आयामों के माध्यम से पता लगाया गया है—मतदान, चुनाव से संबंधित गतिविधियों में भागीदारी और विरोध तथा आंदोलनों जैसे अतिरिक्त चुनावी स्थानों में भागीदारी।

राजनीति के साथ युवाओं की भागीदारी अन्य उत्तरदाताओं से अलग कैसे है? एक दूसरे से युवा अपने राजनीतिक रुख और रुचि के संबंध में कितने अलग हैं? और क्या राजनीतिक भागीदारी को निर्देशित करने वाले निरंतर जनसांख्यिकीय और अनुवांशिक रुझान आधारभूत हैं? ये कुछ प्रश्न हैं जिनका इस अध्याय में व्यवस्थित रूप से पता लगाया गया है।

राजनीति में रुचि

इस खंड में विश्लेषण इस प्रश्न पर आधारित है जिसने उत्तरदाताओं से राजनीति में उनकी रुचि के बारे में पूछा। इस प्रश्न के उत्तरों को चार अलग-अलग श्रेणियों में से एक में एकत्र किया गया था: काफी रुचि, कुछ रुचि, कोई रुचि नहीं। इस प्रश्न का उत्तर देने से इनकार करने वालों की प्रतिक्रियाओं को कोई राय नहीं कहा गया था। कुशल पठनीयता के लिए पूरे अध्याय में काफी रुचि की श्रेणी का उच्च रुचि के रूप में प्रतिवेदन किया गया है और कुछ रुचि का मध्यम रुचि के रूप में प्रतिवेदन किया गया है। राजनीति में उच्च रुचि के नमूने द्वारा

तालिका 2.1: युवाओं के बीच राजनीतिक रुचि का स्तर

	काफी रुचि	*कुछ रुचि*	*कोई रुचि नहीं*	*कोई राय नहीं*
युवा	10	52	34	4

स्रोत: युवा और राजनीति सर्वेक्षण (2011)

नोट: सभी आंकड़े प्रतिशत में हैं। जैसा कि पहले उल्लेख किया गया है, इस अध्याय 3 और अध्याय 4 के आंकड़े 2011 तक के आंकड़ों को कवर करते हैं। 2012 के बाद राजनीतिक विकास के नए रूपों के साथ, उन्होंने उन रुझानों को बदल दिया जिन्हें हमने पारंपरिक रूप से देखा था। पुस्तक के अध्याय 7 में इन्हें विस्तार से समझाया गया है।

केवल 10 प्रतिशत की सूचना दी गई है, जबकि 60 प्रतिशत से अधिक युवाओं में राजनीति में उच्च या मध्यम स्तर की रुचि है। लगभग एक तिहाई युवाओं को राजनीति में कोई रुचि नहीं है (तालिका 2.1)।

आयु वर्गों में भिन्नताएं बताती हैं कि अन्य उत्तरदाताओं की तुलना में युवाओं ने राजनीति में अधिक रुचि प्रदर्शित की है। दूसरे शब्दों में राजनीति में रुचि उम्र के साथ घट जाती है। 33 वर्ष से ऊपर आयु वर्ग के 7 प्रतिशत उत्तरदाताओं में राजनीति में उच्च रुचि है, जबकि 10 प्रतिशत भारतीय युवाओं ने राजनीति में उच्च रुचि का प्रतिवेदन किया है (तालिका 2.2)।

वृद्ध आयु समूह से संबद्ध 50 प्रतिशत से थोड़े अधिक की तुलना में 60 प्रतिशत से अधिक भारतीय युवा राजनीति में रुचि रखते हैं। दूसरों की तुलना में एक ही समय तथा एक ही स्थान में युवा न केवल राजनीति में अधिक रुचि रखते हैं, समय के साथ-साथ, राजनीति में युवाओं की दिलचस्पी बढ़ती जा रही है। तालिका 2.3 से पता चलता है कि 1996 में, 37 प्रतिशत युवाओं को राजनीति में रुचि थी और यह संख्या तब से लगातार बढ़ रही है।

जबकि युवाओं के बीच राजनीति में रुचि बढ़ रही है, रुचि के लिए स्पष्टीकरण उम्र से ही क्षीण नहीं होता है। भारतीय युवा एक समरूप समूह नहीं है। अन्य सभी श्रेणियों की तरह, यह अपने सदस्यों के बीच अनुवांशिक और जनसांख्यिकीय मतभेदों द्वारा तैयार किया गया है। आयु, स्थान, शिक्षा, लिंग, आर्थिक पृष्ठभूमि, और मीडिया अनावरण कुछ कारक हैं जिनका विश्लेषण यहां किया गया है ताकि युवाओं के बीच बारीकियों को समझ सकें। कुल मिलाकर, हमारे आंकड़ों के अनुसार, महिलाओं की तुलना में अधिक पुरुष

तालिका 2.2: युवा दूसरों की तुलना में राजनीति में अधिक रुचि रखते हैं

आयु श्रेणी	*उच्च रुचि*	*मध्यम रुचि*
युवा	10	52
अन्य	7	44

स्रोत: युवा और राजनीति सर्वेक्षण (2011)

नोट: सभी आंकड़े प्रतिशत में हैं।

तालिका 2.3: युवाओं के बीच राजनीति में रुचि बढ़ रही है

वर्ष	*राजनीति में रुचि रखने वाले युवा*
1996	37
2004	41
2009	44
2011*	62

स्रोत: युवा और राजनीति सर्वेक्षण (2011)
नोट: सभी आंकड़े प्रतिशत में हैं।
*2011 के आंकड़ों को छोड़कर, इन सभी आंकड़ों की गणना सीएसडीएस द्वारा आयोजित राष्ट्रीय चुनाव सर्वेक्षणों से की गई है। 2011 के आंकड़ों की गणना लोकनीति-सीएसडीएस युवा और राजनीति सर्वेक्षण 2011 से की गई है, जिसे चयनित 14 भारतीय निर्वाचन क्षेत्रों में आयोजित किया गया था, जहां से एक युवा उम्मीदवार या तो विजेता या उपविजेता था।

राजनीति में रुचि होना स्वीकार करते हैं। लगभग 45 प्रतिशत युवा महिलाएं राजनीति में रुचि रखती हैं जबकि 76 प्रतिशत युवा पुरुष कहते हैं कि वे राजनीति में रुचि रखते हैं। शिक्षा और मीडिया से हस्तक्षेप के बावजूद लिंग के बीच राजनीति में रुचि के स्तर में यह अंतर लगातार बना हुआ है। पुरुषों और महिलाओं के बीच न तो शिक्षा और न ही मीडिया अनावरण रुचि के स्तर को बराबर करता है। राजनीति में रुचि के स्तर के संबंध में दो लिंगों में पाया गया यह अंतर और आगे बढ़ता है जब राजनीति में 'उच्च रुचि' के लिए विशेष रूप से आंकड़ों को माना जाता है। 15 प्रतिशत युवा पुरुषों के मुकाबले लगभग 4 प्रतिशत युवा महिलाएं राजनीति में काफी रुचि रखना स्वीकार करती हैं। सभी स्थान में, पुरुषों की तुलना में महिलाओं की राजनीति में कम रुचि है। स्थान एक महत्वपूर्ण अंतर नहीं बनाता है, हालांकि शहरी क्षेत्रों में पुरुष और महिलाएं दोनों अपने ग्रामीण समकक्षों की तुलना में राजनीति में रुचि के उच्च स्तर को स्वीकार करते हैं (तालिका 2.4)।

तालिका 2.4 महिलाओं और राजनीति पर एक अनुवांशिक प्रश्न में देखी गई प्रवृत्ति के अनुरूप है जो इस अध्ययन का हिस्सा नहीं है लेकिन एनईएस श्रृंखला में पूछा गया है[2]। अनुदैर्ध्य आंकड़ों से पता चलता है कि सीएसडीएस द्वारा किए गए चुनाव अध्ययनों

तालिका 2.4: युवा महिलाओं की तुलना में अधिक युवा पुरुष राजनीति में रुचि रखने को स्वीकार करते हैं

स्थान	*राजनीति में रुचि*
युवा ग्रामीण पुरुष	74
युवा ग्रामीण महिलाएं	41
युवा शहरी पुरुष	81
युवा शहरी महिलाएं	46

स्रोत: युवा और राजनीति सर्वेक्षण (2011)
नोट: सभी आंकड़े प्रतिशत में हैं।

तालिका 2.5: इस विचार के लिए समर्थन "राजनीति महिलाओं के लिए नहीं है" बढ़ रहा है

	कथन – "राजनीति महिलाओं के लिए नहीं है"	*1996*	*2004*	*2009*
युवा पुरुष	सहमत	16	26	31
	असहमत	76	68	58
युवा महिलाएं	सहमत	9	19	24
	असहमत	81	71	59

स्रोत: एनईएस 1996–2009।
नोट: सभी आंकड़े प्रतिशत में हैं।

में पुरुषों और महिलाओं के अधिकांश उत्तरदाताओं ने कहा है कि उनका मानना है कि राजनीति वास्तव में महिलाओं के लिए नहीं है और समय के साथ आबादी का अनुपात यह बताता है कि उनका मानना है कि राजनीति महिलाओं के लिए नहीं है, में सभी लिंग, युवाओं और अन्य दोनों के बीच वृद्धि हुई है (तालिका 2.5)। महिलाओं और राजनीति के खिलाफ इस तरह के जबरदस्त रवैये की उपस्थिति में, महिलाओं द्वारा प्रतिवेदित राजनीति में चुप्पी या बेपरवाही के बाद और सूक्ष्म भेदयुक्त वाचन की आवश्यकता होती है। बेपरवाही के एक साधारण प्रतिवेदन की बजाय सामाजिक मानदंडों के पुनरावृत्ति के मामले होने की संभावना है। तकनीकी सीमाओं के कारण इन दो प्रभावित करने वाली वस्तुओं के बीच संबंध स्थापित करना दायरे से बाहर है। हालांकि इस साक्ष्य के प्रकाश में, राजनीति में महिलाओं की बेपरवाही की अधिक सावधानीपूर्वक व्याख्या की आवश्यकता है।

राजनीति में रुचि के साथ शिक्षा सकारात्मक संबंध साझा करती है क्योंकि गैर साक्षर युवाओं का राजनीति में रुचि रखने को स्वीकार करने की संभावना कम होती है। यदि हम शिक्षा स्तर के अबाध क्रम और राजनीति में रुचि देखते हैं, तो हम पाते हैं कि राजनीति में दिलचस्पी रखने वाले 35 प्रतिशत गैर-साक्षर से लेकर 78 प्रतिशत उच्च शिक्षित युवा राजनीति में दिलचस्पी रखते हैं। सभी लिंग श्रेणियों में राजनीति में रुचि के साथ शिक्षा का सकारात्मक संबंध प्रतीत होता है। सभी शिक्षा श्रेणियों में अधिक पुरुषों को राजनीति में दिलचस्पी है, समान शिक्षा स्तर पर उन पुरुषों की तुलना में जो राजनीति में रुचि नहीं रखते हैं। इसका एकमात्र अपवाद गैर-साक्षर पुरुष हैं जहां राजनीति में दिलचस्पी रखने वाले पुरुष और रुचि नहीं रखने वाले बिल्कुल समान हैं। उच्च विद्यालय और कॉलेज शिक्षित युवा महिलाओं में, एक प्रवृत्ति का एक उलटाव है, अर्थात, मध्यम और उच्च शिक्षित के बीच महिलाएं जो राजनीति में रुचि रखती हैं, समान शिक्षा श्रेणियों में महिलाएं जो राजनीति में रुचि नहीं रखती हैं, से अधिक। गैर साक्षर और प्राथमिक उत्तीर्ण महिलाओं के लिए यह परिस्थिति नहीं है। सभी शिक्षा स्तरों में कुल मिलाकर पुरुष अपनी महिला समकक्षों की तुलना में राजनीति में तुलनात्मक रूप से अधिक रुचि रखते हैं। सबसे असाधारण अवलोकनों में से एक यह है कि उच्च शिक्षा वाली महिलाएं भी उत्तर देने से इनकार करती हैं। महिलाओं के बीच श्रेणियां जो उच्चतम "कोई

तालिका 2.6: दोनों युवा पुरुषों और महिलाओं के बीच शिक्षा के साथ राजनीतिक रुचि बढ़ती है

शिक्षा प्राप्ति के स्तर	*राजनीति में रुचि**	*राजनीति में रुचि नहीं*	*कोई उत्तर नहीं*
गैर-साक्षर युवा पुरुष	49	49	2
प्राथमिक विद्यालय उत्तीर्ण युवा पुरुष	66	32	2
उच्च विद्यालय उत्तीर्ण युवा पुरुष	75	24	1
कॉलेज शिक्षित युवा पुरुष	85	15	–
गैर-साक्षर युवा महिलाएं	29	64	7
प्राथमिक विद्यालय उत्तीर्ण युवा महिलाएं	32	63	5
उच्च विद्यालय उत्तीर्ण युवा महिलाएं	49	43	8
कॉलेज शिक्षित युवा महिलाएं	63	27	10

स्रोत: युवा और राजनीति सर्वेक्षण (2011)

नोट: सभी आंकड़े प्रतिशत में हैं। बाकी "कोई राय नहीं"।

* "राजनीति में रुचि" की गणना करने के लिए, "बहुत रुचि" और "कुछ हद तक रुचि" श्रेणियां विलय कर दी गई हैं।

राय नहीं" का प्रतिवेदन करती हैं, कॉलेज शिक्षित और हाई स्कूल उत्तीर्ण महिलाएं हैं। यह न केवल पुरुषों के विरोधाभास में बल्कि सामान्य परिकल्पना के लिए है कि शिक्षा एक व्यक्ति को अधिक स्वच्छंद बनाता है (तालिका 2.6)।

सभी स्थानों में राजनीति में रुचि पर शिक्षा का असर पड़ता है विशेष रूप से चरम छोर पर दो श्रेणियों के लिए–गैर-साक्षर और कॉलेज शिक्षित। जैसा कि हम तालिका 2.7 में देख सकते हैं, दोनों ग्रामीण और शहरी क्षेत्रों में कॉलेज शिक्षित राजनीति में समान रुचि रखते हैं। ग्रामीण इलाकों में गैर साक्षर उनके शहरी समकक्षों की तुलना में राजनीति में मामूली रूप से अधिक रुचि रखते हैं, हालांकि सभी मध्यम शिक्षा श्रेणियों में शहरी प्रतिवादी राजनीति में रुचि रखने में ग्रामीण से अधिक हैं। प्राथमिक शिक्षा स्तर के दौरान भी, शहरी उत्तरदाताओं के बीच पता चलता है कि राजनीति में रुचि नहीं रखने वालों की तुलना में राजनीति में रुचि रखने वाले युवा अधिक हैं, जो कि ग्रामीण उत्तरदाताओं के लिए परिस्थिति नहीं है जबतक वे उच्च विद्यालय स्तर की शिक्षा प्राप्त नहीं करें। इसलिए शिक्षा के कारण रुचि का उत्कर्ष ग्रामीण इलाकों की तुलना में शहरी क्षेत्रों में पहले चरण में होती है।

तालिका 2.7: सभी स्थानों में कॉलेज में शिक्षित युवाओं के बीच राजनीति में रुचि में समानता

स्थान	*राजनीति में रुचि*
ग्रामीण गैर-साक्षर युवा	35
शहरी गैर-साक्षर युवा	32
ग्रामीण कॉलेज शिक्षित युवा	78
शहरी कॉलेज शिक्षित युवा	79

स्रोत: युवा और राजनीति सर्वेक्षण (2011)

नोट: सभी आंकड़े प्रतिशत में हैं।

जबकि शिक्षा राजनीति में उच्च स्तर की रुचि पैदा करती है, इसका प्रभाव उत्तरदाताओं के वर्ग में मध्यस्थता है। ऐसा कहने के लिए, जैसे कोई शिक्षा की सीढ़ी पर चढ़ता है, राजनीति में समग्र रुचि में वृद्धि हुई है। हालांकि, एक ही शिक्षा स्तर के भीतर उत्तरदाताओं की तुलना करते समय, गरीबों की तुलना में ऊच्च वर्ग के प्रतिवादी राजनीति में बहुत अधिक रुचि रखते हैं। एक ही शिक्षा श्रेणी के भीतर, गरीबों की तुलना में अमीरों की राजनीति में रुचि रखने की अधिक संभावना है।

राजनीतिक चर्चा और राजनीति में रुचि की आवृत्ति के बीच सहप्रसरण सांख्यिकीय द्वारा स्थापित की गई है–59 प्रतिशत युवा जो "राजनीतिक संस्थानों/कर्ता और उनके कार्यकलापों के बारे में "अक्सर" चर्चा करते हैं, राजनीति में भी बहुत रुचि रखते हैं, जबकि केवल 5 प्रतिशत युवा राजनीति और राजनीतिक संस्थानों पर कभी चर्चा नहीं करते हैं जो राजनीति में उच्च रुचि की रिपोर्ट करते हैं (तालिका 2.8)।

एक राजनीतिक दल की सदस्यता, बहुत उम्मीद है, राजनीति में रुचि पैदा करती है, जिसके बाद छात्र/युवा खंड की सदस्यता होती है। 90 प्रतिशत युवा जो राजनीतिक दलों के सदस्य हैं, राजनीति में रुचि रखते हैं। इसी तरह, 88 प्रतिशत युवा जो किसी भी छात्र/युवा खंड के सदस्य हैं, राजनीति में रुचि रखते हैं (तालिका 2.9)।

तालिका 2.8: राजनीति में रुचि और राजनीति पर चर्चा

राजनीति पर चर्चा	*मध्यम रुचि*	*उच्च रुचि*
युवा जो कभी राजनीति पर चर्चा नहीं करते	7	5
युवा जो कभी-कभी राजनीति पर चर्चा करते हैं	26	8
युवा जो बार-बार राजनीति पर चर्चा करते हैं	48	29
युवा जो अक्सर राजनीति पर चर्चा करते हैं	20	59

स्रोत: युवा और राजनीति सर्वेक्षण (2011)
नोट: सभी आंकड़े प्रतिशत में हैं।

तालिका 2.9: राजनीतिक दलों के सदस्य राजनीति में अधिकतम रुचि दिखाते हैं, छात्र और युवा खंडो के सदस्यों द्वारा बारीकी से पालन किया जाता है

सदस्य...	*राजनीति में रुचि*
राजनीतिक दल	94
छात्र/युवा खंड	88
कोई अन्य संघ	80
गैर सरकारी संगठन	76

स्रोत: युवा और राजनीति सर्वेक्षण (2011)
नोट: सभी आंकड़े प्रतिशत में हैं।

राजनीतिक भागीदारी

क्या राजनीति में रुचि राजनीतिक भागीदारी का कारण बनती है? क्या रुचि और भागीदारी अनुवांशिक और जनसांख्यिकीय श्रेणियों में सुसंगत है? क्या वही जनसांख्यिकीय श्रेणियां, जो राजनीति में किसी व्यक्ति की रुचि को प्रभावित करती हैं, राजनीतिक भागीदारी को भी प्रभावित करती हैं? ये कुछ अति महत्वपूर्ण मुद्दे हैं जिन्हें अध्याय के निम्नलिखित खंडों में निपटाया गया है। राजनीतिक भागीदारी, इस अध्ययन में तीन अलग-अलग रूपों में मापा गया है—मतदान के मामले में भागीदारी, बैठकों में भाग लेने, प्रचार पुस्तिकाएं वितरित करने और दलों के लिए धन इकट्ठा करने जैसे चुनाव से संबंधित गतिविधियों में भागीदारी तथा आखिर में विरोध प्रदर्शन और जुलूस में अतिरिक्त चुनावी भागीदारी के मामले में राजनीतिक भागीदारी।

युवाओं और राजनीति के विषय में आयोजित एक फोकस समूह चर्चाओं में से एक में एक युवा छात्र नेता और पूर्व अध्यक्ष दिल्ली यूनिवर्सिटी स्टूडेंट यूनियन (डीयूएसयू) ने कहा:

> "युवाओं की राजनीति में सीमित रुचि है। वे राजनीतिक मुद्दों के बारे में बहुत जागरूक नहीं हैं। यहां तक कि विश्वविद्यालय चुनावों में भी युवा राष्ट्रीय मुद्दों पर चर्चा नहीं करते हैं; बल्कि वे अपनी व्यक्तिगत समस्याओं के बारे में अधिक चिंतित हैं और उन पर चर्चा करते हैं। व्यापक रूप से, युवाओं को राजनीति में रुचि नहीं है और इससे राजनीतिक भागीदारी का निम्न स्तर होता है। मुझे नहीं लगता कि युवा राजनीति में भाग लेते हैं ... वे समाज को बदलने के इच्छुक हैं, लेकिन राजनीति का हिस्सा बनने के द्वारा नहीं बल्कि इसका विरोध करके।"

यह अवलोकन कुछ तरीकों से अक्सर भारत में युवाओं, राजनीति में उनकी रुचि और उनकी भागीदारी के बारे में एक राय को दर्शाता है। हालांकि समय श्रृंखला के आंकड़े बताते हैं कि वास्तव में अतिरिक्त चुनावी गतिविधियों में युवा राजनीतिक भागीदारी पिछले कुछ वर्षों में बढ़ी है। राजनीति का विरोध करने वाले युवाओं के बारे में इस अवलोकन के बाद के पहलू को इस अध्याय से संबोधित किया गया है। इसे राजनीतिक विस्तार के बाहर के रूप में विचार करने के बजाय इसे इसके हिस्से के रूप में माना जाता है। औपचारिक संसदीय और चुनावी के बाहर राजनीतिक स्थान के साथ युवा जुड़ाव को इस अध्ययन में राजनीतिक भागीदारी के रूप में माना जाता है।

1. मतदान के माध्यम से राजनीतिक भागीदारी

भारत को सबसे बड़ा सहभागी लोकतंत्र माना जाता है। मतदान तीन स्तरों पर होता है—संघ, राज्य और स्थानीय सरकार तथा राजनीतिक भागीदारी के प्रत्यक्ष रूपों में से एक है। मतदान खुद को राजनीतिक आकलन के कारण आदर्श मानकों में से एक के रूप में प्रस्तुत करता है कि यह एक स्थानीय घटना नहीं है और इसलिए देश भर में उत्तरदाताओं के लिए लागू है, यह भारत में स्वैच्छिक है, इस तरह के भागीदारी के लिए तार्किक व्यवस्था राज्य द्वारा

तालिका 2.10: वर्षों में विभिन्न आयु वर्गों के बीच मतदान

आयु श्रेणी	*1996*	*1998*	*1999*	*2004*	*2009*
18–25 वर्ष	54	63	57	52	54
26–33 वर्ष	58	64	62	59	60
18–33 वर्ष	56	63	61	56	57
34+	60	61	60	60	59
संपूर्ण भारत मतदान	58	62	60	58	58

स्रोत: भारत के निर्वाचन आयोग से अखिल भारतीय आंकड़े, सीएसडीएस सर्वेक्षण से युवा और वयस्कों के बीच मतदान।
नोट: सभी आंकड़े प्रतिशत में हैं।

सुनिश्चित की जाती है और मतदान के माध्यम से भागीदारी लोकतंत्र के इस रूप की एक आवश्यक विशेषता है। युवाओं ने लगातार कुल मतदान के मुकाबले कम मतदाता मतदान दर्ज किया है। वर्षों में युवा मतदाता उपस्थिति में कोई महत्वपूर्ण वृद्धि नहीं हुई है। शुरुआत से ही युवा मतदाता उपस्थिति भारत के सभी मतदान के साथ-साथ अन्य मतदाता मतदान से भी कम है (तालिका 2.10)। यहां उल्लेखनीय बात यह है कि युवाओं की श्रेणी में दो अलग-अलग रुझान देखने को मिलते हैं। युवाओं के युवा वर्ग अर्थात, 18 से 25 वर्ष आयु का कुल साथ ही अन्य (34+ वर्ष) की तुलना में कम मतदान होता है। हालांकि 26 से 33 वर्ष की आयु के युवाओं के बीच अधिक परिपक्व वर्ग में सबसे ज्यादा मतदाता मतदान हुआ है, जो वरिष्ठ और कुल मतदाता मतदान स्तर से अधिक है।

दुनिया भर में, कई औद्योगिक देशों में मतदाता भागीदारी में गिरावट आ रही है। फ्रांस में, संसदीय चुनावों के लिए मतदाता मतदान 1945 में लगभग 80 प्रतिशत पंजीकृत मतदाताओं से 2012 में 55 प्रतिशत हो गया था। ब्रिटेन के संसदीय चुनावों में मतदाता भागीदारी 1945 से 73 प्रतिशत से घटकर 2001 में 59 प्रतिशत हो गई थी, जो 2010 में 66 प्रतिशत थी। अमेरिका में, राष्ट्रपति चुनाव के लिए मतदाता मतदान 1972 में 87 प्रतिशत से घटकर 2008 में 70 प्रतिशत हो गया (इंटरनेशनल इंस्टिट्यूट फ्रॉम डेमोक्रेसी एंड इलेक्टोरल असिस्टेंस, 2011)। युवा मत भी कम हो रहा है। ब्रिटेन निर्वाचन आयोग ने निष्कर्ष निकाला कि 2001 के चुनाव में कम मतदान दर मुख्य रूप से युवाओं के मतदान न देने के कारण थी (भारतीय निर्वाचन आयोग, 2002)। इसके बजाय अमेरिका में 18–29 वर्ष की आयु के बीच लगभग 40 प्रतिशत युवाओं ने 2000 के राष्ट्रपति चुनाव में मतदान किया; हालांकि 2008 के राष्ट्रपति चुनाव में मतदान में वृद्धि देखी गई जहां 18–29 की उम्र के बीच 51 प्रतिशत युवाओं ने मतदान दिया (किर्बी और कावाशिमा-जिंसबर्ग, 2009)। लोकतंत्र और प्रतिनिधि लोकतंत्र में भागीदारी के इस वैश्विक संदर्भ में, भारतीय मतदाता और युवा विशेष रूप से राजनीतिक श्रेणी के रूप में उभर रहे हैं।

अन्य औद्योगिक देशों के विपरीत अमेरिका मतदाता मतदान में लगातार वृद्धि देख रहा है। वृद्धि 2004 और 2008 के चुनावों में देखी गई प्रवृत्ति की निरंतरता है। जबकि युवा लोगों ने 2008 में अपने मतदान में उल्लेखनीय वृद्धि दर्ज की, जबकि अन्य मतदाताओं ने 2004 की तुलना में कम दरों पर मतदान किया और केवल 2000 के स्तर से थोड़ा अधिक मत दिया (फाइल और क्रिसी, 2011)। 1972 के आम चुनावों में भी, पुरुषों और महिलाओं को अमेरिका में चुनावों में समान रूप से जाने की संभावना थी, हालांकि, पिछले तीस वर्षों में राष्ट्रपति चुनाव में पुरुष और महिला मतदान के बीच का अंतर बढ़ गया है। 1992 तक, 18–29 वर्ष की 54 प्रतिशत महिलाओं ने मतदान किया जबकि केवल 50 प्रतिशत पुरुषों ने ऐसा किया। 2008 में, यह अंतर लगभग आठ प्रतिशत अंक तक बढ़ता रहा, हालांकि दोनों लिंगों ने 2000 के चुनावों में मतदान के दौरान महत्वपूर्ण लाभ अर्जित किया। अमेरिका के विपरीत, भारतीय पुरुष की तुलना में भारतीय युवा महिला लगातार कम मतदाता मतदान दिखाती हैं। हालांकि लोकसभा चुनावों में युवा पुरुषों और युवा महिला मतदाताओं के बीच अंतर अस्थिर रहा है। 1996 के लोकसभा चुनाव में दोनों लिंगों के मतदान स्तर के बीच अंतर 15 प्रतिशत अंक था, जो 1998 में एक प्रतिशत अंक से कम हो गया। 1999 में पुरुषों और महिलाओं के मतदाता मतदान के बीच अंतर लगभग अठारह प्रतिशत अंक था। 2004 के लोकसभा चुनाव के बाद से, यह अंतर 1999 में 18 प्रतिशत से घटकर 2004 के चुनाव में 12 प्रतिशत हो गया है और 2009 लोकसभा चुनाव में युवा पुरुषों और युवा महिला मतदाताओं के बीच अंतर केवल 4 प्रतिशत था। 2009 का लोकसभा चुनाव शायद एकमात्र ऐसा था जहां पुरुषों और महिलाओं के मतदाता मतदान के बीच अंतर को मामूली कहा जा सकता है (तालिका 2.11)।

विभिन्न देशों में शहरीकरण मतदाता मतदान के साथ एक अलग संबंध साझा करता है। पश्चिम में और भारत में 60 के दशक तक यह माना जाता था कि चुनावी मतदान और

तालिका 2.11: युवा महिलाओं की तुलना में युवा पुरुषों के बीच मतदान

लोकसभा चुनाव	*युवा पुरुष*	*युवा महिलाएं*
1996	63	48
1998	71	57
1999	70	52
2004	62	50
2009	59	55
2009*	56	50

स्रोत: युवा और राजनीति सर्वेक्षण (2011)

नोट: सभी आंकड़े प्रतिशत में हैं।

* लोकनीति-सीएसडीएस सर्वेक्षण 2011 में चयनित निर्वाचन क्षेत्रों में मतदाता मतदान।

तालिका 2.12: शहरी युवाओं की तुलना में ग्रामीण युवाओं के बीच अधिक मतदान

स्थान	*1996*	*1998*	*1999*	*2004*	*2009*
ग्रामीण युवा	59	67	62	59	58
शहरी युवा	49	54	54	52	55

स्रोत: युवा और राजनीति सर्वेक्षण (2011)
नोट: सभी आंकड़े प्रतिशत में हैं।

शहरीकरण ने सकारात्मक संबंध साझा किया था (मोनरो, 1977)। भारत के मामले में पिछले कुछ वर्षों में इसे न केवल खारिज कर दिया गया है बल्कि अनुभवी रूप से इस प्रवृत्ति का एक पूर्ण उलट का प्रतिवेदन किया गया है। शहरी क्षेत्र ग्रामीण क्षेत्रों की तुलना में कम मतदाता मतदान दर्ज करते हैं। शहरी क्षेत्रों में कम राजनीतिक भागीदारी का चुनावी और अतिरिक्त चुनावी राजनीतिक क्षेत्रों–मतदान, चुनाव गतिविधियों और विरोधों में प्रतिवेदन किया गया है। ग्रामीण और शहरी क्षेत्रों के बीच मतदाता मतदान पर अंतर पिछले कुछ वर्षों में लगातार बना रहा है, हालांकि 2009 में, अंतर कम हो गया। हालांकि, शहरी युवाओं के चुनावी मतदान में वर्षों से वृद्धि हुई है। यह पिछले कुछ वर्षों में उनकी राजनीति में रुचि में वृद्धि के साथ है (तालिका 2.12)।

चयनित निर्वाचन क्षेत्रों में कुल मतदाता मतदान जहां युवा उम्मीदवार 15वें लोकसभा चुनाव में चुनाव लड़ रहे थे और या तो विजेता या उपविजेता थे, 59 प्रतिशत था। यहां तक कि निर्वाचन क्षेत्रों में जहां युवा उम्मीदवार विजेता थे, मतदान में दूसरों की भागीदारी युवाओं की तुलना में काफी अधिक थी। निर्वाचन क्षेत्रों में कुल मतदाता मतदान, जहां एक युवा नेता विजेता था, लगभग 57 प्रतिशत था। हालांकि, इन 79 निर्वाचन क्षेत्रों में युवाओं का समग्र मतदान राष्ट्रीय स्तर पर युवाओं के औसत मतदान और इन निर्वाचन क्षेत्रों में दूसरों के मतदान के मुकाबले काफी कम था। इन 79 निर्वाचन क्षेत्रों में 63 प्रतिशत औसत मतदाता मतदान के विपरीत युवाओं ने 36 प्रतिशत की औसत मतदान दर्ज की। यहां उल्लेखनीय बात यह है कि अन्य मतदाताओं में मतदाता मतदान बहुत अधिक है जहां एक युवा नेता ने राष्ट्रीय मतदाता मतदान की तुलना में जीता। युवा मतदाताओं और युवा नेताओं के बीच लोकप्रिय बहस और स्वीकार्य रिश्ते तथा युवा नेताओं के माध्यम से युवाओं को संगठित करना अभी तक स्थापित नहीं हुआ है।

राजनीति में युवाओं की बढ़ती रुचि और कुछ अर्थों में मतदान से उनका परहेज एक विरोधाभासी तस्वीर प्रस्तुत करता है जो युवाओं की राजनीतिक वचनबद्धता को और अधिक सुदृढ़ तरीके से अनुमान लगाने के लिए एक जगह छोड़ देता है। मतदान न करने का प्रमुख कारण जैसा कि अध्ययन में प्रतिवेदन किया गया है, चुनाव के दिन निर्वाचन क्षेत्र के मतदाताओं की अनुपस्थिति थी। मतदान के दिन 35 प्रतिशत युवा मतदाता स्टेशन से बाहर थे। इस कारण के आलावा, उनमें से 19 प्रतिशत मतदान करने में सक्षम नहीं थे क्योंकि उनके

तालिका 2.13: मतदान नहीं करने के मुख्य कारण

मतदान नहीं करने के मुख्य कारण	*स्टेशन से बाहर*	*पहचान पत्र/पहचान प्रमाण नहीं*
18–25 वर्ष	35	19
26–33 वर्ष	41	12
34+	31	9

स्रोत: युवा और राजनीति सर्वेक्षण (2011)
नोट: सभी आंकड़े प्रतिशत में हैं।
सीएसडीएस द्वारा आयोजित एनईएस 2009 में प्रश्न पूछा गया था।

तालिका 2.14: वोट की प्रभावकारिता में जितना कम विश्वास, मत देने की इच्छा और कम हो जाती है

मत का मूल्य	*2009 लोकसभा चुनाव में युवाओं जिन्होंने मत दिया*	*2009 लोकसभा चुनाव में युवाओं जिन्होंने मत नहीं दिया*
वोट का असर पड़ा है	64	35
वोट का असर नहीं पड़ा है	51	49

स्रोत: युवा और राजनीति सर्वेक्षण (2011)
नोट: सभी आंकड़े प्रतिशत में हैं।

पास मतदान करने के लिए पहचान पत्र/पहचान प्रमाण नहीं थे। 10 प्रतिशत युवा मतदाता ने अपने मत नहीं डाले क्योंकि वे मतदान में रुचि नहीं रखते थे या मतदान करना नहीं चाहते थे। केवल 2 प्रतिशत युवा मतदाताओं ने मतदाताओं को मत देने के लिए अच्छी पसंद की कमी के कारण मत नहीं दिया (तालिका 2.13)।

मत की प्रभावकारिता में विश्वास निश्चित रूप से जब मतदान करने की बात आती है तो एक फर्क पैदा करता है। उन लोगों जो नहीं सोचते कि उनके मत से कोई फर्क पड़ता है की तुलना में वे प्रतिवादी जो सोचते हैं कि उनका मत एक अंतर बनाता है, वे प्रतिवेदन करने की अधिक संभावना रखते हैं कि उन्होंने मतदान किया। इतना ही नहीं, लगभग एक समान संख्या में प्रतिवादी, जो मत देते हैं उनकी तुलना में मत नहीं करने की संभावना है। हालांकि उन लोगों में से 50 प्रतिशत से अधिक जिन्होंने विश्वास नहीं किया कि उनके मत से कोई फर्क नहीं पड़ता है, उन्होंने बताया कि उन्होंने 2009 के चुनावों में मतदान किया था (तालिका 2.14)। इसलिए जबकि प्रभावकारिता महत्व रखता है, उन लोगों का एक बड़ा प्रतिशत जो मत प्रभावकारिता में विश्वास नहीं करते हैं, उन्होंने बताया कि उन्होंने मतदान किया।

2. चुनाव संबंधित गतिविधियों में भागीदारी

भागीदारी सिर्फ चुनावों में मतदान करना नहीं है; बल्कि यह अपने स्वरूप और दायरे में व्यापक है। चुनाव से संबंधित गतिविधियों में भागीदारी जैसे उम्मीदवारों के लिए धन इकट्ठा करना, चुनाव बैठक/रैलियों में भाग लेना, चुनाव अभियान में भाग लेना या प्रचार पुस्तिकाएं

तालिका 2.15: युवाओं की बड़ी संख्या चुनाव गतिविधियों में भाग लेती है

	भागीदारी नहीं	*मध्यम भागीदारी*	*उच्च भागीदारी*
युवा	73	11	17

स्रोत: युवा और राजनीति सर्वेक्षण (2011)
नोट: सभी आंकड़े प्रतिशत में हैं।
चुनावी भागीदारी पर सूचकांक के लिए समाप्ति नोट देखें।[3]

तालिका 2.16: युवाओं की चुनावी भागीदारी दूसरों की तुलना में मामूली रूप से अधिक है

आयु श्रेणी	*चुनाव संबंधी गतिविधियों में भागीदारी नहीं*	*चुनाव संबंधी गतिविधियों में भागीदारी**
18–25 वर्ष	72	28
26–33 वर्ष	73	27
34+	73	27

स्रोत: युवा और राजनीति सर्वेक्षण (2011)
नोट: सभी आंकड़े प्रतिशत में हैं।
* चुनाव से संबंधित गतिविधियों में भागीदारी के लिए 'मध्यम भागीदारी' और "उच्च भागीदारी" श्रेणियां एक साथ विलय कर दी गई हैं।

वितरित करना युवाओं और अन्य दोनों के लिए समय के साथ बढ़ रहा है। लगभग 28 प्रतिशत भारतीय युवा मतदाता मतदातान के अतिरिक्त चुनावी गतिविधियों में भाग लेने का प्रतिवेदन करते हैं और यह संख्या पिछले कुछ वर्षों में बढ़ रही है (तालिका 2.15)।

चुनाव से संबंधित गतिविधियों में भागीदारी के मामले में युवाओं और अन्य लोगों के बीच मामूली अंतर है; फिर भी, युवा तुलनात्मक रूप से उच्च चुनावी भागीदारी का प्रतिवेदन करते हैं (तालिका 2.16)। 14 प्रतिशत अन्य चुनाव से संबंधित गतिविधियों में उच्च भागीदारी श्रेणी में शामिल हैं जबकि 17 प्रतिशत युवाओं ने चुनाव से संबंधित गतिविधियों में उच्च स्तर की भागीदारी का प्रतिवेदन किया है।

चुनाव से संबंधित गतिविधियों में युवाओं की भागीदारी मामूली बढ़ रही है। वर्तमान अध्ययन चुनाव से संबंधित गतिविधियों में रिपोर्ट की गई भागीदारी में एक स्पाइक पंजीकृत करता है। चूंकि यह अध्ययन केवल जानबूझकर चयनित निर्वाचन क्षेत्रों में आयोजित किया गया था, इसलिए इस अवलोकन को सामान्यीकृत नहीं किया जा सकता (तालिका 2.17)।

हालांकि, राजनीति में रुचि के साथ विशिष्ट प्रतिरूप देखे जा सकते हैं जब सामाजिक जनसांख्यिकीय प्रभावित करने वाली वस्तुएं लागू होती हैं। युवा पुरुष उत्तरदाताओं ने युवा महिला उत्तरदाताओं की तुलना में चुनाव से संबंधित गतिविधियों में अधिक भाग लेने का प्रतिवेदन किया है। चुनाव संबंधित गतिविधियों में केवल 4 प्रतिशत युवा महिलाओं ने भाग लिया जो 27 प्रतिशत युवा पुरुषों की तुलना में काफी कम है। स्थान एक बहुत ही रोचक और असत्यवत तस्वीर पैदा करती है। 19 प्रतिशत ग्रामीण युवा चुनाव से संबंधित गतिविधियों में

तालिका 2.17: युवाओं की चुनावी भागीदारी तेजी से बढ़ रही है

वर्ष	*मध्यम भागीदारी*	*उच्च भागीदारी*
1998	21	9
1999	21	10
2004	24	9
2009	17	11
2011*	10	17

स्रोत: युवा और राजनीति सर्वेक्षण (2011)
नोट: सभी आंकड़े प्रतिशत में हैं।
* युवा और राजनीति सर्वेक्षण 2011 में चयनित 14 निर्वाचन क्षेत्रों में चुनाव से संबंधित गतिविधियों में भागीदारी।

भाग लेते हैं जो शहरी युवाओं की तुलना में सात प्रतिशत अधिक है। जबकि कुल मिलाकर अधिक शहरी युवाओं ने राजनीति में रुचि लेने की बात मानी, जब चुनावी गतिविधियों में भाग लेने की बात आती है, काफी अंतर से ग्रामीण इलाकों में लोग शहरी इलाकों से अधिक हैं। सभी स्थानों में उत्तरदाताओं के लिए राजनीति में रुचि रखने का अलग-अलग व्याख्या किया जाता है। रुचि ग्रामीण क्षेत्रों में स्थित युवाओं के लिए चुनावी गतिविधियों में भागीदारी में परिवर्तित करती है जबकि शहरी युवाओं की रुचि प्रतिबंधित है और नतीजतन राजनीतिक कार्रवाई में अंत नहीं होता है। कुल मिलाकर, जैसा कि पहले बताया गया है कि 28 प्रतिशत युवाओं ने चुनावी गतिविधियों में कुछ हद तक भाग लिया है। राजनीति में रुचि रखने वाले 41 प्रतिशत ग्रामीण युवा चुनाव से संबंधित गतिविधियों में भाग लेते हैं, जो समग्र और शहरी युवा भागीदारी स्तर से काफी अधिक है। दूसरी तरफ 25 प्रतिशत शहरी युवा राजनीति में रुचि रखते हैं, वो चुनावी गतिविधियों में भाग लेते हैं (तालिका 2.18)। राजनीति में रुचि महिलाओं के लिए चुनावी भागीदारी दर पर भी समान प्रभाव डालती है। जबकि कुल 7 प्रतिशत महिलाएं चुनावी गतिविधियों में अलग-अलग प्रकार में भाग लेती हैं, वहीं राजनीति में रुचि रखने वाली महिलाओं में यह संख्या 14 प्रतिशत तक बढ़ जाती है।

चुनावी भागीदारी के बारे में सबसे दिलचस्प निष्कर्षों में से एक आर्थिक वर्ग और स्थान के बीच संबंध है। ग्रामीण ऊपरी वर्ग चुनाव से संबंधित गतिविधियों में भाग लेने वाले लोगों की सबसे सक्रिय श्रेणी है। ग्रामीण क्षेत्रों से 50 प्रतिशत से थोड़े कम ऊपरी वर्ग के युवाओं ने चुनाव

तालिका 2.18: शहरी युवाओं की तुलना में ग्रामीण युवाओं की राजनीति में अधिक रुचि है

स्थान	*चुनावी गतिविधियों में भागीदारी*
राजनीति में रुचि रखने वाले ग्रामीण युवा	41
राजनीति में रुचि रखने वाले शहरी युवा	25

स्रोत: युवा और राजनीति सर्वेक्षण (2011)
नोट: सभी आंकड़े प्रतिशत में हैं।

तालिका 2.19: ग्रामीण युवा शहरी युवाओं की तुलना में चुनावी गतिविधियों में अधिक भाग लेते हैं

स्थान	*चुनावी भागीदारी*
ग्रामीण ऊपरी वर्ग युवा	48
शहरी ऊपरी वर्ग युवा	15
ग्रामीण गरीब युवा	20
शहरी गरीब युवा	17

स्रोत: युवा और राजनीति सर्वेक्षण (2011)
नोट: सभी आंकड़े प्रतिशत में हैं।

से संबंधित गतिविधियों में भाग लेने का प्रतिवेदन किया है। दूसरी तरफ शहरी ऊपरी वर्ग अन्य सभी श्रेणियों के बीच चुनावी भागीदारी के निम्नतम स्तर का प्रतिवेदन करता है। शहरी क्षेत्रों में मध्यम वर्ग भागीदारी के उच्चतम स्तर का प्रतिवेदन करते हैं। लगभग 23 प्रतिशत शहरी मध्यम वर्ग के युवा उत्तरदाताओं ने चुनाव से संबंधित गतिविधियों में भाग लेने की सूचना दी। भागीदारी के मामले में शहरी गरीब, शहरी ऊपरी वर्ग से अधिक हैं। हालांकि सभी वर्ग श्रेणियों में ग्रामीण उत्तरदाताओं का भागीदारी स्तर उनके शहरी समकक्षों से काफी अधिक है (तालिका 2.19)। हालांकि, एक ही आर्थिक वर्ग के भीतर, शिक्षा का भागीदारी पर सकारात्मक प्रभाव पड़ता है। यह प्रभाव ऊपरी वर्ग के बीच काफी महसूस किया जाता है। जबकि अन्य सभी वर्गों के लिए शिक्षा में क्रमिक वृद्धि के साथ भागीदारी का स्तर बढ़ता है, यह गरीब वर्ग के उत्तरदाताओं के लिए पूरी तरह से सच नहीं है। गरीब वर्ग से संबंधित उत्तरदाताओं में से, कॉलेज शिक्षित के बाद गैर-साक्षरता सबसे अधिक भाग लेने वाली श्रेणियां हैं। कुल मिलाकर मध्य शिक्षित लोग गैर साक्षर लोगों की तुलना में कम भाग लेते हैं।

पहले जो कहा गया है उसे दोहराते हुए, समग्र शिक्षा का समग्र चुनावी भागीदारी पर सकारात्मक प्रभाव पड़ता है, हालांकि जब कोई लिंग के संक्षेत्र के माध्यम से इस बड़े व्यापक निष्कर्ष को देखता है, तो एक पूरी नई प्रवृत्ति उभरती है। जबकि शिक्षा पुरुषों के लिए चुनावी भागीदारी में वृद्धि करने में बहुत मदद करती है, वही महिलाओं के लिए ये सच नहीं है। वास्तव में शिक्षा महिलाओं की चुनावी भागीदारी पर नकारात्मक प्रभाव डालती है। जैसा कि तालिका 2.20 से स्पष्ट है, गैर शिक्षित महिलाओं की तुलना में कॉलेज शिक्षित महिलाओं के भागीदारी स्तरों के बीच पांच प्रतिशत अंकों का अंतर है। पुरुषों की चुनावी भागीदारी पर शिक्षा के सकारात्मक प्रभाव और महिलाओं पर इसके नकारात्मक प्रभाव के परिणामस्वरूप पुरुषों और महिलाओं के भागीदारी स्तर के बीच अंतर की चौड़ाई बढ़ जाती है जैसे-जैसे शिक्षा के स्तर पर ऊपर बढ़ते हैं। गैर साक्षर पुरुषों और गैर साक्षर महिलाओं के भागीदारी स्तर के बीच अंतर लगभग 14 प्रतिशत अंक है जो शिक्षित उत्तरदाताओं के लिए बढ़ता है जो शिक्षित पुरुषों और शिक्षित महिलाओं के भागीदारी स्तरों के बीच 38 प्रतिशत अंक का अंतर रिकॉर्ड करते हैं।

तालिका 2.20: युवा पुरुषों की तुलना में युवा महिलाओं के बीच चुनावी भागीदारी शिक्षा होने के बावजूद कम

शैक्षिक प्राप्ति का स्तर	*चुनाव संबंधित गतिविधियों में भागीदारी*
गैर साक्षर युवा पुरुष	28
गैर साक्षर युवा महिलाएं	14
माध्यामिक शिक्षा उत्तीर्ण युवा पुरुष	40
माध्यामिक शिक्षा उत्तीर्ण युवा महिलाएं	8
कॉलेज शिक्षित युवा पुरुष	47
कॉलेज शिक्षित युवा महिलाएं	9

स्रोत: युवा और राजनीति सर्वेक्षण (2011)
नोट: सभी आंकड़े प्रतिशत में हैं।

जहां तक चुनाव से संबंधित गतिविधियों में भागीदारी से संबंध है, स्थानों में शिक्षा का अन्तर्विरोधी प्रभाव है। जबकि शिक्षा प्राप्त करना भी ग्रामीण उत्तरदाताओं को चुनाव से संबंधित गतिविधियों में अधिक भागीदार बनाता है, उनके शहरी समकक्षों के लिए ऐसा नहीं है। शहरी उत्तरदाताओं के बीच सबसे अधिक भाग लेने वाला समूह वह है जो साक्षर नहीं हैं। जबकि शिक्षा का शहरी उत्तरदाताओं के बीच चुनावी भागीदारी के साथ एक प्रतिकूल संबंध है, लेकिन यह ग्रामीण प्रतिभागियों के साथ प्रत्यक्ष रूप से साझा करता है जहां तक चुनाव से संबंधित गतिविधियों में उनकी भागीदारी का संबंध है। समूह में सबसे कम भाग लेने वाले शहरी कॉलेज शिक्षित युवा हैं। नतीजतन ग्रामीण बनाम शहरी क्षेत्रों में कॉलेज-शिक्षित युवाओं के बीच भागीदारी स्तर में अंतर उच्चतम (तालिका 2.21) है।

सभी वर्गों में चुनावी भागीदारी पर मीडिया अनावरण का सकारात्मक प्रभाव पड़ता है; हालांकि, राजनीति में रुचि के प्रभाव के मुकाबले प्रभाव का परिमाण बहुत कम है। जिस

तालिका 2.21: शिक्षित शहरी युवाओं की तुलना में शिक्षित ग्रामीण युवाओं के बीच अधिक चुनावी भागीदारी

स्थान	*चुनाव संबंधित गतिविधियों में भागीदारी*
ग्रामीण गैर साक्षर युवा	18
शहरी गैर साक्षर युवा	21
ग्रामीण प्राथमिक उत्तीर्ण युवा	21
शहरी प्राथमिक उत्तीर्ण युवा	17
ग्रामीण माध्यामिक शिक्षित युवा	28
शहरी माध्यामिक शिक्षित युवा	24
ग्रामीण कॉलेज शिक्षित युवा	46
शहरी कॉलेज शिक्षित युवा	15

स्रोत: युवा और राजनीति सर्वेक्षण (2011)
नोट: सभी आंकड़े प्रतिशत में हैं।

तालिका 2.22: मीडिया अनावरण का राजनीति और चुनावी भागीदारी में रुचि पर सकारात्मक प्रभाव पड़ता है

आर्थिक वर्ग	*राजनीति में रुचि*	*चुनावी भागीदारी*
ऊपरी वर्ग युवा जिनका मीडिया से अनावरण नहीं	8	8
ऊपरी वर्ग युवा जिनका मीडिया से अनावरण है	81	43
मध्यम वर्ग युवा जिनका मीडिया से अनावरण नहीं	26	6
मध्यम वर्ग युवा जिनका मीडिया से अनावरण है	77	37
निम्न वर्ग युवा जिनका मीडिया से अनावरण नहीं	29	16
निम्न वर्ग युवा जिनका मीडिया से अनावरण है	70	27

स्रोत: युवा और राजनीति सर्वेक्षण (2011)
नोट: सभी आंकड़े प्रतिशत में हैं।

तालिका 2.23: छात्र और युवा खंडो के सदस्य आश्चर्यजनक रूप से चुनावी गतिविधियों में बहुत भाग नहीं लेते हैं

……के सदस्य	*चुनाव संबंधित गतिविधियों में भागीदारी*
राजनीतिक दल	68
छात्र/युवा खंड	39
कोई संघ	59
गैर सरकारी संगठन	51

स्रोत: युवा और राजनीति सर्वेक्षण (2011)
नोट: सभी आंकड़े प्रतिशत में हैं।

बात सामने रखने की कोशिश की जा रही है वो सभी वर्गों और शिक्षा स्तरों में राजनीतिक संघटन या भागीदारी के संदर्भ में मीडिया अनावरण की सीमित प्रभावकारिता के बारे में है। जबकि मीडिया के किसी भी प्रकार से अनावरण उत्तरदाताओं का राजनीति में रुचि तत्काल बढ़ाता है, चुनावी गतिविधियों में भागीदारी स्वयं को बहुत जटिल घटना के रूप में प्रस्तुत करता है (तालिका 2.22)।

किसी भी राजनीतिक और गैर-राजनीतिक संगठन की सदस्यता चुनावी भागीदारी के स्तर को भी प्रभावित करती है। राजनीतिक दल की सदस्यता प्रत्याशित रूप से संबंधित गतिविधियों में भाग लेने की उम्मीद रखती है, इसके बाद संघ के सदस्य चुनाव से संबंधित गतिविधियों में अधिक भाग लेते हैं। हालांकि दिलचस्प बात यह है कि छात्र/युवा खंड भाग लेने के बहुत उच्च स्तर उत्पन्न करने में असफल होते हैं (तालिका 2.23)।

2. विरोध और जुलूस में भागीदारी

चुनाव बैठक में भाग लेने से लेकर अलग-अलग तरीकों में मदद करके उम्मीदवारों को सीधे समर्थन देने तक लोग विभिन्न प्रकार की चुनावी गतिविधियों में भाग लेते हैं। हालांकि इस प्रकार की भागीदारी आम तौर पर चुनाव विशिष्ट होती है और इसलिए काफी हद तक

समयबद्ध होती है। इसके अतिरिक्त भागीदारी के अन्य अतिरिक्त चुनावी रूप भी हैं जो चुनाव समय के दौरान आवश्यक नहीं होते हैं। ये गतिविधियां सार्वजनिक विरोध और जुलूस हैं। भागीदारी के इस रूप ने पिछले साल से लोकप्रिय और अकादमिक ध्यान आकर्षित किया है। पश्चिम एशिया के कई देशों में लोकतंत्र के लिए वैश्विक स्तर पर लड़ाई, जिसे "अरब स्प्रिंग" और "कब्जा" आंदोलन कहा जाता है, जो अमेरिका में शुरू हुआ, इस तरह के आंदोलनों के समकालीन भूमि चिह्न उदाहरण हैं। भ्रष्टाचार विरोधी विधेयक के कार्यान्वयन के लिए समर्थन के मुद्दे पर 2011 में भारत ने भी इसी तरह के आंदोलन को देखा। लोकपाल आंदोलन को लोकप्रिय रूप से जाना जाता है क्योंकि समाज की विभिन्न तिमाहियों से भागीदारी को देखा गया। इन आंदोलनों को अलग स्तर पर किसने विशिष्ट बनाया वो ये कि उन सभी को युवाओं द्वारा बड़े पैमाने पर प्रतिनिधित्व करने के लिए अनुमान लगाया जाता है (इंडिया टुडे, 2013)।

तालिका 2.24 से पता चलता है कि 12 प्रतिशत उत्तरदाताओं ने राजनीतिक और सामाजिक मुद्दों से संबंधित विरोध और जुलूस में भाग लिया है। विरोध प्रदर्शन और जुलूस में भागीदारी के मामले में युवाओं और अन्य लोगों के बीच केवल एक प्रतिशत बिंदु अंतर है।

ग्रामीण इलाकों में बहुत कम महिलाओं ने किसी भी विरोध या जुलूस में भाग लेने की सूचना दी। शहर/शहरी क्षेत्र महिलाओं को अतिरिक्त चुनावी भागीदारी के लिए समय प्रदान करते हैं, क्योंकि शहरी क्षेत्रों में अधिक महिलाएं प्रदर्शन या विरोध का हिस्सा रही हैं। दूसरी तरफ राजनीतिक भागीदारी के किसी रूप जिसमें ये शामिल है में शहरी क्षेत्रों में युवाओं से ग्रामीण इलाकों में युवा पुरुष अधिक होते हैं (तालिका 2.25)।

तालिका 2.24: युवाओं और अन्य दोनों के बीच विरोध प्रदर्शन में भागीदारी कम है

आयु श्रेणी	*विरोध/जुलूस में भागीदारी*
युवा	12
अन्य	11

स्रोत: युवा और राजनीति सर्वेक्षण (2011)
नोट: सभी आंकड़े प्रतिशत में हैं।

तालिका 2.25: युवा महिलाओं की तुलना में युवा पुरुषों के बीच विरोध प्रदर्शन में अधिक भागीदारी

स्थान	*विरोध और जुलूस में भागीदारी*
ग्रामीण युवा पुरुष	20
ग्रामीण युवा महिलाएं	3
शहरी युवा पुरुष	12
शहरी युवा महिलाएं	8

स्रोत: युवा और राजनीति सर्वेक्षण (2011)
नोट: सभी आंकड़े प्रतिशत में हैं।

तालिका 2.26: मीडिया के लिए अनावरण जितना अधिक विरोध में भागीदारी उतनी अधिक होती है

स्थान	*विरोध प्रदर्शनों और जुलूस में भागीदारी*
ग्रामीण युवा जिनका मीडिया से अनावरण नहीं है	3
ग्रामीण युवा जिनका मीडिया से उच्च अनावरण है	27
शहरी युवा जिनका मीडिया से अनावरण नहीं है	10
शहरी युवा जिनका मीडिया से उच्च अनावरण है	15

स्रोत: युवा और राजनीति सर्वेक्षण (2011)
नोट: सभी आंकड़े प्रतिशत में हैं।

ग्रामीण इलाकों में मीडिया अनावरण विरोध प्रदर्शनों और जुलूस में भागीदारी के साथ सकारात्मक संबंध साझा करता है। हालांकि शहरी उत्तरदाताओं की भागीदारी स्तर पर मीडिया अनावरण का प्रभाव समान परिमाण का नहीं है। मीडिया के संपर्क में आने वाले लोगों के भागीदारी स्तर और शहरी क्षेत्रों में मीडिया अनावरण वाले लोगों के बीच अंतर बहुत अधिक नहीं है (तालिका 2.26)।

ऐसा लगता है कि शिक्षा पुरुषों को राजनीतिक स्थान के साथ प्रदान कर रही है जो असंतोष की राजनीति की अनुमति देते हैं। अतिरिक्त चुनावी विरोध प्रदर्शनों और जुलूसों में पुरुषों की भागीदारी लगातार और स्पष्ट रूप से शिक्षा के साथ बढ़ती है, हालांकि यह महिलाओं के लिए सच नहीं है। शैक्षिक श्रेणियों में महिलाओं का प्रतिशत लगभग 5 प्रतिशत पर समान या कम रहता है (तालिका 2.27)।

हमारे अध्ययन के मुताबिक, अतिरिक्त चुनावी भागीदारी का स्थान एक उच्छिष्टवर्गवादी समान प्रतीत होता है जो ग्रामीण इलाकों में समृद्ध से और शहरी क्षेत्रों में मध्यम वर्गों से अधिक भागीदारी का गवाह बनते हैं। गरीबों की भागीदारी सभी स्थानों में समान है और 5 प्रतिशत से कम है। ग्रामीण क्षेत्र में वर्ग विरोध और जुलूस में भागीदारी के साथ एक सकारात्मक और रैखिक संबंध साझा करता है। जबकि स्थान, लिंग, वर्ग, शिक्षा की जनसांख्यिकीय श्रेणियां सक्रिय उत्तरदाताओं की सामाजिक कार्यस्थल का पता लगाने में मदद करती हैं, यह व्यक्ति के राजनीतिक अभिविन्यास की अनुवांशिक श्रेणियां हैं जो

तालिका 2.27: शिक्षा प्राप्ति का स्तर जितना उच्चतर, विरोध में भागीदारी उतनी अधिक

शिक्षा प्राप्ति के स्तर	*विरोध प्रदर्शनों और जुलूस में भागीदारी*
गैर साक्षर युवा पुरुष	7
गैर साक्षर युवा महिलाएं	6
कॉलेज शिक्षित युवा पुरुष	22
कॉलेज शिक्षित युवा महिलाएं	5

स्रोत: युवा और राजनीति सर्वेक्षण (2011)
नोट: सभी आंकड़े प्रतिशत में हैं।

तालिका 2.28: राजनीति में जितनी रुचि, उतनी विरोध प्रदर्शन और जुलूसों में भागीदारी अधिक होती है

राजनीति में रुचि	*विरोध प्रदर्शन और जुलूसों में भागीदारी*
राजनीति में बिल्कुल रुचि नहीं	4
राजनीति में मध्यम रुचि	12
राजनीति में उच्च रुचि	37

स्रोत: युवा और राजनीति सर्वेक्षण (2011)
नोट: सभी आंकड़े प्रतिशत में हैं।

इन युवाओं के राजनीतिक दृष्टिकोणों की अंतर्दृष्टि प्रदान करती हैं। विरोध और जुलूस में भागीदारी नौ गुना से अधिक बढ़ जाती है जब उन सभी जो राजनीति में रुचि नहीं रखते हैं और जो रुचि रखते हैं की तुलना होती है। उन लोगों में से जो राजनीति में बिल्कुल रुचि नहीं रखते हैं उनमें से लगभग 4 प्रतिशत युवाओं ने ये माना कि उन्होंने विरोध और जुलूस में भाग लिया है। दूसरी तरफ, 37 प्रतिशत युवा जो राजनीति में रुचि रखते हैं वे विरोध प्रदर्शन और जुलूसों में भाग लेते हैं (तालिका 2.28)।

राजनीतिक दलों के सदस्य विरोध प्रदर्शन और जुलूसों में भाग लेने की संभावना रखते हैं। तालिका 2.29 में, 42 प्रतिशत युवा जो राजनीतिक दलों के सदस्य हैं विरोध प्रदर्शन और जुलूसों में भाग लेते हैं। लगभग 25 प्रतिशत युवा जो राजनीतिक दल के छात्र/युवा खंड के सदस्य हैं, विरोध और जुलूस में बहुत कम भाग लेते हैं। दूसरी ओर युवाओं जो राजनीतिक छात्र खंड/दलों के सदस्य हैं की तुलना में संघ के सदस्य के रूप में युवा अधिक भाग लेते हैं। वास्तव में राजनीतिक छात्र खंड के सदस्य सबसे कम भाग लेते हैं। जबकि चुनाव से संबंधित गतिविधियों में गैर-सरकारी संगठनों के सदस्यों की भागीदारी की उम्मीद कम है, उनमें से 1/3 से थोड़े अधिक ने विरोध प्रदर्शन और जुलूसों में भाग लिया है।

चुनावी गतिविधियों में भागीदारी विरोध प्रदर्शन और जुलूसों में भागीदारी की ओर ले जाती है। उन लोगों के बीच एक बड़ा अधिव्यापन है जिन्होंने चुनावी गतिविधियों में भाग लिया है और जिन्होंने विरोध प्रदर्शन और जुलूसों में भाग लिया है। लगभग 39 प्रतिशत

तालिका 2.29: राजनीतिक दल और संघ के सदस्यों के बीच विरोध प्रदर्शन में सबसे अधिक भागीदारी, इसके बाद गैर-सरकारी संगठनों के सदस्य

......के सदस्य	*विरोध और जुलूस में भागीदारी*
राजनीतिक दल	42
छात्र/युवा खंड	25
कोई अन्य संघ	41
गैर-सरकारी संगठन	35

स्रोत: युवा और राजनीति सर्वेक्षण (2011)
नोट: सभी आंकड़े प्रतिशत में हैं।

तालिका 2.30: चुनावी गतिविधियों में जितनी अधिक भागीदारी, उतनी उच्चतर विरोधों में भागीदारी

चुनाव संबंधित गतिविधियों में भागीदारी	*विरोध और जुलूस में भागीदारी*
चुनाव संबंधित गतिविधियों में कभी भाग नहीं लिया	4
चुनाव संबंधित गतिविधियों में कम भाग लिया	24
चुनाव संबंधित गतिविधियों में अधिक भाग लिया	39

स्रोत: युवा और राजनीति सर्वेक्षण (2011)
नोट: सभी आंकड़े प्रतिशत में हैं।

युवा जो चुनाव से संबंधित गतिविधियों में उच्च भागीदारी रिकॉर्ड करते हैं, विरोध प्रदर्शनों और जुलूसों में भी उच्चतम भागीदारी दर्ज करते हैं, जबकि 4 प्रतिशत युवाओं की संख्या में कमी आई है, जिन्होंने चुनावी गतिविधियों में कभी भाग नहीं लिया है, विरोध प्रदर्शन और जुलूस में भाग लेते हैं (तालिका 2.30)। यह आश्चर्य की बात नहीं है क्योंकि भारत और दुनिया भर में संघों को न केवल वैचारिक रूप से राजनीतिक बनाया जाता है बल्कि विशेष राजनीतिक दलों के प्रति उनके संबंध और निष्ठा के संदर्भ में तथा विरोध और जुलूस में उनकी भागीदारी के संदर्भ में सबसे अधिक भाग लेने वाले समूह या तो संघों के या राजनीतिक दलों के सदस्य हैं।

निष्कर्ष

इस अध्याय का उद्देश्य जनसांख्यिकीय और अनुवांशिक रूप से युवाओं को उनकी स्वयं की रुचि और राजनीति में भागीदारी के संबंध में ढूंढना था। इस अध्याय में उपयोग किए जाने वाले सामाजिक-जनसांख्यिकीय प्रभावित करने वाली वस्तुएं युवाओं के राजनीतिक व्यवहार को समझाने के लिए महत्वपूर्ण स्पष्टीकरण प्रभावित करने वाली वस्तुएं नहीं हो सकती हैं, लेकिन वे उनके द्वारा बनाए गए स्वरूपों के आधार पर चुनिंदा रूप से विनियमित होते हैं। यह एक वर्णनात्मक प्रयास है, जो अध्ययन में देखे गए अनुवांशिक, व्यवहार और जनसांख्यिकीय प्रभावित करने वाली वस्तुएं के बीच सह भिन्नताएं निर्धारित करता है। इस अध्याय में विश्लेषण व्यवस्थित रूप से स्थापित करता है कि राजनीतिक हित और राजनीतिक भागीदारी के बीच संबंध साफ़ नहीं है। इन दोनों घटनाओं- रुचि और भागीदारी में दो अलग भौगोलिक और सामाजिक आर्थिक स्थानों के सदस्य हैं। हालांकि पिछले कुछ सालों में, कुल मिलाकर रुचि में और कुछ राजनीतिक गतिविधियों में भागीदारी में वृद्धि होने का हम गवाह बने हैं। दूसरा, चुनावों में मतदान केवल युवाओं और राजनीतिक जुड़ाव के विस्तार की एक कल्पना है। यह युवा राजनीतिक जुड़ाव का सबसे अच्छा संकेत नहीं है। चुनावी राजनीति के साथ भारतीय युवाओं की भागीदारी निश्चित रूप से बेपरवाही की

ओर झुकाव नहीं कर रही है। राजनीतिक समूहों की टाइपोलॉजी पर लौटने पर जैसा कि आलमंड और वर्बा द्वारा प्रस्तुत किया गया है, भारत में युवाओं को राजनीति से अलग एक संकुचित समूह नहीं माना जा सकता है जो राजनीति से दूर है और राजनीति में रुचि तथा भागीदारी नहीं रखता है, लेकिन भागीदारी के स्तर के अनुसार देखा गया, भारतीय युवाओं को प्रतिभागी समूह के भीतर जो सक्रिय रूप से राजनीति में भाग लेता है और राजनीति में उत्सुकता से रुचि रखता है नहीं रखा जा सकता; बल्कि हम भारतीय युवाओं को विषय समूह की श्रेणी में रख सकते हैं जो सरकार से अवगत है और सरकार से अधिक उम्मीद कर रहा है लेकिन मतदान और चुनावी गतिविधियों में सक्रिय भागीदारी का स्तर कई गुना कम है या अन्य आयु समूहों के बराबर है और उच्च भागीदारी की दहलीज पर कभी भी कहीं भी नहीं रहा है। युवाओं का राजनीतिकरण, युवाओं की राजनीतिक श्रेणी के रूप में मान्यता अभी तक एक उभरती हुई घटना है।

टिप्पणियां

1. मिल्ब्रैथ के अनुसार राजनीतिक गतिविधियों में निरुत्साही व्यक्ति कम प्रतिभागी, दर्शक मध्यम प्रतिभागी और वाद-विवाद करने वाले उच्च प्रतिभागी होते हैं।
2. एनईएस राष्ट्रीय चुनाव अध्ययन है जो कि 1996, 1998, 1999, 2004, 2009 में सीएसडीएस, दिल्ली द्वारा आयोजित सर्वेक्षणों की एक श्रृंखला है।
3. **चुनाव से संबंधित गतिविधियों में भागीदारी के बारे में सूचकांक**
   यह सूचकांक प्र9ए, प्र9बी और प्र9सी के लिए एकत्रित प्रतिक्रियाओं के आधार पर, उम्मीदवारों के लिए धन इकट्ठा करने, चुनाव बैठक/रैलियों में भाग लेने और क्रमशः चुनाव अभियान में भाग लेने/प्रचार पुस्तिका को वितरित करने के आधार पर बनाया गया है। इन प्रश्नों में से प्रत्येक के लिए उत्तरदाताओं को प्रदान किए गए उत्तर विकल्प "हां", "नहीं", "याद नहीं है" और "कोई राय नहीं" थे। इन तीनों प्रश्नों के उत्तरों को तीन श्रेणियों में समानुक्रमित और विभाजित किया गया- "कोई भागीदारी नहीं", "मध्यम भागीदारी" और उच्च भागीदारी"। यहां मूल्यांकन की गई तीन गतिविधियों में से किसी एक या सभी तीन गतिविधियों में भाग लेने को "उच्च" भागीदारी माना जाता है। सभी तीन गतिविधियों में से किसी एक में भागीदारी को "मध्यम" भागीदारी के रूप में माना जाता है। "नहीं" भागीदारी की श्रेणी आत्म व्याख्यात्मक है। वे सभी जिन्होंने नकारात्मक में या किसी गतिविधि में भाग लेने को याद नहीं है उत्तर दिया, "कोई भागीदारी नहीं" श्रेणी में शामिल होते हैं।

संदर्भ

1. Almond, Gabriel, and Sidney Verba. (1963). 'The Civic Culture: Political Attitudes and Democracy in Five Nations' Princeton: Princeton University Press.
2. Milbrath, L.W. (1965). 'Political Participation: How and why do people get involved in Politics?' USA: Rand McNally & Company.
3. Cliff Zukin et al. (2006). 'A New Engagement? Political Participation, Civic Life, and the Changing American Citizens' New York: Oxford University Press.

4. 'World Development Report 2007: Development and the Next Generation' The World Bank: Washington, DC. [Online] Available from http://www-wds.worldbank.org/external/default/WDSContentServer/WDSP/IB/2006/09/13/000112742_20060913111024/Rendered/PDF/359990WDR0complete.pdf [Accessed on 4/11/2011].
5. Yadav, Yogendra. (2000). 'Understanding the Second Democratic Upsurge: Trends of Bahujan Participation in Electoral Politics in the 1990s' in Frankel, Francine R. (et al) *Transforming India: Social and Political Dynamics of Democracy* (pp. 120–145). New Delhi; New York: Oxford University Press.
6. International Institute for Democracy and Electoral Assistance. Available from http://www.idea.int/vt/countryview.cfm?id=77#pres [Accessed 17/10/2011]
7. 'Voter Engagement and Young People', The Electoral Commission, Research report, July 2002. [Online] Available from http://www.electoralcommission.org.uk/__data/assets/electoral_commission_pdf_file/0019/16093/youngpplvoting_6597-6188__E__N__S__W__.pdf [Accessed on 17/10/2011]
8. Kirby, Emily Hoban and Kei Kawashima-Ginsberg. 'The Youth Vote in 2008' CIRCLE, 2009. [Online] Available from http://www.civicyouth.org/PopUps/FactSheets/FS_youth_Voting_2008_updated_6.22.pdf [Accessed 17/10/2011]
9. CPS November. 'Voting and Registration Supplements, 1972–2008'. [Online] Available from http://www.civicyouth.org/PopUps/FactSheets/FS_youth_Voting_2008_updated_6.25.pdf [Accessed 18/10/2011]
10. Monroe, Alan D. (1977). 'Urbanism and Voter Turnout: A Note on Some Unexpected Findings', *American Journal of Political Science*, Vol. 21, No. 1 (Feb), pp. 71–78, Published by: Midwest Political Science Association.
11. 'Rage of Angels', India Today [Online] Available from http://indiatoday.intoday.in/story/anna-hazare-anti-corruption-movement-youth/1/165522.html [Accessed on 12/2/2013].

3 मतदान का स्वरूप

संजय कुमार

क्या भारत में ऐसा राजनीतिक दल है जिसे युवाओं की पार्टी के रूप में देखा जा सकता है? क्या युवा, अन्य दलों के मुकाबले किसी विशेष राजनीतिक दल को अधिक वोट देते हैं? जबकि हाल ही के वर्षों में सभी राजनीतिक दल विशेष रूप से युवाओं को लामबंद करने का प्रयास कर रहे हैं क्योंकि युवा मतदाता कुल मतदाताओं का एक बड़ा अनुपात बनाते हैं, हालांकि यह कहना मुश्किल है कि कोई राजनीतिक दल है जिसे युवाओं की पार्टी के रूप में देखा जा सकता है। अधिक राजनीतिक भागीदारी के लिए युवाओं को संगठित करने की दौड़ में, राहुल गांधी के प्रयासों के साथ कांग्रेस आगे रही। न केवल श्री गांधी ने अपने अधिकतर भाषणों में युवाओं से अपील की, बल्कि उन्होंने प्रभारी होने पर विभिन्न राज्यों में युवा कांग्रेस के चुनाव आयोजित करके उन्हें राजनीति में लाने की भी कोशिश की है। 2009 के लोकसभा चुनावों तक राष्ट्रीय स्तर पर कांग्रेस की मुख्य प्रतिद्वंद्वी, भारतीय जनता पार्टी (भाजपा) ने युवाओं को संगठित करने पर ज्यादा ध्यान केंद्रित नहीं किया, लेकिन पार्टी ने अपनी रणनीति बदल दी है और अब इस दिशा में नरेंद्र मोदी के नेतृत्व में भारत के युवा मतदाताओं को लुभा रही है। गुजरात के तत्कालीन मुख्यमंत्री अपने अधिकांश भाषणों में युवाओं को इस संदेश के साथ संबोधित करना सुनिश्चित कर रहे थे कि वे इस देश का भविष्य हैं। क्षेत्रीय दल युवा वोट पर नजर रख रहे थे और युवा मतदाताओं को संगठित करने के प्रयास कर रहे थे। अखिलेश यादव को उत्तर प्रदेश का मुख्यमंत्री बनाने संबंधी समाजवादी पार्टी के फैसले को इस रणनीति के एक हिस्से के रूप में देखा जा सकता है। लेकिन क्या इन प्रयासों से युवाओं की राजनीतिक भागीदारी के स्तर और राजनीतिक दलों के लिए उनकी प्राथमिकता में कोई बदलाव आया है? इस सवाल का जवाब देने के लिए आइए देखें कि युवाओं ने पिछले डेढ़ दशक में विभिन्न राष्ट्रीय चुनावों के दौरान मतदान कैसे किया है।

यद्यपि कांग्रेस काफी हद तक एक ऐसी पार्टी के रूप में खुद को चित्रित करने में सफल रही, जो युवाओं का प्रतिनिधित्व करती है, लेकिन अतीत की तुलना में, युवाओं के पारस्परिक रूप से अन्य राजनीतिक दलों के मुकाबले कांग्रेस पार्टी को स्पष्ट वरीयता देने या कांग्रेस के लिए बड़ी संख्या में वोट देने का संकेत नहीं मिलता है। हालांकि यह कहना मुश्किल है कि क्या कांग्रेस ने अतीत की तुलना में 1990 के दशक के दौरान और उसके बाद के वर्षों में युवा मतदाताओं के बीच अपना वोट बैंक खो दिया था, लेकिन यह स्पष्ट है कि 1996 से लोकसभा चुनावों में पार्टी को गैर युवा मतदाताओं या अन्य

मतदाताओं की तुलना में युवा मतदाताओं से असमान रूप से अधिक वोट नहीं मिले थे। युवा मतदाताओं के बीच कांग्रेस की मत हिस्सेदारी अपनी राष्ट्रीय मत हिस्सेदारी के समान ही कम रही। पार्टी को कभी-कभी युवाओं की तुलना में 34 वर्ष और उससे अधिक आयु वर्ग के मतदाताओं के ज्यादा मत मिले। दूसरी तरफ, हालांकि भाजपा युवा मतदाताओं के बीच बेहद लोकप्रिय नहीं है, लेकिन ज्यादातर ऊंची जाति और शहरी क्षेत्रों से युवा मतदातओं ने पिछले एक दशक के दौरान भाजपा की चुनावी सफलता में एक महत्वपूर्ण भूमिका निभाई है जबकि भाजपा का कुल मत हिस्सा 20 प्रतिशत से नीचे गिर गया है (18.8 प्रतिशत), भाजपा को गैर-युवा मतदाताओं की तुलना में युवा मतदाताओं से अधिक वोट मिले। जब कॉलेज और यूनिवर्सिटी में, युवा दिमाग वामपंथी दलों (सीपीआई और सीपीएम) के प्रति आकर्षित हो जाते हैं, तो कई युवा छात्र भी वामपंथी दलों की युवा शाखा में शामिल हो जाते हैं, लेकिन जब राष्ट्रीय या राज्य स्तर के चुनावों में मतदान करने की बात आती है, तो नि:संदेह कुछ राज्यों को छोड़कर, वामपंथी दलों के लिए युवा मतदाता बहुत बड़ी संख्या में मतदान नहीं करते। अध्ययनों के निष्कर्ष बताते हैं कि वामपंथी दलों को उम्रदराज मतदाताओं की तुलना में युवाओं के बीच अधिक मत नहीं मिल रहे हैं। युवा मतदाताओं और अन्य के बीच वाम दलों की मत हिस्सेदारी में शायद ही कोई अंतर है। राष्ट्रीय चुनावों और राज्य विधानसभा चुनावों (विशेष रूप से उत्तर प्रदेश) में पिछले कुछ चुनावों के दौरान बसपा की मत हिस्सेदारी में वृद्धि हुई है, लेकिन ऐसा इसलिए नहीं है क्योंकि युवाओं ने हाल के वर्षों में बसपा के लिए अधिक मत दिए हैं। अध्ययनों के निष्कर्ष बताते हैं कि बीएसपी का समर्थन आधार युवा मतदाताओं के साथ-साथ अन्य मतदाताओं के बीच समान रूप से बढ़ रहा है, हालांकि यह अन्य समुदायों (तालिका 3.1) के युवाओं की तुलना में दलित युवाओं पर अधिक केंद्रित है। पिछले डेढ़ दशक के दौरान युवा मतदाताओं के बीच मतदान के कुछ दिलचस्प रुझान हैं और अब यह अध्याय इस अवधि के दौरान विभिन्न लोकसभा चुनावों में युवाओं के हालिया रुझानों और मतदान विकल्पों का विस्तार से विश्लेषण करेगा।

पिछले पांच लोकसभा चुनावों के दौरान कांग्रेस को आमतौर पर युवा मतदाताओं की तुलना में 34 वर्ष से अधिक आयु के मतदाताओं के बीच अधिक वोट मिले हैं, हालांकि युवा मतदाताओं के बीच कांग्रेस के लिए वोटों का अनुपात अन्य मतदाताओं के बीच अनुपात के मुकाबले मामूली अंतर से अधिक है। लेकिन युवा मतदाताओं के बीच कांग्रेस के वोट में लिंगभेद बहुत है। राष्ट्रीय चुनाव अध्ययनों के निष्कर्ष बताते हैं कि युवा पुरुषों की तुलना में कांग्रेस युवा महिलाओं के बीच अधिक लोकप्रिय रही है। अन्य शब्दों में, युवा महिलाओं ने युवा पुरुषों की तुलना में थोड़े ज्यादा अनुपात में कांग्रेस के लिए मतदान किया है। ऐसा लगता है कि 2009 के लोकसभा चुनाव के दौरान कांग्रेस ने युवा महिला मतदाताओं के

तालिका 3.1 'युवा मतदाताओं' के बीच किसी राजनीतिक दल को शायद ही कोई फायदा मिला

	1996			*1998*			*1999*			*2004*			*2009*		
दल	*सभी मतदाता*	*युवा*	*अन्य*	*सभी मतदाता*	*युवा*	*अन्य*	*सभी मतदाता*	*युवा*	*अन्य*	*सभी मतदाता*	*युवा*	*अन्य*	*सभी मतदाता*	*युवा*	*अन्य*
कांग्रेस	28.8	28	30	25.8	25	26	28.3	27	29	26.5	27	26	28.6	28	29
भाजपा	20.3	22	19	25.6	26	26	23.8	26	23	22.2	23	22	18.8	20	18
वामपंथी	9.1	9	9	7.79	9	7	7.6	8	8	7.9	8	8	7.5	7	8
बसपा	4	4	3	4.7	4	5	4.2	5	4	5.3	5	6	6.2	6	6

स्रोत: लोकसभा चुनावों के दौरान सीएसडीएस द्वारा आयोजित एनईएस सर्वेक्षण।

नोट: मत हिस्सेदारी भारित डेटासेट। सभी आंकड़े प्रतिशत में हैं।

बीच इस फायदे को खो दिया है। भाजपा को हमेशा युवा महिलाओं (तालिका 3.3) की तुलना में युवा पुरुषों के अधिक वोट मिले हैं। अगर कांग्रेस ने युवा पुरुषों की तुलना में युवा महिलाओं के बीच अपना फायदा खो दिया है तो वैसे ही, भाजपा ने युवा महिलाओं की तुलना में युवा पुरुषों के बीच अपना फायदा भी खोया है। 2004 के लोकसभा चुनाव के दौरान युवा महिलाओं की तुलना में युवा पुरुषों के बीच भाजपा की मत हिस्सेदारी का लाभ 1996 लोकसभा चुनाव में 6 फीसदी के मुकाबले घटकर 2 प्रतिशत रह गया और 2009 लोकसभा चुनाव के दौरान इसमें मामूली रूप से 1 प्रतिशत की वृद्धि हुई।

युवा पुरुषों की तुलना में कांग्रेस को न केवल युवा महिलाओं के बीच अधिक वोट मिले, बल्कि इसने युवा महिला मतदाताओं में भाजपा के मुकाबले बड़ा फायदे का भी आनंद उठाया। इसी तरह, 1998 और 1999 के लोकसभा चुनावों को छोड़कर, युवा पुरुषों के बीच भी कांग्रेस को समान रूप से भाजपा से ज्यादा फायदा हुआ। इन दो लोकसभा चुनावों के दौरान, भाजपा ने युवा पुरुषों के मतदाताओं के बीच कांग्रेस की तुलना में अधिक वोट प्राप्त किए, भले ही कांग्रेस ने 1999 के लोकसभा चुनावों के दौरान भाजपा की तुलना में अधिक वोट हासिल किए थे। वामपंथी दलों ने युवा महिलाओं से मामूली रूप से ज्यादा वोट हासिल किए हैं, जबकि युवा पुरुषों ने थोड़ी अधिक संख्या में बसपा के लिए मतदान किया है (तालिका 3.2)।

क्षेत्र या उस क्षेत्र का प्रकार जहां एक मतदाता रहता है, युवाओं के मतदान स्वरूप पर गहरा प्रभाव डालता है। छोटे नगरों और शहरों में रहने वाले अपने समकक्षों की तुलना में गांवों में रहने वाले युवा अलग-अलग वोट देते हैं। असल में ग्रामीण और शहरी युवाओं के बीच मतदान स्वरूप में मतभेद, युवा महिलाओं और युवा पुरुषों के बीच की तुलना में काफी ज्यादा है। 1996 से युवाओं के मतदान स्वरूप का एक अध्ययन इंगित करता है कि ग्रामीण युवाओं का कांग्रेस के पक्ष में अधिक तेजी से ध्रुवीकरण हो रहा है जबकि शहरी युवा भाजपा को वोट देने के इच्छुक हैं। पिछले कई चुनावों में ग्रामीण युवाओं के मुकाबले शहरी युवाओं के बीच भाजपा का वोट अधिक रहा है, जबकि कांग्रेस का समर्थन आधार शहरी और ग्रामीण युवाओं दोनों में कमोबेश समान रूप से फैल गया है। यह शायद ही आश्चर्य की बात है क्योंकि आमतौर पर भाजपा ग्रामीण मतदाताओं की तुलना में शहरी मतदाताओं को समर्थन के लिए अधिक आकर्षित करती है। 1990 के दशक के दौरान भाजपा की चुनावी सफलता का श्रेय शहरी युवाओं के बीच इसके मजबूत समर्थन को दिया जा सकता है। 1996, 1998 और 1999 के लोकसभा चुनावों के दौरान बड़ी संख्या में शहरी युवाओं ने भाजपा के लिए मतदान किया।

2004 के लोकसभा चुनाव तक भाजपा ने शहरी युवा मतदाताओं के बीच इस लाभ का आनंद लिया, लेकिन तब से पार्टी ने शहरी युवा मतदाताओं के बीच अपनी लोकप्रियता खो

तालिका 3.2: युवा पुरुषों की तुलना में युवा महिलाओं ने कांग्रेस को अधिक मत दिए

	1996		*1998*		*1999*		*2004*		*2009*	
दल	*युवा पुरुष*	*युवा महिलाएं*	*युवा पुरुष*	*युवा महिलाएं*	*युवा पुरुष*	*युवा महिलाएं*	*युवा पुरुष*	*युवा महिलाएं*	*युवा पुरुष*	*युवा महिलाएं*
कांग्रेस	27	29	24	28	24	30	26	28	27	28
भाजपा	25	19	28	24	28	23	24	22	21	18
वामपंथी	9	9	8	10	7	9	7	8	7	8
बसपा	5	4	5	4	6	3	5	5	7	5

स्रोत: लोकसभा चुनावों के दौरान सीएसडीएस द्वारा आयोजित एनईएस सर्वेक्षण।

नोट: मत हिस्सेदारी भारित डेटासेट। सभी आंकड़े प्रतिशत में हैं।

तालिका 3.3: कांग्रेस ने युवा महिला मतदाताओं के बीच भाजपा पर लाभ लिया है, लेकिन युवा पुरुषों के मतदाताओं में नहीं

लिंग	*1996*	*1998*	*1999*	*2004*	*2009*
पुरुष	2	–4	–4	2	6
महिलाएं	10	4	7	6	10

स्रोत: लोकसभा चुनावों के दौरान सीएसडीएस द्वारा आयोजित एनईएस सर्वेक्षण।
नोट: मत हिस्सेदारी भारित डेटासेट। सभी आंकड़े प्रतिशत में हैं।

दी है। भाजपा के लिए शहरी युवा मतों का नुकसान विभिन्न राज्यों में क्षेत्रीय दलों के लिए लाभ में तब्दील हो गया। राजनीति में अधिक भागीदारी के लिए युवाओं को संगठित करने के लिए कांग्रेस नेता राहुल गांधी के प्रयास के बावजूद कांग्रेस 2009 के लोकसभा चुनाव के दौरान शहरी युवा मतदाताओं से अधिक समर्थन नहीं जुटा सकी। 2004 को छोड़कर शहरी युवाओं की तुलना में वामपंथी दलों ने ग्रामीण युवाओं के बीच अधिक चुनावी राजनीतिक समर्थन आकर्षित किया है, जब ग्रामीण युवा मतदाताओं की तुलना में शहरी युवा मतदाताओं में अधिक वोट प्राप्त हुए थे। वामपंथी दलों ने वर्ष 2004 को छोड़कर, शहरी युवाओं की तुलना में ग्रामीण युवाओं में अधिक चुनावी राजनीतिक समर्थन तैयार किया जब इन्हें ग्रामीण युवाओं के मुकाबले शहरी युवाओं के अधिक मत मिले। एक तरह से 2004 लोकसभा के दौरान वामपंथी दलों की उल्लेखनीय जीत का श्रेय शहरी युवाओं के बीच बढ़ते समर्थन को दिया जा सकता है। जहां तक बसपा का सवाल है, हालांकि पिछले एक दशक के दौरान ग्रामीण और शहरी युवाओं के बीच इसका समर्थन आधार बढ़ गया है, शहरी युवाओं की तुलना में ग्रामीण युवाओं में इसका समर्थन लगातार अधिक रहा है (तालिका 3.4)।

भारतीय युवाओं की शैक्षिक प्राप्ति का स्तर कम से कम पिछले दशक के दौरान युवाओं के मतदान स्वरूप को आकार देने में एक महत्वपूर्ण कारक प्रतीत होता है। कांग्रेस और

तालिका 3.4: शहरी युवाओं में भाजपा की मत हिस्सेदारी में गिरावट आई है

	1996		*1998*		*1999*		*2004*		*2009*	
दल	*ग्रामीण युवा*	*शहरी युवा*	*ग्रामीण युवा*	*शहरी युवा*	*ग्रामीण युवा*	*शहरी युवा*	*ग्रामीण युवा*	*शहरी युवा*	*ग्रामीण युवा*	*शहरी युवा*
कांग्रेस	27	29	25	26	27	28	26	30	27	28
भाजपा	20	28	24	32	25	28	22	26	20	20
वामपंथी	10	6	10	6	9	3	7	10	8	5
बसपा	5	3	5	3	5	3	6	3	7	5

स्रोत: लोकसभा चुनावों के दौरान सीएसडीएस द्वारा आयोजित एनईएस सर्वेक्षण।
नोट: मत हिस्सेदारी भारित डेटासेट। सभी आंकड़े प्रतिशत में हैं।

भाजपा की चुनावी सफलता या असफलता के बावजूद भाजपा के मुकाबले कांग्रेस को हमेशा गैर-साक्षर युवा मतदाताओं के बीच फायदा हुआ, जबकि भाजपा को हमेशा कॉलेज के शिक्षित युवा मतदाताओं के बीच कांग्रेस से ज्यादा फायदा हुआ। हालांकि कांग्रेस ने 1998 और 1999 के लोकसभा चुनावों के दौरान अच्छा प्रदर्शन नहीं किया था और इसकी समग्र मत हिस्सेदारी में भारी गिरावट आई थी, फिर भी इसे अशिक्षित युवा मतदाताओं में भाजपा से ज्यादा लाभ मिला था। इसी प्रकार, 1998 के लोकसभा चुनावों के दौरान भाजपा की मत हिस्सेदारी 25.6 प्रतिशत से घटकर 2004 के लोकसभा चुनाव के दौरान 22.2 प्रतिशत दर्ज की गई, फिर भी भाजपा कॉलेज के शिक्षित युवा मतदाताओं के बीच कांग्रेस से ज्यादा लाभ बरकरार रखने में कामयाब रही। पार्टी ने 2009 के लोकसभा चुनावों में कांग्रेस पर अपनी इस बढ़त को खो दिया, लेकिन केवल मामूली अंतर से (तालिका 3.6)।

पिछले पांच लोकसभा चुनावों के दौरान, कॉलेज शिक्षित युवाओं की तुलना में अशिक्षित युवाओं के बीच कांग्रेस को और अधिक वोट मिले। यह 34 साल से ऊपर के मतदाताओं के बीच प्रवृत्ति का अनुपालन है जो गैर-साक्षर हैं, क्योंकि वे भाजपा की तुलना में कांग्रेस के पक्ष में अधिक वोट देते हैं। यद्यपि कांग्रेस अब भी अशिक्षित युवाओं से कॉलेज शिक्षित युवाओं की तुलना में अधिक वोट पाने का प्रबंधन करती है, फिर भी अशिक्षित युवाओं और कॉलेज शिक्षित युवाओं के बीच कांग्रेस के लिए वोटों के बीच का अंतर कम हो गया है, क्योंकि पिछले कुछ वर्षों में कॉलेज के शिक्षित युवाओं के बीच कांग्रेस के लिए वरीयता में मामूली वृद्धि हुई है। 1999 के लोकसभा चुनाव को छोड़कर, 1996 से 2009 के बीच कांग्रेस के पक्ष में अशिक्षित युवाओं के बीच किसी भी सकारात्मक बदलाव का कोई संकेत नहीं है। भाजपा अशिक्षित की तुलना में शिक्षित युवाओं के बीच पिछले पांच चुनावों में अधिक लोकप्रिय रही है। शिक्षित युवाओं के बीच पार्टी की मत हिस्सेदारी पिछले कुछ वर्षों में तेजी से घट गई है, जो 1998 में 40 प्रतिशत के उच्चतम स्तर से घटकर 2009 में 24 प्रतिशत हो गई।। जहां तक बसपा का सवाल है, पार्टी पिछले सभी पांच चुनावों में कॉलेज शिक्षित युवाओं की तुलना में अशिक्षित युवाओं के बीच अधिक लोकप्रिय प्रतीत होती है लेकिन पिछले कुछ वर्षों में इस अंतर में कमी आई है (तालिका 3.5)।

1996 से हुए सभी पांच लोकसभा चुनावों के दौरान, भाजपा अशिक्षित युवाओं की तुलना में शिक्षित युवाओं में अधिक लोकप्रिय रही है। शैक्षणिक योग्यता के बजाय, मतदाताओं की उम्र इसका मुख्य कारण है। शैक्षणिक योग्यता के समान स्तर वाले मतदाताओं में, 1996 और 1998 के लोकसभा चुनावों के दौरान भाजपा को युवा मतदाताओं के बीच लाभ मिला। इसका मतलब यह है कि जब युवा और उम्रदराज मतदाताओं की शैक्षिक योग्यता का समान स्तर था, तब भी भूतपूर्व ने बाद वाले की तुलना में भाजपा के लिए अधिक अनुपात में मतदान किया। लेकिन 1998 के लोकसभा चुनावों के बाद शिक्षित युवा

तालिका 3.5: शिक्षित युवाओं में भाजपा की मत हिस्सेदारी में तेजी से गिरावट आई है

	1996		*1998*		*1999*		*2004*		*2009*	
	गैर साक्षर युवा	*कॉलेज शिक्षित युवा*	*गैर साक्षर युवा*	*कॉलेज शिक्षित युवा*	*गैर साक्षर युवा*	*कॉलेज शिक्षित युवा*	*गैर साक्षर युवा*	*कॉलेज शिक्षित युवा*	*गैर साक्षर युवा*	*कॉलेज शिक्षित युवा*
कांग्रेस	30	23	28	21	35	23	29	25	29	25
भाजपा	19	38	21	40	18	36	21	30	18	24
वामपंथी	10	8	7	7	7	6	6	6	7	6
बसपा	7	2	6	3	6	3	9	3	8	5

स्रोत: लोकसभा चुनावों के दौरान सीएसडीएस द्वारा आयोजित एनईएस सर्वेक्षण।

नोट: मत हिस्सेदारी भारित डेटासेट। सभी आंकड़े प्रतिशत में हैं।

तालिका 3.6: अशिक्षित युवाओं में भाजपा के मुकाबले कांग्रेस फायदे में है, कॉलेज शिक्षित युवाओं में कांग्रेस के मुकाबले भाजपा का फायदा था

शैक्षिक योग्यता का स्तर	*1996*	*1998*	*1999*	*2004*	*2009*
गैर साक्षर	11	7	17	8	11
कॉलेज	–15	–19	–13	–5	1

स्रोत: लोकसभा चुनावों के दौरान सीएसडीएस द्वारा आयोजित एनईएस सर्वेक्षण।

नोट: मत हिस्सेदारी भारित डेटासेट। सभी आंकड़े प्रतिशत में हैं।

मतदाताओं में पार्टी ने इस लाभ को खो दिया। 2004 और 2009 के लोकसभा चुनावों के दौरान शिक्षित युवा मतदाताओं की तुलना में शिक्षित अन्य (उम्रदराज मतदाताओं) ने भाजपा के लिए अधिक अनुपात में मतदान किया है (तालिका 3.7)।

सभी ऊंची जाति के मतदाताओं की तरह, ऊंची जाति के युवाओं ने पिछले पांच लोकसभा चुनावों में बड़ी संख्या में भाजपा के लिए भी मतदान किया है। भाजपा के चुनावी लाभ और हानि के बावजूद, उच्च जाति के युवाओं ने कांग्रेस के मुकाबले भाजपा के लिए मतदान किया। यह सभी ऊंची जाति के मतदाताओं के बीच उनकी आयु से पृथक, मतदान स्वरूप के समान है। ध्यान रखना महत्वपूर्ण है कि ऊंची जाति के 33 वर्ष से अधिक उम्र के मतदाताओं की तुलना में, ऊंची जाति के युवाओं ने भाजपा के लिए अधिक अनुपात में मतदान किया। ऊंची जाति के मतदाताओं के बीच भाजपा की लोकप्रियता ने ऊंची जाति के युवाओं और ऊंची जाति के 33 वर्ष (अन्य) आयु वर्ग के मतदाताओं के बीच कांग्रेस की तुलना में नेतृत्व जुटाने में इसकी मदद की। लेकिन ऊंची जाति के अन्य की तुलना में ऊंची जाति के युवाओं में भाजपा का नेतृत्व कांग्रेस से बहुत बड़ा है।

दो लोकसभा चुनावों (1998 और 1999) के दौरान भाजपा मतों की मत हिस्सेदारी में तेज वृद्धि देखी गई, ऊंची जाति के युवाओं ने बड़ी संख्या में भाजपा के लिए मतदान किया। इन दोनों चुनावों में 1996 में हुए लोकसभा चुनावों की तुलना में 33 साल से ऊपर के ऊंची जाति के मतदाताओं में भी भाजपा की ओर अधिक बदलाव देखे गए। लेकिन उच्च जाति के युवा मतदाताओं में भाजपा की लोकप्रियता अल्पावधि की प्रतीत हुई, जब 2004 के लोकसभा चुनाव में उच्च जाति के युवा मतदाताओं में भाजपा के समर्थन की कमी देखी गई। 2009 के लोकसभा चुनावों के दौरान उच्च जाति के युवा मतदाताओं में भाजपा के लिए समर्थन में और गिरावट आई। हालांकि भाजपा के पास अब भी ऊंची जाति के युवा मतदाताओं और ऊंची जाति के 33 साल से अधिक उम्र के मतदाताओं के बीच कांग्रेस से अधिक बढ़त है, लेकिन पिछले दशक के दौरान पार्टी ने इन दोनों वर्गों में अपनी लोकप्रियता खो दी है। यह भाजपा के बीच चिंता का विषय है क्योंकि ऐसा लगता था कि वह अपने मतदाताओं की उस महत्वपूर्ण संख्या से समर्थन खो चुकी थी,

तालिका 3.7: कॉलेज शिक्षित अन्य मतदाताओं की तुलना में भाजपा ने कॉलेज शिक्षित युवाओं के बीच अपना वोट बैंक ज्यादा खो दिया है

	1996			1998			1999			2004			2009		
	कॉलेज शिक्षित युवा	कॉलेज शिक्षित अन्य	कॉलेज शिक्षित अन्य की तुलना में कॉलेज के शिक्षित युवाओं में भाजपा का लाभ	कॉलेज शिक्षित युवा	कॉलेज शिक्षित अन्य	कॉलेज शिक्षित अन्य की तुलना में कॉलेज शिक्षित युवाओं में भाजपा का लाभ	कॉलेज शिक्षित युवा	कॉलेज शिक्षित अन्य	कॉलेज शिक्षित अन्य की तुलना में कॉलेज शिक्षित युवाओं में भाजपा का लाभ	कॉलेज शिक्षित युवा	कॉलेज शिक्षित अन्य	कॉलेज शिक्षित अन्य की तुलना में कॉलेज शिक्षित युवाओं में भाजपा का लाभ	कॉलेज शिक्षित युवा	कॉलेज शिक्षित अन्य	कॉलेज शिक्षित अन्य की तुलना में कॉलेज शिक्षित युवाओं में भाजपा का लाभ
भाजपा	38	31	7	39	34	5	36	36	0	30	31	–1	24	25	–1

स्रोत. लोकसभा चुनावों के दौरान सीएसडीएस द्वारा आयोजित एनईएस सर्वेक्षण।

नोट: मत हिस्सेदारी भारित डेटासेट। सभी आंकड़े प्रतिशत में हैं।

तालिका 3.8: उच्च जाति के युवाओं ने भाजपा के लिए मतदान किया, लेकिन पिछले कुछ वर्षों में पार्टी ने उच्च जाति के युवाओं के बीच अपनी लोकप्रियता खो दी है

कांग्रेस के मुकाबले भाजपा को लाभ	*1996*	*1998*	*1999*	*2004*	*2009*
उच्च जाति के युवा	11	29	25	11	5
उच्च जाति के अन्य	8	22	16	12	2

स्रोत: लोकसभा चुनावों के दौरान सीएसडीएस द्वारा आयोजित एनईएस सर्वेक्षण।
नोट: मत हिस्सेदारी भारित डेटासेट। सभी आंकड़े प्रतिशत में हैं।

जो 1990 के दशक में भाजपा की बढ़ती लोकप्रियता और चुनावी सफलता में महत्वपूर्ण थी (तालिका 3.8)।

ओबीसी युवाओं के बीच क्षेत्रीय दल सबसे लोकप्रिय मतदान विकल्प प्रतीत होते हैं। लगता है कि कांग्रेस और भाजपा दोनों को युवा ओबीसी मतदाताओं ने एक चौथाई से भी कम मतदान किया है। केवल 1998 और 1999 के लोकसभा चुनावों के दौरान ही युवा ओबीसी मतदाताओं के बीच भाजपा को एक चौथाई वोट मिले। मंडल काल के बाद ओबीसी मतदाताओं का एक बड़ा हिस्सा बिहार में राष्ट्रीय जनता दल, जनता दल (यूनाइटेड), उत्तर प्रदेश में समाजवादी पार्टी और राष्ट्रीय लोक दल, कर्नाटक में जेडी(एस) और हरियाणा में इंडियन नेशनल लोक दल जैसे क्षेत्रीय दलों के पक्ष में देखा गया है (तालिका 3.9)।

1990 के दशक के दौरान और इसके बाद के चुनाव में कांग्रेस के दलित समर्थन आधार में भी बदलाव आया। 1996 से भारत में हुए पिछले पांच लोकसभा चुनावों के दौरान, केवल एक चौथाई से ज्यादा दलित युवाओं ने ही कांग्रेस के लिए वोट दिया था। जबकि 1990 के दशक में दलित युवाओं के बीच कांग्रेस के समर्थन आधार में गिरावट नहीं देखी गई और न ही कांग्रेस की लोकप्रियता में कोई वृद्धि हुई। दलित युवाओं में भाजपा कभी लोकप्रिय विकल्प नहीं रही है, जो इस तथ्य से स्पष्ट है कि उनमें से कुछ ने ही भाजपा के लिए मतदान किया था। सामान्य वर्ग के युवाओं के समर्थन के नुकसान के समान ही भाजपा ने विशेषकर दलित युवाओं का समर्थन भी खो दिया है। 1996 के लोकसभा चुनावों के दौरान, 17 प्रतिशत दलित युवाओं ने भाजपा के लिए मतदान

तालिका 3.9: विभाजित ओबीसी युवा मतदाता

ओबीसी युवाओं का मतदान	*1996*	*1998*	*1999*	*2004*	*2009*
कांग्रेस	22	24	22	23	22
भाजपा	22	26	27	24	23

स्रोत: लोकसभा चुनावों के दौरान सीएसडीएस द्वारा आयोजित एनईएस सर्वेक्षण।
नोट: मत हिस्सेदारी भारित डेटासेट। सभी आंकड़े प्रतिशत में हैं।

किया जो 1998 और 1999 के लोकसभा चुनावों के दौरान कम होकर 15 प्रतिशत रह गया। 2004 में यह आंकड़ा 14 प्रतिशत था और 2009 के लोकसभा चुनावों में यह फिर कम होकर 13 प्रतिशत रह गया। जहां तक बसपा का संबंध है, 1996 को छोड़कर, युवा दलित वोट हासिल करने में कांग्रेस के बाद यह दूसरी पार्टी है। 1996 की लोकसभा के दौरान, 10 प्रतिशत से भी कम दलित युवाओं ने बसपा के लिए मतदान किया था, लेकिन बाद के लोकसभा चुनावों में मामूली उतार-चढ़ाव के साथ दलित युवाओं के बीच बसपा के लिए समर्थन बढ़ता हुआ देखा गया। राष्ट्रीय स्तर पर, दलित युवाओं के पांचवें हिस्से ने बसपा के लिए मतदान किया है। यद्यपि दलित युवाओं और 33 वर्षों से अधिक उम्र के दलितों के बीच बसपा के समर्थन के स्तर में कोई अंतर नहीं है, लेकिन दलित युवाओं के बीच बसपा के बढ़ते समर्थन आधार को ध्यान में रखना महत्वपूर्ण है। बसपा की तरह, वामपंथी दलों की लोकप्रियता भी काफी हद तक दलित युवाओं के समर्थन पर निर्भर करती है। पिछले दशक के दौरान, लगभग 10 प्रतिशत दलित युवाओं ने लगातार वामपंथी दलों के लिए मतदान किया है (तालिका 3.10)।

आदिवासी मतदाताओं का एक बड़ा हिस्सा उम्र बढ़ने के साथ अपनी राजनीतिक वरीयता को बदलता हुआ प्रतीत होता है। आम तौर पर, भाजपा की तुलना में कांग्रेस युवा आदिवासी मतदाताओं और 33 वर्ष से अधिक आयु के युवा आदिवासी मतदाताओं, दोनों में अधिक लोकप्रिय है। लेकिन यह ध्यान रखना महत्वपूर्ण है कि खुद की मत हिस्सेदारी के भीतर, भाजपा को 33 साल से अधिक के आदिवासी मतदाताओं की तुलना में युवा आदिवासी मतदाताओं ने अधिक मत दिए। इसके विपरीत, अपनी मत हिस्सेदारी के भीतर, कांग्रेस युवा आदिवासी मतदाताओं की तुलना में 33 साल से अधिक उम्र के आदिवासी मतदाताओं से ज्यादा मत हासिल करती है। पिछले दशक के दौरान उम्रदराज आदिवासी मतदाताओं की तुलना में युवा आदिवासी मतदाताओं में भाजपा का फायदा था। हालांकि हाल के चुनावों में बीजेपी ने उस लाभ को खो दिया है। युवा आदिवासी और उम्रदराज आदिवासी मतदाताओं में भाजपा के लिए वोट के बीच का अंतर 9 प्रतिशत था जो 2004 में 2 प्रतिशत तक पहुंच गया था और फिर

तालिका 3.10: बसपा की ओर युवा दलित मतदाताओं में एक उल्लेखनीय बदलाव

दल	*1996*	*1998*	*1999*	*2004*	*2009*
कांग्रेस	32	27	28	28	28
भाजपा	17	15	15	14	13
बसपा	8	25	18	22	21
वामपंथी	10	5	11	10	11

स्रोत: लोकसभा चुनावों के दौरान सीएसडीएस द्वारा आयोजित एनईएस सर्वेक्षण।

नोट: मत हिस्सेदारी भारित डेटासेट। सभी आंकड़े प्रतिशत में हैं।

तालिका 3.11: भाजपा के लिए आदिवासी वोट: युवा और अन्य

आयु वर्ग	*1996*	*1998*	*1999*	*2004*	*2009*
युवा	26	24	26	30	27
अन्य	17	19	20	28	22
अंतर	9	5	6	2	5

स्रोत: लोकसभा चुनावों के दौरान सीएसडीएस द्वारा आयोजित एनईएस सर्वेक्षण।
नोट: मत हिस्सेदारी भारित डेटासेट। सभी आंकड़े प्रतिशत में हैं।

तालिका 3.12: कांग्रेस के लिए आदिवासी वोट: युवा और अन्य

आयु वर्ग	*1996*	*1998*	*1999*	*2004*	*2009*
युवा	38	34	44	37	35
अन्य	46	32	46	37	40
अंतर	–8	2	–2	0	–5

स्रोत: लोकसभा चुनावों के दौरान सीएसडीएस द्वारा आयोजित एनईएस सर्वेक्षण।
नोट: मत हिस्सेदारी भारित डेटासेट। सभी आंकड़े प्रतिशत में हैं।

2009 के लोकसभा चुनावों में थोड़ा सा बढ़कर 5 प्रतिशत हो गया था। दूसरी तरफ, कांग्रेस को उम्रदराज आदिवासी मतदाताओं (अन्य) की तुलना में युवा आदिवासी मतदाताओं से हमेशा एक नुकसान था। युवा आदिवासी मतदाताओं ने दूसरों के मुकाबले हमेशा कांग्रेस के लिए कम अनुपात में मतदान किया है, एक स्वरूप जो पिछले कई चुनावों से लगातार बना हुआ है (तालिका 3.11 और तालिका 3.12)।

निष्कर्ष

किसी भी राजनीतिक दल के लिए युवा मत अर्थपूर्ण और अत्यंत महत्वपूर्ण हैं क्योंकि युवा मतदाता बड़ी संख्या में मौजूद हैं। 2009 के लोकसभा चुनावों में राजनीतिक दलों के बीच युवा मत जीतने की रुचि में बढ़ोतरी दिखी। भारत में लगभग सभी पार्टियां अब नई रणनीतियों के साथ आ रही हैं और उनका समर्थन जीतने के लिए नई तकनीकों का उपयोग कर रही हैं। एक समय जब भारत को दुनिया के सबसे कम उम्र के देशों में से एक माना जाता है और जनसंख्या का एक महत्वपूर्ण वर्ग 35 वर्ष से कम आयु का है, तो किसी भी राजनीतिक दल के लिए ऐसी महत्वपूर्ण मतदान श्रेणी को नजरअंदाज करना मुश्किल हो सकता है। लेकिन सवाल यह है कि क्या युवा बड़ी संख्या में किसी विशेष राजनीतिक दल के लिए मतदान कर रहे हैं? जवाब है–नहीं। उनका मत कई राजनीतिक दलों में बिखरा हुआ है। 1996 से राष्ट्रीय चुनाव अध्ययन के दौरान एकत्र किए गए आंकड़ों से पता चलता है कि युवा मतदाताओं के बीच किसी भी राजनीतिक दल को

शायद ही कोई महत्वपूर्ण लाभ होता है। सभी प्रमुख राजनीतिक दलों के युवा मत उनकी संबंधित मत हिस्सेदारी के आसपास दो प्रतिशत के स्तर के भीतर ही रहते हैं। अपनी उम्र के आधार पर अलग मतदाता समूह के रूप में युवा मतदान क्यों नहीं करते, इसके प्रमुख कारणों में से एक यह है कि वे स्वयं सामाजिक-आर्थिक रेखाओं पर विभाजित हैं और प्रत्येक सामाजिक-आर्थिक उपश्रेणी के युवाओं की अलग-अलग मतदान प्राथमिकताएं हैं। उदाहरण के लिए युवा पुरुषों की तुलना में अधिक युवा महिलाएं कांग्रेस के लिए मत देती हैं। भाजपा के मामले में इसका एक अन्य तरीका है अर्थात, युवा पुरुष युवा महिलाओं की तुलना में पार्टी को उच्च अनुपात में मतदान करते हैं। कांग्रेस ने युवा महिला मतदाताओं के बीच भाजपा के मुकाबले एक फायदा उठाया है, लेकिन युवा पुरुष मतदाताओं में से नहीं, जहां भाजपा आगे रहती है। भाजपा ग्रामीण युवाओं की तुलना में शहरी युवाओं के बीच अच्छा प्रदर्शन जारी रखती है लेकिन साथ ही साथ वर्षों में शहरी युवाओं के बीच पार्टी की मत हिस्सेदारी में भी तेज गिरावट आई है। शिक्षा के मामले में एक समान कहानी है। पार्टी गैर-साक्षर युवाओं की तुलना में शिक्षित युवाओं में बेहतर प्रदर्शन करती है, हालांकि शिक्षित युवाओं में भी पिछले दशक में इसने समर्थन खो दिया है। इसलिए, यह निष्कर्ष निकाला जा सकता है कि पिछले कुछ लोकसभा चुनावों में शहरी और शिक्षित युवा मतदाताओं के बीच भाजपा का समर्थन घट गया है। पार्टी को अब जिस पहेली से जूझने की कोशिश करनी चाहिए वह पिछले दो चुनावों में इस वर्ग के युवाओं के मत का नुकसान है।

4 युवा उम्मीदवार और युवा मतदाता

ज्योति मिश्रा

वर्ष 2009 के लोकसभा चुनावों के समय से एक बढ़ी हुई और कुछ लोगों के हिसाब से एक अनुपातहीन रुचि विद्यमान है, जिसे राजनीति में 'युवा कारक' के रूप में वर्णित किया गया है। यह काफी हद तक इस कारण हुआ है कि 2009 के चुनाव के फैसले के तुरंत बाद, न्यूज मीडिया के एक बड़े हिस्से, प्रिंट मीडिया और इलेक्ट्रॉनिक मीडिया, दोनों ने लोकसभा में कई युवा उम्मीदवारों के चुनाव पर प्रकाश डाला था। पत्रकारों और राजनीतिक विश्लेषकों द्वारा बड़े पैमाने पर 'युवा नेता' के इस तथाकथित आगमन को कांग्रेस नेता राहुल गांधी की बढ़ती अपील के साथ ही इस तथ्य के साथ समझाया गया था कि भारत की 65 प्रतिशत से अधिक आबादी 35 वर्ष से कम थी। यह धारणा थी कि युवा मतदाताओं के इस बड़े अनुपात ने अपनी पीढ़ी के उम्मीदवारों के लिए स्वाभाविक रूप से मतदान किया था। हालांकि इस तरह की व्याख्या सरल और गलत है। हालांकि यह सच है कि 40 वर्षों से कम उम्र के 79 उम्मीदवारों को 2009 में भारत की संसद के निचले सदन में निर्वाचित किया गया था, यह भी सच है कि 15वीं लोकसभा की औसत आयु 53 वर्ष है, जो इसे अब तक तीसरा सबसे वृद्ध सदन बनाता है। इसके अलावा, सेंटर फॉर द स्टडी ऑफ डेवलपिंग सोसाइटीज (सीएसडीएस) द्वारा आयोजित राष्ट्रीय चुनाव अध्ययनों के आंकड़ों से पता चलता है कि 1996 से हर लोकसभा चुनाव में, प्रमुख राजनीतिक दलों के लिए युवा मत उनकी संबंधित मत हिस्सेदारी के आसपास दो प्रतिशत बिंदु स्तर के भीतर रहा है। धारणा और चुनिंदा तथ्यों के बीच इस विरोधाभास के साथ, हमने सोचा कि सीएसडीएस अध्ययन के माध्यम से इस मुद्दे की जांच करना बेहतर होगा। क्या उम्मीदवार की युवा आयु मतदाताओं के बीच एक महत्वपूर्ण विशेषता है? क्या युवा मतदाता युवा उम्मीदवार पसंद करते हैं? क्या वृद्ध मतदाता युवा राजनीतिक नेताओं का विरोध करते हैं? उम्मीदवारों की सभी विशेषताओं में, क्या युवा आयु के पास किसी भी राजनीतिक नेता के लिए जीतने की विशेषता बनने की क्षमता है? क्या एक राजनीतिक नेता की युवा आयु सिर्फ युवा आयु से ज्यादा का प्रतीक है, बल्कि उत्साह, उच्च शिक्षा और आधुनिकता का वादा करता है? और आखिरकार, क्या यह उम्मीदवार की आयु या राजनीतिक वंशावली है जो उनकी चुनावी सफलता को निर्धारित करती है? ये कुछ प्रश्न हैं जिनसे यह अध्याय संबंधित है। युवाओं की राय की विशिष्टता की जांच करने के लिए हमने युवाओं के मतदाताओं की श्रेणियों को अधिक आवृत्ति में गैर-युवा मतदाताओं के साथ जोड़ने की कोशिश की है।

नेतृत्व वरीयता

अध्ययन के उत्तरदाताओं को मतदान के दौरान प्रत्येक को दिए गए महत्व के क्रम में क्रमशः उम्मीदवार के अनुभव, दल, कार्य और युवा आयु को क्रम में रखने के लिए कहा गया था। तालिका 4.1 उन उत्तरदाताओं के प्रतिशत को दर्शाता है जिन्होंने इन गुणों को प्रथम स्थान पर रखा। युवाओं में, अनुभव, दल संबद्धता और कार्य जैसे अन्य विशेषताओं की तुलना में विशेषता के रूप में आयु को सबसे कम समर्थन प्राप्त हुआ। अधिकांश लोग उम्मीदवार के कार्य और दल संबद्धता को सबसे महत्वपूर्ण गुणवत्ता मानते हैं। अनुभव, आयु के मुकाबले युवा उत्तरदाताओं से मामूली उच्च रैंकिंग प्राप्त करता है। 50 प्रतिशत से अधिक युवाओं ने आयु को सबसे कम महत्वपूर्ण स्थान दिया। हालांकि, 34 से ऊपर आयु के दो-तिहाई मतदाताओं ने अनुभव, दल संबद्धता और उम्मीदवार द्वारा किए गए कार्यों की तुलना में आयु को सबसे कम महत्वपूर्ण विशेषता के रूप में क्रम दिया। यद्यपि युवाओं और गैर-युवाओं के उत्तरों में समानता है, क्योंकि उम्मीदवारों के कार्य के लिए दोनों उच्च महत्व देते हैं और आयु के लिए सबसे कम, तुलनात्मक रूप से गैर-युवाओं की तुलना में कम संख्या में युवाओं का मानना है कि उम्मीदवार की आयु सबसे कम महत्वपूर्ण है।

हालांकि, जब हमने पूछा कि वे किसके लिए मतदान करेंगे अगर एक 50 वर्षीय वृद्ध उम्मीदवार और एक 28 वर्षीय युवा उम्मीदवार पहली बार चुनाव लड़ रहे हों, तो वृद्ध के मुकाबले युवा उम्मीदवार युवा बहुमत की जबरदस्त पसंद थी (तालिका 4.2)। केवल एक चौथाई युवा, वृद्ध राजनीतिक नेता के लिए अपनी वरीयता स्वीकार करते हैं। इसके विपरीत

तालिका 4.1: उम्मीदवार का कार्य युवाओं के लिए सबसे महत्वपूर्ण विचार है

उम्मीदवारों के गुण	
अनुभव	13
दल संबद्धता	33
कार्य	40
युवा आयु	12

स्रोत: युवा और राजनीति सर्वेक्षण (2011)

नोट: सभी आंकड़े प्रतिशत में हैं। बाकी "कोई राय नहीं"।

तालिका 4.2: युवा और वृद्ध, दोनों युवा नेता को पसंद करते हैं

	युवा नेता	*वरिष्ठ नेता*
युवा	62	25
अन्य	44	37

स्रोत: युवा और राजनीति सर्वेक्षण (2011)

नोट: सभी आंकड़े प्रतिशत में हैं। बाकी "कोई राय नहीं"।

युवाओं का लगभग दो-तिहाई युवा नेता पसंद करता है। गैर-युवाओं या अन्य लोगों की राय इतनी स्पष्ट रूप से विभाजित नहीं होती है। इसलिए, युवा उत्तरदाताओं की तुलना में कम संख्या में वृद्ध उत्तरदाताओं ने युवा उम्मीदवार का समर्थन किया है, एक वरिष्ठ नेता के मुकाबले एक युवा नेता के लिए उच्च प्राथमिकता, वृद्ध उत्तरदाताओं के बीच पुराने परिदृश्य में भी मौजूद है।

तालिका 4.2, 4.3 और 4.4 में दो रुझान देखे गए हैं। पहला यह है कि सभी तीन प्रश्नों में एक युवा नेता के लिए समर्थन दोनों युवाओं के साथ-साथ वृद्ध लोगों के बीच वरिष्ठ नेताओं के समर्थन से अधिक है। दूसरा, गैर-युवाओं की तुलना में युवा, बहुत अधिक संख्या में युवा नेताओं का समर्थन करते हैं या सहमत हैं कि विभिन्न परिदृश्यों में उनकी वृद्ध नेताओं पर बढ़त है।

उपर्युक्त प्रवृत्ति की फिर से पुष्टि करने के लिए, इसकी स्थिरता की जांच करने और समग्र तस्वीर को समझने के लिए, चार प्रश्नों का उपयोग करके एक अनुक्रमणिका बनाई गई थी (समापन टिप्पणी 1 देखें)। मतदान करते समय उम्मीदवार की युवा आयु को दिए गए महत्वों के उत्तर, एक युवा और एक वृद्ध नेता के बीच प्राथमिकता जब अन्य चीजें स्थिर रहती हैं, इस विचार से समझौता कि बेहतर विकास के लिए युवा नेताओं को उत्तरदायित्व दिया जाना चाहिए, और यह विचार कि दूसरों के मुकाबले युवा नेता बेहतर शासन कर सकते हैं, को एक साथ एकत्रित किया गया और चार श्रेणियों में वर्गीकृत किया गया–युवा नेताओं का विरोध, युवा नेताओं के लिए कम समर्थन, युवा नेताओं के लिए मध्यम समर्थन और युवा नेताओं के लिए उच्च समर्थन। युवाओं के दो-तिहाई से थोड़ा कम युवा नेताओं का मध्यम

तालिका 4.3: बेहतर विकास के लिए, युवा नेताओं को देश को नियंत्रित करने का प्रभार दिया जाना चाहिए: युवा और वृद्ध दोनों सहमत हैं

	सहमत	*असहमत*
युवा	63	15
अन्य	53	18

स्रोत: युवा और राजनीति सर्वेक्षण (2011)
नोट: सभी आंकड़े प्रतिशत में हैं। बाकी "कोई राय नहीं"।

तालिका 4.4: युवा नेता अन्य नेताओं की तुलना में बेहतर शासन कर सकते हैं: युवा और वृद्ध दोनों सहमत हैं

	सहमत	*असहमत*
युवा	60	18
अन्य	45	27

स्रोत: युवा और राजनीति सर्वेक्षण (2011)
नोट: सभी आंकड़े प्रतिशत में हैं। बाकी "कोई राय नहीं"।

तालिका 4.5: दूसरों की तुलना में युवाओं के बीच युवा नेताओं का अधिक समर्थन

	उच्च समर्थन	*मध्यम समर्थन*	*कम समर्थन*	*विरोध*
युवा	30	29	23	18
अन्य	18	23	27	31

स्रोत: युवा और राजनीति सर्वेक्षण (2011)
नोट: सभी आंकड़े प्रतिशत में हैं।

और उच्च समर्थन करते हैं। वृद्ध लोगों के साथ बिल्कुल विपरीत है। वृद्धावस्था समूहों के 58 प्रतिशत उत्तरदाता, युवा नेताओं का विरोध करते हैं या कम समर्थन की श्रेणी में आते हैं। युवाओं का युवा नेता का अत्यधिक समर्थन करने की संभावना है, जबकि वृद्ध लोग युवा नेता के विचार का विरोध करने की अधिक संभावना रखते हैं (तालिका 4.5)।

स्थानीय इलाकों में महिलाओं की तुलना में पुरुष युवा नेताओं को अधिक संख्या में समर्थन देते हैं। यह सभी शिक्षा श्रेणियों में सुसंगत भी है, जहां समान शिक्षा के साथ महिला समकक्षों की तुलना में पुरुष, युवा उम्मीदवार के लिए उनके समर्थन के संदर्भ में महिलाओं से अधिक हैं। कुल मिलाकर शिक्षा युवा नेताओं के समर्थन पर सकारात्मक प्रभाव डालती है और यह सभी लिंग तथा सभी ग्रामीण और शहरी क्षेत्रों में सच है। ग्रामीणों की तुलना में युवा नेताओं के लिए समर्थन शहरी क्षेत्रों से अधिक है। कॉलेज शिक्षित शहरी युवा सबसे सहायक श्रेणियों में से एक है, जो युवा नेताओं के लिए सबसे कम प्रतिरोध प्रदान करता है।

मीडिया अनावरण का समग्र रूप से सकारात्मक प्रभाव पड़ता है लेकिन मीडिया के संपर्क में आने का असर थोड़ा सूक्ष्म भेद युक्त है। जबकि मीडिया के संपर्क में बिल्कुल नहीं आने वाले लोगों को राजनीति में युवा नेतृत्व का विचार सबसे कम स्वीकार्य है, उच्चतम स्वीकृति मध्यम जोखिम स्तर पर होती है। मीडिया के उच्च संपर्क में आने वाले लोगों में से, युवा उम्मीदवार के लिए समर्थन काफी हद तक गिर जाता है। लगभग 40 प्रतिशत युवा, जो मीडिया के मध्यम संपर्क में होते हैं, युवा राजनीतिक नेताओं का उच्च समर्थन करते हैं। मीडिया के उच्च संपर्क में आने वालों में से, युवा उम्मीदवार के लिए समर्थन 32 प्रतिशत तक गिर जाता है। वास्तव में महिलाओं के बीच यह प्रवृत्ति और भी स्पष्ट है। मध्यम मीडिया अनावरण या कम अनावरण वाली महिलाओं की तुलना में मीडिया के उच्च संपर्क वाली महिलाएं कम संख्या में युवा नेतृत्व का समर्थन करती हैं। युवा नेताओं के विरोध का स्तर उन महिलाओं के बीच लगभग बराबर है जिनके पास बिल्कुल मीडिया अनावरण नहीं है, और उन महिलाओं में से जो मीडिया के उच्च संपर्क में आती हैं (तालिका 4.6)।

युवाओं/छात्र समूहों के सदस्य समग्र समर्थन की तुलना में साथ ही साथ राजनीतिक दलों के सदस्यों और संघों के सदस्यों से युवा नेतृत्व के समर्थन की तुलना में युवा राजनीतिक नेतृत्व के लिए अपने समर्थन में बहुत अधिक हैं। हालांकि, समग्र समर्थन स्तर की तुलना में

तालिका 4.6: मीडिया के मध्यम संपर्क में आने वाली महिलाओं के बीच युवा राजनीतिक नेताओं के लिए समर्थन अधिक है

	उच्च समर्थन	*विरोध*
महिलाएं जिनका मीडिया के साथ कोई अनावरण नहीं है	14	27
महिलाएं जिनका मीडिया के साथ कम अनावरण है	24	20
महिलाएं जिनका मीडिया के साथ मध्यम अनावरण है	35	18
महिलाएं जिनका मीडिया के साथ उच्च अनावरण है	19	26

स्रोत: युवा और राजनीति सर्वेक्षण (2011)
नोट: सभी आंकड़े प्रतिशत में हैं।

तालिका 4.7: युवा नेताओं के लिए समर्थन युवाओं के बीच अधिक है जो राजनीतिक दलों के छात्र और युवा समूहों के सदस्य हैं

	युवा राजनीतिक नेता के लिए समर्थन	
	उच्च समर्थन	*मध्यम समर्थन*
राजनीतिक दलों के सदस्य	34	38
छात्र/युवा समूह के सदस्य	56	21
संघो के सदस्य	34	39

स्रोत: युवा और राजनीति सर्वेक्षण (2011)
नोट: सभी आंकड़े प्रतिशत में हैं।

इन तीन उपर्युक्त संगठनों में से किसी एक के सदस्य होने के नाते युवा नेतृत्व के लिए काफी अधिक समर्थन होता है (तालिका 4.7)।

ध्यान देने योग्य ये है कि युवा नेताओं के लिए समग्र समर्थन के साथ आयु, कार्य अनुभव, दल संबद्धताओं और उम्मीदवार के कार्य की रैंकिंग के संबंध में इस खंड का सर्वप्रथम रेखा-चित्रीय जुड़ाव है। चार विशेषताओं में से–कार्य, अनुभव, दल संबद्धता और आयु, उम्मीदवार की आयु उनके आयु वर्ग के बावजूद लोगों द्वारा उल्लिखित विशेषताओं में से सबसे अलोकप्रिय था। अधिक समझ में, युवा नेतृत्व के विचार को युवाओं और कुछ हद तक वृद्ध लोगों के बीच उचित स्वीकृति मिलती है, लेकिन उम्मीदवार की युवा आयु, विशेष रूप से मतदान के कारण के रूप में निश्चित रूप से एक अभ्यास के रूप में उभरा नहीं है।

वरीयता या प्राथमिकता देने के कारण

अब तक हमने देखा है कि अध्ययन के दौरान साक्षात्कार किए गए अधिकांश युवाओं ने वृद्ध नेताओं पर युवा नेताओं को स्पष्ट रूप से पसंद किया है। इस खंड में हम युवा नेताओं के लिए इस वरीयता के संभावित कारणों को देखेंगे जो युवाओं द्वारा राजनीतिक नेतृत्व के

तालिका 4.8: अपने उत्साह के कारण युवा नेता बेहतर प्रदर्शन करते हैं

	सहमत	*असहमत*
युवा	62	21
अन्य	47	29

स्रोत: युवा और राजनीति सर्वेक्षण (2011)
नोट: सभी आंकड़े प्रतिशत में हैं। बाकी "कोई राय नहीं"।

विचार के लिए नेता की युवा आयु से परे जाते हैं, और उत्साह के गुण कुशल प्रशासन के लिए अग्रणी होते हैं तथा इससे संबंधित बेहतर विकास उच्च शिक्षा के लिए अग्रणी होते हैं। इससे संबंधित अध्ययन में, हमने लोगों से पूछा कि क्या उन्हें लगता है कि युवा नेताओं में उत्साह एवं ताजा सोच है और इसलिए बेहतर प्रदर्शन करते हैं या लोगों को लगता है कि युवा नेताओं में उमंग है लेकिन उन्हें अनुभव की कमी है, और इसलिए अच्छी तरह से प्रदर्शन नहीं कर सकते हैं (तालिका 4.8)। जैसा कि पहले देखा गया था, युवा नेतृत्व के गुणों पर विभिन्न प्रश्नों के बारे में प्रवृत्ति, जहां युवा नेतृत्व या युवा नेता के गुण की स्वीकार्यता उन लोगों से अधिक हैं जो इसका विरोध करते हैं, यहां भी जारी है। इसके अलावा, अधिक संख्या में युवा प्रस्ताव की स्वीकार्यता है कि वृद्ध लोगों की तुलना में युवा नेताओं ने अपने उत्साह और ताजा सोच के कारण बेहतर प्रदर्शन किया है।

एक वृद्ध नेता पर एक युवा नेता के लिए प्राथमिकता का एक अन्य कारण उम्मीदवार की उच्च शिक्षा प्राप्ति है। हमारे अध्ययन के माध्यम से हमने यह पता लगाने की कोशिश की कि क्या शिक्षित युवा नेता देश में प्रचलित उच्च शिक्षा प्राप्त करने की सामूहिक आकांक्षा से बात करते हैं। प्रश्न इस तरह से किया गया था जहां जमीनी वास्तविकताओं से उनकी दूरी और समस्याओं को हल करने की उम्मीदवार की क्षमता पर उनके संबंधित प्रभावों के खिलाफ युवा उत्तरदाताओं की शिक्षा को सामने लाया गया था। युवा नेताओं के उत्साह के संबंध में पिछले प्रस्ताव की तुलना में, यह विशेष रूप से युवा नेताओं के पक्ष में कम समर्थन प्रदान करता है। वे जो विरोध करते हैं, की तुलना में युवा नेताओं के बारे में सकारात्मक बयान के लिए सहमत लोगों की बड़ी संख्या इस खंड के माध्यम से जारी है। हालांकि अब तक के सभी प्रस्तावों में से, इस विशेष प्रस्ताव को सबसे कम स्वीकृति मिलती है (तालिका 4.9)।

अध्ययन में, लोगों को शासन के विभिन्न पहलुओं पर युवा और वरिष्ठ/वृद्ध नेताओं की तुलना करने के लिए कहा गया था। शासन के ये पहलू थे–उनके संबंधित क्षेत्र का दौरा करने में उम्मीदवारों की नियमितता, मतदाताओं के संपर्क में रहना, दल के कार्यकर्ताओं के संपर्क में रहना, निर्वाचन क्षेत्र का विकास और ईमानदारी से कार्य करना (समापन टिप्पणी 2 देखें)। युवा नेताओं का मूल्यांकन वरिष्ठ नेताओं की तुलना में लगातार अधिक सकारात्मक है।

तालिका 4.9: युवा नेता बेहतर शिक्षित हैं और इसलिए बेहतर शासन कर सकते हैं

	बेहतर शिक्षित इसलिए बेहतर समस्या का समाधान करते हैं	*जमीनी वास्तविकताओं से अनभिज्ञ इसलिए समस्या का समाधान नहीं कर सकते*
युवा	51	30
अन्य	40	35

स्रोत: युवा और राजनीति सर्वेक्षण (2011)
नोट: सभी आंकड़े प्रतिशत में हैं। बाकी "कोई राय नहीं"।

तालिका 4.10: युवा उत्तरदाताओं द्वारा युवा नेताओं का बेहतर मूल्यांकन

	युवा नेता वृद्ध नेताओं से बेहतर	*वृद्ध नेता युवा नेताओं से बेहतर*	*कोई अंतर नहीं*	*मिश्रित समर्थन*
युवा	44	16	25	15
अन्य	32	24	29	15

स्रोत: युवा और राजनीति सर्वेक्षण (2011)
नोट: सभी आंकड़े प्रतिशत में हैं।

शासन के सभी पांच पहलुओं में से युवा और वृद्ध उत्तरदाताओं द्वारा युवा नेता अपने निर्वाचन क्षेत्रों का दौरा करने में सबसे कुशल पाए गए। दल के कार्यकर्ताओं के संपर्क में रहना वह कार्य था जिसे युवा उत्तरदाताओं ने महसूस किया कि युवा नेताओं ने इसमें अच्छा प्रदर्शन नहीं किया है, जबकि वृद्ध उत्तरदाताओं ने युवा नेताओं का अपने निर्वाचन क्षेत्र में विकास गतिविधियों को करने के क्षेत्र में सबसे खराब मूल्यांकन किया है। इन सभी उपरोक्त पांच पहलुओं की प्रतिक्रियाओं को एकत्रित किया गया था और यह पाया गया कि युवा नेताओं के लिए सकारात्मक मूल्यांकन वृद्ध राजनीतिक नेताओं की तुलना में अधिक है। जैसा कि कोई तालिका 4.10 में देख सकता है, वृद्ध उत्तरदाताओं के एक चौथाई से थोड़ा कम वृद्ध नेताओं का सकारात्मक मूल्यांकन करता है, जबकि उनमें से लगभग एक तिहाई सोचता है कि युवा नेता, पहले उल्लेख की गई पांच गतिविधियों में से अधिकांश में वृद्ध से बेहतर हैं। युवा बहुत अधिक संख्या में युवा नेताओं का सकारात्मक रूप से मूल्यांकन करते हैं, जबकि वृद्ध उत्तरदाताओं की तुलना में बहुत कम संख्या में वृद्ध नेताओं का सकारात्मक मूल्यांकन करते हैं। यह समग्र प्रवृत्ति के साथ मिलकर है जो अभी तक देखा गया है।

राजनीति में राजवंश

भारत में युवाओं और राजनीति का प्रश्न राजवंश राजनीति से जुड़ा हुआ है। हाल के वर्षों में, इस तथ्य के इर्दगिर्द बहुत सी चिंताएं सामने आई हैं कि भारतीय संसद और राज्य विधानसभाओं में बड़ी संख्या में सांसद या विधायक राजनीतिक पृष्ठभूमि से हैं। किसी भी लोकतंत्र में राजवंश राजनीति की प्रवृत्ति को प्रभावित कर सकें, उन स्थितियों का

पता लगाने के लिए विद्वान और शोधकर्ता इन मुद्दों पर विचार-विमर्श कर रहे हैं। यदि हम उनके नेताओं की वंशावली के संदर्भ में दुनिया भर के प्रमुख लोकतंत्रों का एक मनोरम दृश्य लेते हैं, तो हम स्पष्ट रूप से देखते हैं कि राजवंश राजनीति विकासशील समाजों में निहित अवशिष्ट पूर्व आधुनिक तत्वों का कार्य नहीं है; बल्कि विकासशील और विकसित दोनों देशों में यह स्पष्ट है। यहां तक कि लोकतंत्र का दुनिया के सबसे आक्रामक समर्थक, अमेरिका में यह रहा है। सबसे प्रमुख उदाहरण केनेडी परिवार का होना है, राजनीति में पीढ़ियों के साथ उन्होंने एक ऊंचाई का आनंद लिया जो शाही परिवार से कम नहीं था। कुछ देशों में राजवंश राजनीति इतनी प्रचलित है कि यह एक समस्या बन गई है और लोग इसके खिलाफ कानून की मांग कर रहे हैं। भारत के संदर्भ में, पैट्रिक फ्रेंच ने इस मुद्दे पर एक उल्लेखनीय अध्ययन किया है। फ्रेंच ने अपनी पुस्तक, इंडिया: ए पोर्ट्रेट में, वर्तमान 15वीं लोकसभा के सभी 545 सदस्यों की पृष्ठभूमि पर जानकारी एकत्र की।[1] एकत्र की गई जानकारी से, फ्रेंच ने पाया कि सभी सांसदों में से लगभग आधे किसी भी महत्वपूर्ण पारिवारिक पृष्ठभूमि के बिना हैं, 40 वर्ष या उससे कम आयु के युवा सांसदों में राजनीतिक पृष्ठभूमि के साथ एक विशाल दो तिहाई लोग हैं। और भी, 30 वर्ष से कम आयु का हर सांसद राजनीतिक परिवार से है। संसद के 38 सबसे कम आयु के सांसदों में से 33 ने राजनीति में प्रवेश किया है और पारिवारिक संबंध की मदद से चुनाव जीते हैं। देश के सबसे बड़े सत्तारूढ़ दल कांग्रेस में, 35 वर्ष से कम आयु के सभी सांसद एक राजनीतिक परिवार से हैं। जैसे कि फ्रेंच बहुत स्पष्ट रूप से कहते हैं, अगर जल्द ही चीजें नहीं बदलीं तो भारतीय लोकसभा जल्द ही 'वंश सभा' बन जाएगी।

अध्याय के इस खंड में भारतीय राजनीतिक व्यवस्था में राजवंशों की संवृति के बारे में युवाओं की राय का विश्लेषण किया गया है। इस अध्ययन में उत्तरदाताओं से पूछा गया था कि क्या उन्हें अन्य व्यवसायों की तरह ही स्वीकार्य था अगर राजनेताओं के बच्चे राजनीति के अपने पिता या पारिवारिक पेशे को जारी रखें। क्रमशः 53 प्रतिशत युवा और 48 प्रतिशत

तालिका 4.11: हर कोई राजवंश राजनीति का विरोध नहीं करता है

	राजवंश राजनीति का विरोध	*राजवंश राजनीति स्वीकार्य*
युवा	53	25
अन्य	48	25

स्रोत: युवा और राजनीति सर्वेक्षण (2011)

नोट: सभी आंकड़े प्रतिशत में हैं। बाकी "कोई राय नहीं"।

[1] *The full dataset for family politics in the Lok Sabha is available at* https://docs.google.com/spreadsheet/ccc?key=0Aln3g-urfIWhdHhiNzVOTS04MGk5c1gxVEFCYVlGelE&authkey=CKfZv_IG&hl=en&authkey=CKfZv_IG#gid=0 [Accessed on 28/10/2011]

वृद्ध लोगों ने कहा कि "राजनेता के बच्चों का राजनेता बनना गलत है" (तालिका 4.11)। इसलिए वृद्ध आयु वर्ग के लोगों की तुलना में राजवंश राजनीति की अवधारणा के खिलाफ समग्र रूप से अधिक युवा हैं।

शिक्षित युवाओं की तुलना में राजवंश राजनीति के प्रस्ताव के लिए स्वीकृति गैर-साक्षर के बीच थोड़ा अधिक है। जबकि गैर-साक्षर और कॉलेज शिक्षित युवाओं दोनों के बीच, स्वीकृति से अधिक विरोध है, गैर-साक्षर युवाओं की तुलना में कॉलेज शिक्षित युवा अधिक संख्या में इसका विरोध करते हैं। इसके अलावा, युवा पुरुष और शहरी युवा क्रमशः महिलाओं और ग्रामीण समकक्षों की तुलना में राजवंश राजनीति के विचार के खिलाफ हैं।

अगला निष्कर्ष उपर्युक्त चर्चा के लिए एक विरोधाभास प्रस्तुत करता है। जब उनसे पूछा गया कि 50 वर्षीय वरिष्ठ उम्मीदवार जो मौजूदा सांसद हैं और एक 28 वर्षीय युवा उम्मीदवार जो पूर्व सांसद के पुत्र भी हैं, के बीच उत्तरदाता किसको मत देंगे, तो सभी सामाजिक पृष्ठभूमि के अधिकांश लोगों ने कहा कि वे वृद्ध गैर-राजवंश उम्मीदवार पर उनके राजनीतिक वंशावली के बावजूद युवा उम्मीदवार का चयन करेंगे। सभी युवाओं और वृद्ध उत्तरदाताओं में, वृद्ध गैर-राजवंश उम्मीदवार की तुलना में वंशावली के साथ युवा उम्मीदवार के चुनाव की अधिक संभावना है। ऐसा लगता है कि भले ही मतदाता राजवंश राजनीति के विचार के खिलाफ हैं, जब मतदान की बात आती है, तो मतदाताओं के लिए विशेष रूप से युवाओं के लिए वंशावली से अधिक उम्मीदवार की आयु महत्वपूर्ण है। तो यहां तक कि यदि एक युवा उम्मीदवार का चयन करना एक राजवंश चुनना है, तो वे वृद्ध उम्मीदवार चुनने पर इसे प्राथमिकता देंगे (तालिका 4.12)।

युवा महिलाओं की तुलना में युवा पुरुषों के एक युवा राजवंश नेता को चुनने की अधिक संभावना है, और युवा राजवंश नेता शहरी क्षेत्रों में अधिक समर्थन पाता है। जैसे-जैसे शिक्षा का स्तर बढ़ता है, युवा राजवंशवादी नेता के लिए समर्थन भी बढ़ता है। यह विशेष रूप से पहले के प्रश्न के विरोधाभास में है जहां शिक्षा राजवंश राजनीति के विचार के खिलाफ राय बनाने में मदद करती है। यहां जो देखा जाता है वह युवा उत्तरदाताओं के बीच विचारधारा और कार्रवाई के क्षेत्र के बीच एक संयोजन है। यह संयोजन न केवल जारी रहता है बल्कि और गहरा हो जाता है जब हम राजवंश राजनीति के खिलाफ उन लोगों की राय को देखते

तालिका 4.12: वरिष्ठ गैर-राजवंश सांसदों से ऊपर युवा राजवंश उम्मीदवार पसंद हैं

	युवा राजवंश उम्मीदवार	*वृद्ध सांसद*
युवा	53	30
अन्य	39	39

स्रोत: युवा और राजनीति सर्वेक्षण (2011)

नोट: सभी आंकड़े प्रतिशत में हैं। बाकी "कोई राय नहीं"।

तालिका 4.13: युवा राजवंश के उम्मीदवार को राजवंश राजनीति के विरोध में लोगों का भी समर्थन मिलता है।

	वृद्ध सांसद को वरीयता देना	*युवा राजवंश उम्मीदवार को वरीयता देना*
युवा जो राजवंश राजनीति का विरोध करते हैं	29	61
युवा जो राजवंश राजनीति का स्वीकार करते हैं	38	54
अन्य जो राजवंश राजनीति का विरोध करते हैं	46	43
अन्य जो राजवंश राजनीति का स्वीकार करते हैं	43	47

स्रोत: युवा और राजनीति सर्वेक्षण (2011)
नोट: सभी आंकड़े प्रतिशत में हैं। बाकी "कोई राय नहीं"।

हैं। युवा लोग जो कहते हैं कि राजनेता के बच्चों का राजनेता बनना गलत है, वे एक युवा राजवंशवादी उम्मीदवार को एक वरिष्ठ गैर-राजवंशवादी के ऊपर पसंद करने की अधिक संभावना रखते हैं। वृद्ध उत्तरदाताओं के साथ पूरी तरह से ऐसा मामला नहीं है। हालांकि, वृद्ध लोगों में भी राजवंश राजनीति के खिलाफ उनमें से एक पर्याप्त प्रतिशत का अपने नेता के रूप में 28 वर्षीय उम्मीदवार को 50 वर्षीय गैर-राजवंशवादी नेता के ऊपर चुनने की संभावना है (तालिका 4.13)।

उम्मीद के मुताबिक उन सभी के लिए जिनके लिए मतदान करते समय उम्मीदवार की युवा आयु सबसे ज्यादा मायने रखती थी और वो जिन्होंने राजनीति का भार ग्रहण करने वाले युवा नेताओं के विचार का समर्थन किया हो, उनके द्वारा युवा यद्यपि राजवंश उम्मीदवार को चुनने की संभावना अधिक होती है। युवाओं जिन्होंने महसूस किया कि उम्मीदवार की युवा आयु उम्मीदवार के कार्य, उनके अनुभव और दल संबद्धताओं की तुलना में सबसे महत्वपूर्ण कारक थी, बड़ी संख्या में युवा राजवंश उम्मीदवार का चयन करते हैं। लगभग 72 प्रतिशत युवाओं, जिनके लिए युवा उम्मीदवार की युवा आयु मायने रखती है, युवा राजवंश के उम्मीदवार को चुनते हैं। इसके विपरीत 46 प्रतिशत युवाओं जिनके लिए उम्मीदवार की युवा आयु बिल्कुल महत्वपूर्ण नहीं थी, युवा राजवंश उम्मीदवार को चुनते हैं। उन लोगों जो युवा नेताओं का समर्थन करते हैं की तुलना में युवा राजनीतिक नेताओं का विरोध करने वाले सभी लोग, युवा उत्तरदाताओं के बीच युवा नेताओं का क्रमशः विरोध करने वाले तथा उनका समर्थन करने वालों के बीच युवा राजवंश के उम्मीदवार के लिए समर्थन कई बार बढ़ता है (तालिका 4.14)।

इसलिए कोई यह कह सकता है कि जब एक दूसरे के खिलाफ आयु और राजवंश का सामना होता है, तो उम्मीदवार की युवा आयु प्रतिष्ठित राजनीतिक वंशावली को निष्प्रभ कर देती है। युवा नेतृत्व और राजवंश राजनीति के बीच भी युवा राजनीतिक नेताओं के पक्ष में अधिक लोग पाए जाते हैं इस तथ्य के बावजूद कि वे वृद्ध गैर राजवंश नेताओं के मुकाबले राजनीतिक राजवंशों से संबंधित हो सकते हैं।

तालिका 4.14: युवाओं द्वारा राजनीतिक वंशावली पर उम्मीदवार की युवा आयु को वरीयता दी गई

	उम्मीदवार के रूप में वृद्ध, वर्तमान सांसद का समर्थन	*युवा राजवंश उम्मीदवार का समर्थन*
युवा नेताओं का विरोध	55	12
युवा नेताओं का समर्थन	13	80

स्रोत: युवा और राजनीति सर्वेक्षण (2011)

नोट: 1. सभी आंकड़े प्रतिशत में हैं। बाकी "कोई राय नहीं"।

2. समर्थन उन सभी लोगों का है जिन्होंने सूचकांक में "उच्च समर्थन" की श्रेणी बनाई है। (समापन टिप्पणी देखें 1)

निष्कर्ष

निष्कर्ष निकालते हुए, सभी आयु वर्गों में, कुल मिलाकर, युवा नेताओं को उच्च समर्थन मिलता है। शहरी, शिक्षित और युवाओं के बीच युवा नेताओं के लिए समर्थन अधिक है। युवा और वृद्ध लोग राजनीतिक नेतृत्व पर अपने विकल्पों के बारे में काफी भिन्न नहीं हैं। युवा, वृद्ध की तुलना में, केवल अधिक संख्या में, युवा नेतृत्व का समर्थन करते हैं। विभिन्न मुद्दों पर युवा नेताओं के लिए समर्थन का मतदान में परिवर्तित होना जरूरी नहीं है जो पूरी तरह से उम्मीदवार की युवा आयु के आधार पर आधारित है। राजवंश राजनीति के बारे में युवा और वृद्ध लोगों की राय एक जैसी है। जब राजनीतिक उम्मीदवार की युवा आयु के खिलाफ राजवंश राजनीति को रखा जाता है, युवा आयु को प्राथमिकता दी जाती है।

समापन टिप्पणियां:

1. **युवा नेताओं के लिए समर्थन का सूचकांक**
   इस सूचकांक का उद्देश्य युवा राजनीतिक नेताओं के विचार के समग्र समर्थन और विरोध को समझना था। यह सूचकांक सीएसडीएस युवा और राजनीति सर्वेक्षण से प्र12डी, प्र25बी, प्र27, प्र35 का उपयोग करके बनाया गया था। प्रश्न 12 डी ने पूछताछ की कि मतदान के दौरान उम्मीदवार की युवा आयु क्या एक महत्वपूर्ण कारक थी, प्र25 बी ने प्रस्ताव पर मूल्यांकन समझौते से पूछा कि बेहतर विकास के लिए युवा नेताओं को देश को नियंत्रित करने का प्रभार दिया जाना चाहिए, प्र27 था कि एक युवा और वृद्ध उम्मीदवार के बीच लोकसभा चुनाव में वे किसे चुनेंगे और प्र35 ने पूछा कि क्या युवा नेता अन्य नेताओं की तुलना में देश को बेहतर तरीके से नियंत्रित करते हैं। इन प्रश्नों को एकत्रित किया गया और अंततः प्रतिक्रियाओं को चार श्रेणियों में क्रमित किया गया–विरोध, कम समर्थन, मध्यम समर्थन और उच्च समर्थन। सूचकांक दो चरणों की प्रक्रिया में पूरा किया गया था। प्र12 डी और ऊ25बी पहले एक साथ विलय कर दिए गए थे और पांच श्रेणियों में क्रमित किए गए थे–विरोध, कम, मध्यम, उच्च और कोई राय नहीं। विरोध की श्रेणी बनाने वाले उत्तरदाता वे सभी थे जिन्होंने उम्मीदवार की युवा आयु को चार अन्य विशेषताओं के बीच अंतिम या अंतिम स्थान से एक पहले के रूप में स्थान दिया था और प्र25 बी "बेहतर विकास के लिए, युवा नेताओं को देश को नियंत्रित करने का प्रभार दिया जाना चाहिए" से असहमत थे। इसके विपरीत वे सभी जो इस कथन से पूरी तरह से सहमत थे और जिन्होंने उम्मीदवार की युवा आयु को सबसे महत्वपूर्ण विशेषता या दूसरी सबसे महत्वपूर्ण विशेषता के रूप में रैंक किया, उच्च समर्थन की श्रेणी का गठन किया। उच्च समर्थन में उन सभी को भी शामिल किया गया जिन्होंने प्र25 बी से कुछ हद तक सहमति व्यक्त की

लेकिन जिनके लिए उम्मीदवार की युवा आयु सबसे अधिक मायने रखती थी। वे सभी जो उपरोक्त उल्लिखित बयान से कुछ हद तक असहमत थे और उम्मीदवार की युवा आयु को दूसरी या तीसरी सबसे महत्वपूर्ण विशेषता के रूप में रैंकिंग के साथ सहमत हुए, उनके साथ जो बयान के साथ कुछ हद तक सहमत थे लेकिन उम्मीदवार की युवा आयु को सबसे कम महत्वपूर्ण स्थान दिया, कम समर्थकों की श्रेणी का गठन किया। कोई राय नहीं एक अलग श्रेणी बनी रही और अन्य सभी ने मध्यम समर्थकों की श्रेणी बनाई।

दूसरे चरण में यह प्रारंभिक सूचकांक प्र27 और प्र35 में जोड़ा गया था, प्रतिक्रियाओं को एकत्रित किया गया था और अंततः चार श्रेणियों में क्रमित किया गया–विरोध, कम समर्थन, मध्यम समर्थन और उच्च समर्थन। जिन लोगों की इस सूचकांक को बनाने में उपयोग किए गए सभी चार प्रश्नों में कोई राय नहीं थी, उनको विश्लेषण से गायब माना गया। प्र27 और प्र35 में युवा नेताओं के पक्ष में उत्तर देने वाले सभी लोग और इस सूचकांक के चरण 1 के अनुसार युवा नेताओं के उच्च या मध्यम समर्थक थे, उच्च समर्थकों के समूह का गठन करते थे। वे सभी जिन्होंने प्र27 और प्र35 दोनों में युवा नेताओं का पक्ष नहीं लिया था और सूचकांक के चरण 1 में युवा नेताओं के कम समर्थक थे या युवा नेताओं का विरोध करने वाले थे, ने विरोध की श्रेणी बनाई थी। वे सभी जिन्होंने चरण 1 में दो प्रश्नों प्र27 और प्र35 में से एक में युवा नेताओं का समर्थन नहीं किया और युवा नेताओं का विरोध या कम समर्थन किया, उन्हें कम समर्थकों के रूप में वर्गीकृत किया गया। बाकी ने मध्यम समर्थकों के समूह का गठन किया।

2. **युवा और वृद्ध राजनीतिक नेताओं द्वारा किए गए कार्यों के तुलनात्मक मूल्यांकन के बारे में सूचकांक** यह सूचकांक पांच प्रश्नों के आधार पर बनाया गया था, जिसमें उत्तरदाताओं से वृद्ध के मुकाबले युवा नेताओं की अपने निर्वाचन क्षेत्र में जाने में नियमितता, मतदाताओं के संपर्क में रहना, दल के कार्यकर्ताओं के संपर्क में रहना, निर्वाचन क्षेत्र के विकास और ईमानदारी से कार्य करने के बारे में तुलना करने के लिए कहा गया था। इस सूचकांक को बनाने के लिए उपयोग किए गए प्रश्न प्र26a, प्र26b, प्र26c, प्र26d, और प्र26e थे। इन प्रश्नों में से प्रत्येक के लिए उत्तरदाताओं को प्रदान किए गए उत्तर विकल्प युवा नेता, वृद्ध नेता, कोई अंतर नहीं और कोई राय नहीं/कह नहीं सकते थे। इन सभी पांच प्रश्नों के उत्तरों को चार श्रेणियों में एकत्रित किया गया और विभाजित किया गया – जिनकी युवा नेताओं के बारे में सकारात्मक राय थी, जिनके पास वरिष्ठ नेताओं का सकारात्मक मूल्यांकन है, जो मुख्य रूप से महसूस करते थे कि कोई अंतर नहीं था और आखिरकार बिना किसी स्पष्ट फैसले वाले लोग थे, इन्हें मिश्रित प्रतिक्रिया के रूप में साथ रखा गया। जिनकी पांच मामलों में से किसी एक में बिल्कुल कोई राय नहीं थी, उन्हें विश्लेषण के लिए नहीं माना गया था। जिन लोगों की युवा नेताओं के बारे में सकारात्मक राय थी, वे उत्तरदाता थे जिन्होंने पांच में से तीन मामलों में महसूस किया कि वृद्ध की तुलना में युवा नेताओं ने बेहतर प्रदर्शन किया था। जिन्होंने वरिष्ठ नेताओं का सकारात्मक मूल्यांकन किया था, वे उत्तरदाता थे जिन्होंने पांच मामलों में से तीन में से महसूस किया कि युवा नेताओं की तुलना में वरिष्ठ नेता उन कार्यों को करने में बेहतर थे। जो लोग महसूस करते थे कोई अंतर नहीं था, वे उत्तरदाता थे जो पांच में से तीन मामलों में महसूस करते थे कि युवा और वृद्ध समान थे। जिनकी मिश्रित प्रतिक्रिया थी, वे उत्तरदाता थे जिनकी प्रतिक्रियाएं भिन्न थीं और युवा नेताओं, वरिष्ठ नेताओं के तीन विकल्पों में से किसी एक के लिए कोई प्रमुख प्राथमिकता नहीं दी थी, तथा युवा और वृद्ध समान इस श्रेणी में एक साथ जुड़े हुए थे।

संदर्भ

French, Patrick. (2011). India: A Portrait – An Intimate Biography of 1.2 Billion People; Allen Lane/Penguin

5 चुनावी सुधार के मुद्दे

श्रेयस सरदेसाई

चुनावी सुधारों ने लंबे समय से भारत की संसद, सरकार, न्यायपालिका, चुनाव आयोग, मीडिया और नागरिक समाज का ध्यान आकर्षित किया है, लेकिन वे बड़े पैमाने पर कागज पर बने रहे हैं और अभी भी प्रचलन में नहीं आए हैं। पिछले दो दशकों में, चुनावी सुधारों के लिए कम से कम सात प्रमुख सरकारी कमीशन रिपोर्ट आई हैं।[1] फिर भी विभिन्न आयोगों द्वारा की गई किसी भी सिफारिश को लागू करने में कोई खास प्रगति नहीं हुई है। हाल के वर्षों में, भ्रष्टाचार विरोधी कार्यकर्ताओं द्वारा निर्वाचित प्रतिनिधियों को वापस बुलाने और मतदान के दौरान उम्मीदवारों को अस्वीकार करने के अधिकार की दृढ़ता से मांग करने के साथ चुनावी व्यवस्था में सुधार पर बहस फिर से शुरू हुई है। उनके द्वारा सुझाए गए दो सुधार उपाय कई कट्टरपंथी सुधार विचारों में से एक है, जो युवा मतदाताओं की कल्पना को आकर्षित करते हैं, अन्य सुधार मतदान को अनिवार्य बनाने, और 65 वर्ष से अधिक होने पर चुनाव लड़ने से प्रतिबंधित करने के बारे में है। यह अध्याय, सीएसडीएस अध्ययन के मुताबिक इनमें से प्रत्येक सुधार उपायों को कुछ विस्तार से देखेगा, उनका क्या अर्थ है, और सबसे महत्वपूर्ण कि सभी महत्वपूर्ण जनसांख्यिकीय में उनके बारे में युवाओं और दूसरों की क्या धारणाएं हैं।

1) वापस बुलाने के अधिकार (Right to Recall) का विचार

आधुनिक लोकतांत्रिक व्यवस्थाओं में सबसे बुनियादी और महत्वपूर्ण प्रश्नों में से एक यह है कि निर्वाचित प्रतिनिधियों को उन मतदाताओं के लिए अधिक जवाबदेह कैसे बनाया जाए जिन्होंने उन्हें चुना है। जबकि नियमित चुनाव कराने से लोगों को अपने प्रतिनिधियों का चुनाव करने की अनुमति मिलती है, भारतीय संविधान में कोई प्रावधान नहीं है, जिसके जरिये उनके कार्य या व्यवहार से असंतुष्ट लोग उन्हें हटा सकते हों। वर्तमान व्यवस्था के अंतर्गत, भारत में राष्ट्रीय और क्षेत्रीय चुनावों में मतदान करने वाले मतदाता हर पांच वर्ष या जब भी चुनाव आयोजित होते हैं, तो अपने मतदान के अधिकार का उपयोग कर सकते हैं। एक सांसद या विधायक के पास पांच वर्ष तक एक निश्चित कार्यकाल होता है और उसे केवल दलबदल विरोधी प्रावधानों या यदि उसके पास लाभ का कोई पद है, यदि वह अस्वस्थ मस्तिष्क का है तथा एक सक्षम न्यायालय द्वारा यह घोषित किया गया है, आदि के अंतर्गत अयोग्य घोषित किया जा सकता है (अनुच्छेद 102 और 191)।[2] हालांकि संविधान या जन प्रतिनिधित्व अधिनियम, 1951 में कोई प्रावधान नहीं है, जिससे लोग जिन्होंने

एक सांसद या विधायक चुना है को निश्चित अवधि के अंत से पहले उसे हटा सकें। वापस बुलाने का अधिकार एक लोकतांत्रिक प्रक्रिया है जो इस कथित विसंगति को सही करने की कोशिश करती है। यह एक प्रक्रिया है जो मतदाताओं को उनके निर्वाचित प्रतिनिधियों को उनके कार्यकाल की समाप्ति से पहले हटाने का अधिकार प्रदान करती है, अगर वे अक्षम हैं और अपेक्षाओं पर खरे नहीं पाए जाते हैं। वापस बुलाने का अधिकार सिर्फ सामाजिक और राजनीतिक कार्यकर्ताओं ही नहीं, बल्कि सांसदों द्वारा भी प्रस्तावित किया गया है।[3] सितंबर 2007 में, लोकसभा अध्यक्ष सोमनाथ चटर्जी ने मतदाताओं को अपने सांसदों को वापस बुलाने का अधिकार देने के लिए एक मजबूत मामला बना दिया था, "यदि वे कर्तव्यों के लिए अक्षम, असंवेदनशील, भ्रष्ट या असावधान हैं, या उन गतिविधियों में शामिल हैं जो संसद बाहर व अंदर दोनों के सदस्य होने के नाते अनुचित है।" चटर्जी के अनुसार, "वापस बुलाने की शक्ति" इस सिद्धांत पर आधारित है कि प्रतिनिधि निकायों के निर्वाचित सदस्यों को अपने कार्यकाल के दौरान अपने घटकों के प्रति जवाबदेह और उत्तरदायी होना चाहिए।"

वापस बुलाना दुनिया भर के कुछ देशों में एक प्रत्यक्ष लोकतांत्रिक प्रक्रिया है। यह प्रथा 19वीं शताब्दी के अंत में स्विट्ज़रलैंड में शुरू हुई थी और अब 26 स्विस प्रांतो में से छह में मौजूद है (हालांकि संघीय स्तर पर नहीं)। यह लॉस एंजिल्स नगर पालिका में 1903 में अमेरिका में लागू हो गया था।[5] वर्तमान में, 19 अमेरिकी राज्य, राज्य स्तर के अधिकारियों को वापस बुलाने के लिए अनुमति देते हैं और कम से कम 29 राज्य (कुछ सूत्र 36 कहते हैं) स्थानीय स्तर के अधिकारियों को वापस बुलाने का अधिकार देते हैं। अमेरिकी इतिहास में केवल दो बार राज्यपालों को इस विधि का उपयोग करके हटाया गया है, 1921 में लिन्न जे. फ्रेज़ियर (नॉर्थ डकोटा) और 2003 में ग्रे डेविस (कैलिफ़ोर्निया)।[6] ब्रिटिश कोलंबिया के कनाडाई प्रांत ने 1995 में प्रतिनिधि को वापस बुलाया। वेनेज़ुएला और अर्जेंटीना में भी वापस बुलाने के लिए प्रावधान हैं। जबकि वेनेज़ुएला में राज्य के निर्वाचित प्रमुख इसके अधीन है, अर्जेंटीना में यह स्थानीय निर्वाचित अधिकारियों तक ही सीमित है। यूनाइटेड किंगडम में वापस बुलाने की कोई प्रक्रिया नहीं है, हालांकि 2010 में कार्यालय संभालने वाले कंज़र्वेटिव-लिबरल डेमोक्रेट गठबंधन ने कहा कि यह प्रावधान पेश करने के लिए कानून बनाएगा।

भारत में, निर्वाचित प्रतिनिधियों को वापस बुलाने के प्रावधान मध्य प्रदेश, छत्तीसगढ़, राजस्थान और बिहार में स्थानीय निकायों के स्तर पर मौजूद हैं।[7] मध्यप्रदेश में, वर्ष 2000 में मप्र नगर निगम अधिनियम, 1956 की धारा 24 और मप्र नगर पालिका अधिनियम, 1961 की धारा 47 में किए गए संशोधन ने क्रमशः नगर पालिकाओं के महापौरों और अध्यक्षों को वापस बुलाने का मार्ग प्रशस्त किया था।[8] छत्तीसगढ़ में छत्तीसगढ़ नगर पालिका अधिनियम, 1961 की धारा 47, कार्य निष्पादन न करने वाले निर्वाचित अध्यक्षों को वापस बुलाने के

लिए चुनाव आयोजित करने का मार्ग प्रशस्त करता है। यह प्रक्रिया केवल नगर निगम के दो वर्षों के अस्तित्व के पूरा होने के बाद ही शुरू की जाती है और जब किसी विशेष निकाय में पार्षदों की कुल संख्या का तीन-चौथाई जिला कलेक्टर को लिखित में वापस बुलाने के लिए मांग करता है। याचिका की पुष्टि करने के बाद, कलेक्टर राज्य सरकार को रिपोर्ट कर सकता है। रिपोर्ट पर विचार करने के बाद, राज्य सरकार राज्य चुनाव आयोग को अध्यक्षों को वापस बुलाने के लिए मतदान कराने की सिफारिश कर सकती है। राजस्थान में, मार्च 2011 में राजस्थान नगर निगम अधिनियम में एक संशोधन ने सीधे निर्वाचित मेयर या नगरपालिका निकाय के अध्यक्ष की वापस बुलाने की अवधारणा पेश की।[9] बिहार में, बिहार नगर अधिनियम में प्रस्तावित संशोधन के साथ वापस बुलाने की प्रक्रिया बदलने के लिए तैयार है और अब शहरी नगर निकायों- नगर परिषद और नगर पंचायत के मतदाताओं के साथ शुरू होगा जो निर्वाचित प्रतिनिधियों को कार्यालय से हटा सकते हैं, यदि दो तिहाई मतदाता शहरी विकास विभाग को एक हस्ताक्षरित याचिका जमा करें।[10] बिहार प्रतिरूप में, इसलिए, वापस बुलाने की शक्ति सीधे मतदाताओं के पास है। मध्य प्रदेश और छत्तीसगढ़ में, पार्षदों द्वारा वापस बुलाने की प्रक्रिया शुरू की जाती है, और इसलिए, इसे राजनीतिक रूप से प्रेरित किया जा सकता है। छत्तीसगढ़ में जून 2008 में गुंडरदेही, नवागढ़ और राजपुर के नगर पंचायतों में वापस बुलाने के चुनावों ने स्थानीय शहरी निकायों के तीन अध्यक्षों का सफल वापस बुलाना देखा।[11] मध्यप्रदेश में 2000 और 2011 के बीच 27 वापस बुलाने के प्रस्ताव आए हैं। इनमें से 13 में पहले निर्वाचित अध्यक्षों की वापसी देखी गई, जबकि 14 को कम मत मिला। ग्राम सभा को गलत कार्य करने की स्थिति में पंचायत अध्यक्ष को वापस बुलाने का अधिकार देने के लिए मध्य प्रदेश पहला राज्य भी था।[12] इसी तरह पंजाब में, पंच (निर्वाचित सदस्य) अविश्वास प्रस्ताव को लाकर एक सरपंच को हटा सकते हैं। मई 2011 में, उच्चतम न्यायालय ने पंजाब सरकार द्वारा इस प्रावधान को समाप्त करने के प्रयास को अस्वीकार कर दिया था।[13]

सीएसडीएस अध्ययन से पता चलता है कि निर्वाचन क्षेत्रों में साक्षात्कार किए गए दो-तिहाई युवा उत्तरदाता (69 प्रतिशत) जिन्होंने या तो 2009 में एक युवा उम्मीदवार चुना था या जहां एक युवा उम्मीदवार दूसरे स्थान पर आया था, इस बयान के साथ सहमत हुए कि "लोगों को उनके सांसद/विधायक को वापस बुलाने का अधिकार दिया जाना चाहिए अगर वे उनके प्रदर्शन से संतुष्ट नहीं हैं"। 16 प्रतिशत की राय थी कि निर्वाचित प्रतिनिधियों को पांच वर्ष की पूर्ण अवधि के लिए कार्य करने की अनुमति दी जानी चाहिए, भले ही लोग उनके साथ नाखुश हों। "वापस बुलाने का अधिकार" के लिए समर्थन पिछले दो वर्षों में बढ़ गया है, क्योंकि 2009 के लोकसभा चुनावों के दौरान सीएसडीएस द्वारा आयोजित राष्ट्रीय चुनाव अध्ययन में एक समान प्रश्न में 62 प्रतिशत युवाओं ने स्वीकारोक्ति में उत्तर

तालिका 5.1: वापस बुलाने के अधिकार के लिए उच्च समर्थन, विशेष रूप से युवाओं के बीच

	वापस बुलाने के अधिकार का विचार	
	समर्थन	*विरोध*
युवा 2009	62	14
युवा 2011	69	16
अन्य 2009	54	13
अन्य 2011	57	18

स्रोत: राष्ट्रीय चुनाव अध्ययन (2009): युवा और राजनीति सर्वेक्षण (2011)

नोट: सभी आंकड़े प्रतिशत में हैं। बाकी "कोई राय नहीं"। 2009 के लोकसभा चुनावों के दौरान सीएसडीएस द्वारा आयोजित राष्ट्रीय चुनाव अध्ययन के आधार पर 2009 के लिए अंक। 2011 के लिए अंक वर्तमान सीएसडीएस अध्ययन के लिए किए गए सर्वेक्षण पर आधारित है। 2009 में, प्रश्न थोड़ा अलग तरीके से कहा गया था। ये सटीक शब्द थे: "यदि लोग अपने सांसद/विधायक से संतुष्ट नहीं हैं तो उन्हें पांच वर्ष की अवधि समाप्त होने से पहले भी अपने प्रतिनिधि को वापस बुलाए जाने का अधिकार होना चाहिए। मुझे बताइए, क्या आप सहमत हैं या असहमत हैं।"

दिया था। हालांकि, यह भी जोड़ा जाना चाहिए कि 2009 से इस विचार के खिलाफ लोगों का अनुपात भी बढ़ गया है। पुराने उत्तरदाताओं के बीच "वापस बुलाने का अधिकार" के लिए समर्थन भी बढ़ गया है, यह युवाओं की तुलना में अभी भी कम है। युवाओं में, वापस बुलाने के विचार के खिलाफ हर व्यक्ति के लिए चार लोग हैं जो पक्ष में हैं। वृद्ध लोगों में से यह अनुपात प्रत्येक व्यक्ति के विरोध में तीन लोगों तक पहुंच जाता है (तालिका 5.1)।

स्थान के संदर्भ में एक विश्लेषण से पता चलता है कि सांसदों और विधायकों को वापस बुलाए जाने के पक्ष में भावना ग्रामीण इलाकों (गांवों) की तुलना में शहरी क्षेत्रों (शहरों और कस्बों) में मजबूत है। शहरी और ग्रामीण दोनों क्षेत्रों में, युवा (18–25 वर्ष और 26–33 वर्ष) अन्य (34 + वर्ष) की तुलना में "वापस बुलाने के अधिकार" के विचार के लिए बहुत अधिक समर्थन दिखाते हैं। शहरी क्षेत्रों में, 26 से 33 वर्ष के आयु वर्ग के युवाओं के बीच वापस बुलाने का सबसे मजबूत समर्थन देखा जाता है। ग्रामीण इलाकों में, 18–25 वर्ष आयु वर्ग के युवा उच्चतम समर्थन दिखाते हैं। जबकि लोगों का प्रतिशत जो ग्रामीण और शहरी 18–25 वर्ष के युवाओं के बीच वापस बुलाने का समर्थन करते हैं, के संबंध में अंतर 5 प्रतिशत परंतु काफी कम है, यह 26–33 वर्ष आयु वर्ग के बीच 14 प्रतिशत तक बढ़ जाता है (तालिका 5.2)।

अपना कार्यकाल पूरा होने से पहले एक निर्वाचित प्रतिनिधि को वापस बुलाने का समर्थन वृद्ध उत्तरदाताओं के बीच बहुत कम है जो अपने सांसदों और विधायक के काम से संतुष्ट हैं, वृद्ध उत्तरदाताओं की तुलना में, जिन्होंने कहा कि वे उनके काम से असंतुष्ट हैं। हालांकि यह अंतर युवाओं के बीच नहीं देखा जाता है जो अपने निर्वाचित प्रतिनिधियों के प्रदर्शन से संतुष्ट होने पर भी वापस बुलाने के अधिकार समर्थन करते हैं। इससे संकेत मिलता है कि वृद्ध उत्तरदाताओं के विपरीत, युवा अपने सांसद और विधायक द्वारा किए गए कार्यों के आकलन के बावजूद वापस बुलाने के विचारों का समर्थन कर रहे हैं। हालांकि, यह जोड़ा

तालिका 5.2: वापस बुलाने के अधिक पक्ष में शहरी युवा; ग्रामीण युवा भी बहुत पीछे नहीं हैं

	वापस बुलाने के अधिकार का विचार	
	समर्थन	*विरोध*
ग्रामीण 18–25	69	13
ग्रामीण 26–33	63	18
ग्रामीण 34+	56	17
शहरी 18–25	74	19
शहरी 26–33	77	16
शहरी 34+	60	20

स्रोत: युवा और राजनीति सर्वेक्षण (2011)
नोट: सभी आंकड़े प्रतिशत में हैं। बाकी "कोई राय नहीं"।

जाना चाहिए कि जब वापस बुलाने के विचार का विरोध करने की बात आती है, तो युवा और बाकी समान व्यवहार दिखाते हैं – अर्थ यह है कि उन लोगों जो असंतुष्ट हैं, की तुलना में युवा जो अपने सांसद और विधायक के प्रदर्शन से संतुष्ट हैं, वापस बुलाने के लिए उच्च विरोध दिखाते हैं (तालिकाएं 5.3 और 5.4)।

तालिका 5.3: सांसद के कार्य से संतुष्ट होने पर भी युवा दृढ़ता से वापस बुलाने का समर्थन करते हैं

	वापस बुलाने के अधिकार का विचार	
	समर्थन	*विरोध*
अपने सांसद के कार्य से संतुष्ट युवा	71	18
अपने सांसद के कार्य से असंतुष्ट युवा	71	11
अपने सांसद के कार्य से संतुष्ट अन्य	58	21
अपने सांसद के कार्य से असंतुष्ट अन्य	66	16

स्रोत: युवा और राजनीति सर्वेक्षण (2011)
नोट: सभी आंकड़े प्रतिशत में हैं। बाकी "कोई राय नहीं"।

तालिका 5.4: विधायक के कार्य से संतुष्ट होने पर, वापस बुलाने का विरोध अधिक होता है

	वापस बुलाने के अधिकार का विचार	
	समर्थन	*विरोध*
अपने विधायक के कार्य से संतुष्ट युवा	69	19
अपने विधायक के कार्य से असंतुष्ट युवा	70	13
अपने विधायक के कार्य से संतुष्ट अन्य	56	24
अपने विधायक के कार्य से असंतुष्ट अन्य	69	13

स्रोत: युवा और राजनीति सर्वेक्षण (2011)
नोट: सभी आंकड़े प्रतिशत में हैं। बाकी "कोई राय नहीं"।

तालिका 5.5: युवा जो कम से मध्यम शिक्षित हैं, उच्च शिक्षित की तुलना में वापस बुलाने के लिए अधिक समर्थक हैं

	वापस बुलाने के अधिकार का विचार	
	समर्थन	*विरोध*
गैर-साक्षर युवा	55	18
प्राथमिक विद्यालय उत्तीर्ण युवा	72	14
उच्च माध्यमिक उत्तीर्ण युवा	72	16
कॉलेज शिक्षित युवा	68	17

स्रोत: युवा और राजनीति सर्वेक्षण (2011)
नोट: सभी आंकड़े प्रतिशत में हैं। बाकी "कोई राय नहीं"।

युवा गैर-साक्षरों की तुलना में, शिक्षित युवा वापस बुलाने के अधिकार के अधिक समर्थक हैं। हालांकि शिक्षित युवाओं में, वापस बुलाने के लिए समर्थन उन लोगों के बीच सबसे मजबूत है जो कम से मध्यम शिक्षित (प्राथमिक विद्यालय उत्तीर्ण और उच्च माध्यमिक उत्तीर्ण) हैं, उन के मुकाबले जो कॉलेज शिक्षित हैं। युवा गैर-साक्षरों में बहुमत व्यापक अंतर द्वारा वापस बुलाने के अधिकार समर्थन करता है (तालिका 5.5)।

तालिका 5.6 से पता चलता है कि वापस बुलाने की विधि के लिए समर्थन मीडिया में उच्च, मध्यम और कम अनावरण वाले युवाओं के बीच अधिक है (अर्थात, समाचार पत्रों के जो नियमित पाठक हैं, रेडियो और टीवी पर समाचार के नियमित क्रमशः श्रोता और दर्शक, तथा नियमित रूप से जो इंटरनेट का उपयोग करते हैं) उनके मुकाबले जिनका मीडिया में कोई अनावरण नहीं है। जैसे-जैसे मीडिया में अनावरण में वृद्धि होती है, वापस बुलाने के अधिकार के विचार के लिए समर्थन का स्तर धीरे-धीरे बढ़ता है। हालांकि जब वापस बुलाने के विचार का विरोध करने की बात आती है, तो यह एक रैखिक परिवर्तन नहीं है।

तालिका 5.6: बिना किसी मीडिया अनावरण वाले युवाओं की तुलना में मीडिया अनावरण वाले युवा वापस बुलाने के लिए अधिक समर्थक हैं

	वापस बुलाने के अधिकार का विचार	
	समर्थन	*विरोध*
उच्च मीडिया अनावरण वाले युवा	74	18
मध्यम मीडिया अनावरण वाले युवा	74	14
कम मीडिया अनावरण वाले युवा	72	14
बिना किसी मीडिया अनावरण वाले युवा	53	19

स्रोत: युवा और राजनीति सर्वेक्षण (2011)
नोट: सभी आंकड़े प्रतिशत में हैं। बाकी "कोई राय नहीं"।

जबकि वापस बुलाने का अधिकार अधिक जवाबदेही सुनिश्चित करने के लिए एक लोकतांत्रिक उपकरण हो सकता है और वापस बुलाए जाने का खतरा निर्वाचित प्रतिनिधियों को व्यवहार और प्रदर्शन के न्यूनतम मानकों को पूरा करवा सकता है, चिंताओं को उठाया गया है कि यह निर्वाचित लोगों को डर से आवश्यक निर्णय लेने से हतोत्साहित कर सकता है कि वे अलोकप्रिय हो सकते हैं। सितंबर 2011 में इंडियन एक्सप्रेस में एक लेख में, राजनीतिक वैज्ञानिक सुहास पालशिकर ने लिखा था कि वापस बुलाने का अधिकार "लोकप्रिय पूर्वाग्रहों और जुनूनों के प्रति मददगार और संरक्षण के एक ग्राहकवादी वितरण का सहारा लेने" का नेतृत्व करेगा।[14] फिर पूर्व मुख्य चुनाव आयुक्त जो महसूस करते हैं कि वापस बुलाने का अधिकार "अव्यवहारिक" और "अक्षम" है क्योंकि लाखों मतदाता हस्ताक्षरों को सत्यापित करना मुश्किल होगा।[15] भारत के पूर्व अटॉर्नी जनरल सोली सोराबजी ने भी वापस बुलाने के अधिकार के संबंध में कई महत्वपूर्ण प्रश्न उठाए हैं। सितंबर 2011 में हिंदुस्तान टाइम्स में प्रकाशित एक लेख में,[16] उन्होंने लिखा "वापस बुलाने की शक्ति किसमें निहित होनी चाहिए? यदि सदस्य के निर्वाचन क्षेत्र के मतदाताओं में वापस बुलाने की शक्ति को निहित किया जाना है, तो पंजीकृत मतदाताओं की संख्या क्या होनी चाहिए जो वापस बुलाने की याचिका में हस्ताक्षरकर्ता हैं? निर्वाचित उम्मीदवारों के लिए मतदान नहीं करने वाले मतदाता स्वाभाविक रूप से उनको वापस बुलाने की मांग करेंगे। इसलिए, यह सुनिश्चित करना आवश्यक है कि पर्याप्त संख्या में मतदाता वापस बुलाने की याचिका पर हस्ताक्षर करें। वह पर्याप्त संख्या क्या है?" उन्होंने आगे और कहा कि "वापस बुलाने जाने वाले सदस्य के लिए वापस बुलाया जाना गंभीर परिणामों से भरा हुआ होता है। कौन तय करेगा कि वापस बुलाने की याचिका में कथित आधार उचित हैं या नहीं: दीवानी न्यायालय या चुनाव आयोग या कोई अन्य प्राधिकरण?" जाहिर है, बड़े राजनीतिक प्रश्नों में प्रस्ताव जारी है, जिसे नियोग करने की आवश्यकता होगी यदि और जब भी इस मुद्दे पर कानून बनाया जाता है। कोई प्रस्ताव दे सकता है कि यह विशेष सुधार इस अध्ययन के उत्तरदाताओं के बीच लोकप्रिय समर्थन हासिल करता है। इस सुधार के लिए विरोध सभी श्रेणियों में कुल उत्तरदाताओं के 1/5वें से भी कम तक सीमित है।

2) अनिवार्य मतदान का विचार

भारत में, राष्ट्रीय चुनावों में मतदाता उपस्थिति ज्यादातर 55 और 59 प्रतिशत के बीच रही है, जो पांच चुनावों में 60 प्रतिशत (1967, 1977, 1984, 1989 और 1998) पार कर गई है, जिनमें से कई ऐतिहासिक चुनाव माने जाते हैं। 2009 और 2004 के लोकसभा चुनावों में, सभी पंजीकृत मतदाताओं में से 58 प्रतिशत मत देने उपस्थित हुए। 2014 में, उपस्थिति में 66% की वृद्धि हुई (तालिका 5.7)।

तालिका 5.7: लोकसभा चुनावों में मतदाता उपस्थिति (1952–2014)

चुनाव वर्ष	*उपस्थिति (%)*
1952	44.9
1957	45.4
1962	55.4
1967	61.0
1971	55.3
1977	60.5
1980	56.9
1984	64.1
1989	62.0
1991	55.9
1996	57.9
1998	62.0
1999	60.0
2004	58.1
2009	58.2
2014	66.4

स्रोत: ईसीआई लोकसभा चुनावों की सांख्यिकीय रिपोर्ट।

हमारे पड़ोस और पश्चिम, दोनों में और यहां तक कि जहां मतदान करना अनिवार्य नहीं है अन्य लोकतंत्रों की तुलना में, भारत राष्ट्रीय चुनावों में मतदाता उपस्थिति के मामले में क्रम में नीचे है (पाकिस्तान और बांग्लादेश को छोड़कर) (तालिका 5.8)।

कम मतदाता उपस्थिति को विभिन्न कारणों से जिम्मेदार ठहराया जा सकता है। वे तर्कसंगत समस्याओं के कारण हो सकते हैं, या चूंकि लोग काम की तलाश में बाहर बस गए हैं, या चुनावी सूचियों में त्रुटियों के कारण। मतदान इसलिए भी कम हो सकता है क्योंकि नागरिकों के बीच राजनीतिक व्यवस्था की वैधता की कमी है, या क्योंकि मतदाताओं के लिए विकल्प प्रतिकूल हैं। खराब मतदाता उपस्थिति की इस समस्या से निपटने के लिए, लोकतांत्रिक प्रक्रिया में लोगों की अधिकतम भागीदारी सुनिश्चित करने के लिए हाल ही में मतदान बाध्यकर या अनिवार्य बनाने के लिए सुझाव दिए गए हैं। अनिवार्य मतदान एक ऐसी व्यवस्था है जिसमें मतदाताओं को चुनाव में मतदान करने के लिए बाध्य किया जाता है और यदि वे ऐसा करने में असफल होते हैं तो उन्हें दंडित किया जा सकता है। वर्तमान में भारत में मतदान का अधिकार मौलिक अधिकार नहीं है बल्कि केवल एक वैधानिक अधिकार है। यह अनिवार्य नहीं है लेकिन 18 वर्ष और उससे अधिक आयु के लोगों के

तालिका 5.8: दुनिया भर में मतदाता उपस्थिति

देश	*चुनाव वर्ष*	*चुनाव प्रकार*	*मतदाता उपस्थिति**	*वीएपी उपस्थिति***	*अनिवार्य मतदान?*
भारत	2014	संसदीय	66%	70%	नहीं
पाकिस्तान	2013	संसदीय	54%	39%	नहीं
अर्जेंटीना	2015	अध्यक्षीय	81%	81%	हां
ब्राज़ील	2014	अध्यक्षीय	79%	75%	हां
फ्रांस	2017	अध्यक्षीय	75%	68%	नहीं
यूएसए	2016	अध्यक्षीय	65%	56%	नहीं
यूके	2017	संसदीय	69%	63%	नहीं
कनाडा	2015	संसदीय	68%	62%	नहीं
रूस	2018	अध्यक्षीय	68%	65%	नहीं
ऑस्ट्रेलिया	2016	संसदीय	91%	79%	हां
जर्मनी	2017	संसदीय	76%	69%	नहीं
श्रीलंका	2015	अध्यक्षीय	82%	80%	नहीं
बांग्लादेश	2014	संसदीय	51%	49%	नहीं
थाईलैंड	2014	संसदीय	47%	39%	हां
स्पेन	2016	संसदीय	70%	61%	नहीं

स्रोत: लोकतंत्र और चुनावी सहायता संस्थान http://www.idea.int/data-tools/country-view/137/40; [ऑनलाइन] [30/04/2018 को अभिगम किया गया]।

नोट: आंकड़े पूर्णांक कर दिए गए हैं।

* मतदाता उपस्थिति मतदाताओं की पंजिका पर नामों की संख्या से विभाजित मतों (वैध या अमान्य) की कुल संख्या है, जिसे प्रतिशत के रूप में व्यक्त किया गया है।

** वीएपी मतदान दर मतदान आयु जनसंख्या आंकड़े से विभाजित मतों (वैध या अमान्य) की कुल संख्या है, जिसे प्रतिशत के रूप में व्यक्त किया गया है।

लिए स्वैच्छिक है, ताकि वे अपनी मताधिकार का इस्तेमाल कर सकें। दूसरी ओर अनिवार्य मतदान लोकतंत्र के हमारे विचार को दोहराता है। इसका अर्थ है कि मतदान अब अधिकार नहीं है बल्कि एक कर्तव्य है। 1987 में अमेरिकन पॉलिटिकल साइंस रिव्यू में अपने लेख में, राजनीतिशास्त्री आरडब्लू जैकमैन ने तीन संस्थानों की पहचान की जो उपस्थिति को बढ़ाने के लिए प्रतीत होते हैं: अनिवार्य मतदान, चुनावी व्यवस्था (आनुपातिक प्रतिनिधित्व, राष्ट्रीय प्रतिस्पर्धी जिले, आदि) और एकतावाद।[17] अन्य के बीच जैकमैन, जीबी पॉवेल, एम. फ्रैंकलिन द्वारा मतदाता उपस्थिति पर तुलनात्मक साहित्य के एक विवरण में, आंद्रे ब्लैस ने निचोड़ निकाला है कि "अनिवार्य मतदान उपस्थिति बढ़ाती है, एक अच्छी तरह से स्थापित प्रस्ताव के रूप में माना जा सकता है।[18] इस स्वरूप की पश्चिमी लोकतंत्र में उपस्थिति के हर अध्ययन द्वारा पुष्टि की गई है, और अनुमानित प्रभाव का परिमाण लगभग हमेशा 10 से 15 अंक रहा है।" हालांकि वह यह कहते हुए आगे बताते हैं कि" हम जानते

हैं कि अनिवार्य मतदान उपस्थिति को बढ़ाती है और इसका प्रभाव इसके प्रवर्तन पर निर्भर करता है ... हम नहीं जानते कि काम करने के लिए प्रवर्तन कितना सख्त होना चाहिए। हम जनता की जागरूकता और कानून की धारणाओं और इसके कार्यान्वयन के बारे में कुछ भी नहीं जानते हैं। और देशों में उपस्थिति के निर्धारकों के तुलनात्मक विश्लेषण नहीं हैं अनिवार्य मतदान के साथ या बिना।"

अनिवार्य मतदान के पक्ष में लोग तर्क देते हैं कि यह नागरिकों पर नियमित नागरिक कर्तव्य थोपता है और राजनीति और शासन में उनकी रुचि बढ़ाता है। एक लोकतांत्रिक ढंग से निर्वाचित सरकार के फैसले, यह तर्क दिया जाता है, जब मतदान प्रक्रिया में जनसंख्या का अधिक अनुपात भाग लेता है तो अधिक वैध हो जाता है। दूसरे शब्दों में, जब उच्च उपस्थिति होती है तो सरकार की वैधता बढ़ जाती है। मतदान अनिवार्य बनाने के पक्ष में ये भी तर्क देते हैं कि इससे चुनाव कम महंगे होते हैं क्योंकि राजनीतिक दलों को मत देने के लिए मतदाताओं को इकट्ठा करने पर कम पैसा खर्च करना पड़ता है। अंत में, वे तर्क देते हैं कि यदि लोकतंत्र लोगों द्वारा निर्वाचित सरकार है, तो इसमें सभी लोगों को शामिल होना चाहिए, और अपने प्रतिनिधियों को चुनने की हर नागरिक की ज़िम्मेदारी है।

अनिवार्य मतदान के खिलाफ मुख्य तर्क यह है कि चूंकि यह जबरन किया जाता है, यह लोकतंत्र से जुड़ी आजादी के अनुरूप नहीं है। आलोचकों का कहना है कि लोगों को मत देने के लिए मजबूर करना लोकतांत्रिक नहीं है और लोकतंत्र में एक व्यक्ति जब भी वह चाहे तो चुनावी प्रक्रिया में न ही केवल भाग लेने के लिए बल्कि इसे समान रूप से अनदेखा करने के लिए भी स्वतंत्र होना चाहिए। वे कहते हैं, मतदान एक आंतरिक दायित्व नहीं है और इसे मजबूर करना लोकतांत्रिक चुनावों से जुड़े नागरिकों की आजादी का उल्लंघन होगा। वे तर्क देते हैं कि मतदाताओं को दंडित करने के बजाय लोगों को मत देने के लिए प्रोत्साहित किया जाना चाहिए। दूसरी आलोचना यह है कि मतदाता को मत देने के लिए मजबूर करना अनुचित है, भले ही वह किसी भी उम्मीदवार का समर्थन नहीं करता हो। अनिच्छुक और निर्विवाद को मत देने के लिए मजबूर करने से, मत का नतीजा कम सूचित और कम तर्कसंगत हो सकता है। जबकि मतदान अनिवार्य बनाने का परिणाम निश्चित रूप से उच्च उपस्थिति में होगा, इसका राजनीतिक ज्ञान या रुचि पर कोई असर नहीं पड़ेगा। फिर इसके खिलाफ आर्थिक तर्क है जो कहता है कि अनिवार्य मतदान कानूनों को बनाए रखना और लागू करना कई विकासशील देशों के लिए आर्थिक रूप से व्यवहार्य नहीं हो सकता है।[19]

अभी भी ऐसे लोग हैं जो तर्क देते हैं कि यदि सभी मतदानों को अनिवार्य बनाना है, तो मतदाताओं को एक विकल्प प्रदान किया जाना चाहिए जहां वे सभी उम्मीदवारों को अस्वीकार कर प्रस्ताव पर विकल्पों की अस्वीकृति व्यक्त करने में सक्षम हों। यह तर्क इस तरह अस्वीकार करने के अधिकार के साथ अनिवार्य मतदान को जोड़ता है। यह अध्याय बाद में अधिक विस्तार से अस्वीकार करने के अधिकार पर ध्यान केंद्रित करेगा।

अनिवार्य मतदान एक नई अवधारणा नहीं है। कम से कम 31 देशों ने इसे किसी या अन्य रूप में लागू किया है। अनिवार्य मतदान कानूनों को पेश करने वाले पहले देशों में से कुछ 1893 में बेल्जियम, 1914 में अर्जेंटीना और 1924 में ऑस्ट्रेलिया थे। वेनेजुएला और नीदरलैंड जैसे देशों के उदाहरण भी हैं जहां एक समय अनिवार्य मतदान की प्रथा थी लेकिन बाद में इसे समाप्त कर दिया था। अनिवार्य मतदान किस तरह लागू है, इनमें अंतर है। ऑस्ट्रेलिया में मजबूत प्रवर्तन है। मतदाताओं को मतदान केंद्र जाने के लिए बाध्य किया जाता है लेकिन वे अपने नामों को चिह्नित करने के बाद मतदान के बिना वापस आ सकते हैं। अनुपस्थित लोगों को ऑस्ट्रेलियन $20-ऑस्ट्रेलियन $50 का जुर्माना और यदि वे अपना जुर्माना अदा करने से इनकार करते हैं तो संभावित कारावास का सामना करना पड़ता है। पेरू में, कुछ सेवाओं और सामान प्राप्त करने के लिए मतदाताओं को चुनाव के कई महीनों के लिए एक मुद्रित मतदान कार्ड लेना पड़ता है। ग्रीस में, यदि नागरिक मत नहीं देते हैं तो नागरिकों को नया पासपोर्ट या ड्राइविंग लाइसेंस प्राप्त करना मुश्किल हो जाता है। मेक्सिको या इटली में, जबकि औपचारिक प्रतिबंध नहीं हैं, वहां सामाजिक या एकपक्षीय प्रतिबंध हैं। इटली में मतदान नहीं करने से बच्चे के लिए पालनाघर जगह मिलना मुश्किल हो जाता है। सिंगापुर में, गैर-मतदाताओं को चुनावी पंजिका से तब तक हटा दिया जाता है जब तक कि वे दोबारा पुनरावेदन नहीं करते, अपने मतदान न करने का कारण देते हुए।

भारत में, अनिवार्य मतदान केवल गुजरात राज्य में और वह भी स्थानीय स्तर पर पेश किया गया है। दिसंबर 2009 में, गुजरात विधानसभा ने गुजरात स्थानीय प्राधिकरण कानून (संशोधन) विधेयक 2009 पारित किया, जिसने देश में पहली बार स्थानीय निकाय चुनावों में मतदान को अनिवार्य किया। हालांकि, अप्रैल 2010 में राज्यपाल ने इस आधार पर कि इसने संविधान के अनुच्छेद 19(1) (ए) का उल्लंघन किया है जो अभिव्यक्ति की स्वतंत्रता की गारंटी देता है जिसमें मत न देने का अधिकार भी शामिल है, इसे विधानसभा द्वारा पुनर्विचार के लिए लौटाया था।[21] हालांकि विधेयक को गुजरात विधानसभा द्वारा अंगीकृत किया गया था और फरवरी 2011 में अपने मूल रूप में फिर से पारित किया गया था।[22] गुजरात विधेयक नगर निगमों, नगर पालिकाओं और जिला, तालुका और गांव पंचायतों समेत राज्य में स्थानीय स्व-सरकारी निकायों के चुनाव तक ही सीमित है। यह "दोषी" व्यक्तियों को नोटिस भेजने का प्रयास करता है जो मतदान के लिए नहीं आते हैं, लेकिन विधेयक निर्दिष्ट नहीं करता है कि मतदान नहीं करने के लिए "सजा" क्या होगी। यदि मतदाता किसी भी उम्मीदवार को पसंद नहीं करते हैं, तो उनके पास उपर्युक्त में से कोई भी नहीं का विकल्प है और इसलिए सभी उम्मीदवारों को अस्वीकार कर दिया गया है। 2010 में गुजरात में रिसर्च फाउंडेशन फॉर गवर्नेंस द्वारा आयोजित एक अध्ययन में, यह पाया गया कि 260 लोगों में से साक्षात्कार किए गए 76 प्रतिशत, अनिवार्य मतदान के विचार से सहमत हुए। जब उनसे पूछा गया कि उन्होंने

इसका समर्थन क्यों किया, तो 57 प्रतिशत ने कहा कि इससे "बेहतर शासन" होगा और 27 प्रतिशत ने कहा कि यह उनका "नागरिक कर्तव्य" था।[23]

तब प्रश्न यह है कि क्या स्थानीय या राष्ट्रीय चुनावों के दौरान मतदान, एक बलात् कार्य होना चाहिए? ऐसा लगता है कि बड़ी संख्या में लोग यह मानते हैं कि ऐसा होना चाहिए। साक्षात्कार किए गए आधे से अधिक लोगों, युवा और वृद्धों का मानना है कि "लोकतंत्र को मजबूत करने के लिए सभी निर्वाच्य मतदाताओं के लिए मतदान अनिवार्य किया जाना चाहिए"। लगभग एक चौथाई का विचार यह है कि "लोकतंत्र में, लोगों को यह तय करने के लिए स्वतंत्रता होना चाहिए कि मतदान करना है या नहीं।" जबकि दूसरों के मुकाबले युवा मतदान अनिवार्य बनाने के बारे में स्पष्ट रूप से अधिक उत्साहित हैं, इस विचार का विरोध दोनों आयु वर्ग में सुसंगत है (तालिका 5.9)।

तालिका 5.10 से पता चलता है कि ग्रामीण इलाकों की तुलना में शहरी क्षेत्रों में अनिवार्य मतदान के लिए समर्थन बहुत मजबूत है। शहरी क्षेत्रों के भीतर, समर्थन 26–33 वर्ष आयु वर्ग के बीच सबसे अधिक है, जिसके बाद 18–25 वर्ष के लोगों द्वारा है। ग्रामीण इलाकों में भी, जहां अनिवार्य मतदान के लिए अनुमोदन शहरी क्षेत्रों जैसा उच्च नहीं है,

तालिका 5.9: अनिवार्य मतदान के पक्ष में बहुमत, दूसरों की तुलना में युवा अधिक

	अनिवार्य मतदान का विचार	
आयु श्रेणी	*समर्थन*	*विरोध*
युवा	60	26
अन्य	52	26

स्रोत: युवा और राजनीति सर्वेक्षण (2011)
नोट: सभी आंकड़े प्रतिशत में हैं। बाकी "कोई राय नहीं"।

तालिका 5.10: शहरी युवाओं के बीच अनिवार्य मतदान के लिए बहुत अधिक समर्थन

	अनिवार्य मतदान का विचार	
	समर्थन	*विरोध*
ग्रामीण 18–25	59	25
ग्रामीण 26–33	52	28
ग्रामीण 34+	50	25
शहरी 18–25	70	25
शहरी 26–33	73	23
शहरी 34+	57	27

स्रोत: युवा और राजनीति सर्वेक्षण (2011)
नोट: सभी आंकड़े प्रतिशत में हैं। बाकी "कोई राय नहीं"।

युवाओं के बीच विचारों का उच्चतम समर्थन देखा जाता है, खासतौर पर 18 से 25 वर्ष के आयु वर्ग के लोगों के बीच। फिर, जैसा कि हमने वापस बुलाने के अधिकार के मामले में देखा, यहां तक कि इस मुद्दे पर भी जबकि ग्रामीण और शहरी के बीच इस प्रस्ताव का समर्थन करने वाले लोगों के प्रतिशत में अंतर 11 प्रतिशत है, 26–33 वर्ष की आयु-श्रेणी के बीच यह लगभग दोगुना 21 प्रतिशत तक हो जाता है। शहरी और ग्रामीण दोनों क्षेत्रों में, 34 वर्ष और उससे अधिक आयु के लोग मतदान अनिवार्य बनाने के विचार के सबसे कम समर्थक हैं।

यदि हम शिक्षा के मामले में अनिवार्य मतदान पर राय देखते हैं, तो हम पाते हैं कि जो युवा अधिक शिक्षित हैं, वे बहुत कम या बिना शिक्षा वाले लोगों की तुलना में अनिवार्य मतदान का पक्ष लेते हैं। वास्तव में, जितना उच्च शिक्षा का स्तर, अनिवार्य मतदान के विचार के लिए समर्थन उतना अधिक होता है। हालांकि यह जोर दिया जाना चाहिए कि विचार का विरोध भी बढ़ जाता है जैसे हम शिक्षा के स्तर पर आगे बढ़ते हैं। गैर-साक्षर युवाओं के एक बड़े अनुपात की इस मुद्दे पर कोई राय नहीं थी (तालिका 5.11)। एक गहन विश्लेषण से पता चलता है कि अनिवार्य मतदान के लिए समर्थन कॉलेज-शिक्षित युवाओं के बीच 70 प्रतिशत पार करता है जो उच्च वर्ग से संबंधित हैं।

यदि हम 2009 के लोकसभा चुनावों में मतदान करने वालों और जिन्होंने मत नहीं दिया है के बीच अनिवार्य मतदान पर राय देखते हैं, तो हम पाते हैं कि 20 प्रतिशत युवाओं जिन्होंने मत नहीं दिया है यह राय रखते हैं कि लोकतंत्र में लोगों को मत नहीं देने के लिए स्वतंत्र होना चाहिए, उसमें से तीन गुना अधिक (62 प्रतिशत) अनिवार्य का समर्थन करते हैं। अनिवार्य मतदान की पुष्टि में यह आंकड़ा मतदान करने वाले युवाओं की तुलना में आश्चर्यजनक रूप से अधिक है। यदि आप उन लोगों के बीच देखते हैं जिन्होंने मतदान नहीं किया है, तो केवल युवा ही अपने समकक्षों जिन्होंने मत दिया है, से अधिक हैं। प्रवृत्ति वृद्ध लोगों के लिए जारी नहीं है, जिनमें से 14 प्रतिशत का पर्याप्त अंतर (तालिका 5.12) है।

तालिका 5.11: जितना उच्च शिक्षा का स्तर, युवाओं के बीच अनिवार्य मतदान के लिए उतना अधिक समर्थन

	अनिवार्य मतदान का विचार	
	समर्थन	*विरोध*
गैर-साक्षर युवा	45	19
प्राथमिक विद्यालय उत्तीर्ण युवा	56	25
उच्च-माध्यामिक उत्तीर्ण युवा	62	24
कॉलेज शिक्षित युवा	64	30

स्रोत: युवा और राजनीति सर्वेक्षण (2011)

नोट: सभी आंकड़े प्रतिशत में हैं। बाकी "कोई राय नहीं"।

तालिका 5.12: अनिवार्य मतदान युवाओं में भी समर्थकों को पाता है जिन्होंने 2009 के लोकसभा चुनावों में मतदान नहीं किया था

	अनिवार्य मतदान का विचार	
	समर्थन	*विरोध*
युवा जिन्होंने 2009 लोकसभा चुनाव में मत दिया था	60	27
युवा जिन्होंने 2009 लोकसभा चुनाव में मत नहीं दिया था	62	20
अन्य जिन्होंने 2009 लोकसभा चुनाव में मत दिया था	54	26
अन्य जिन्होंने 2009 लोकसभा चुनाव में मत नहीं दिया था	40	30

स्रोत: युवा और राजनीति सर्वेक्षण (2011)
नोट: सभी आंकड़े प्रतिशत में हैं। बाकी "कोई राय नहीं"।

तालिका 5.13: अनिवार्य मतदान उन लोगों द्वारा अधिक पसंद किया जाता है जो मानते हैं कि उनका मत मायने रखता है

	अनिवार्य मतदान का विचार	
	समर्थन	*विरोध*
युवा जो मानते हैं कि उनका मत प्रभाव डालता है	71	23
युवा जो मानते हैं कि उनका मत प्रभाव नहीं डालता है	60	26
अन्य जो मानते हैं कि उनका मत प्रभाव डालता है	69	22
अन्य जो मानते हैं कि उनका मत प्रभाव नहीं डालता है	50	28

स्रोत: युवा और राजनीति सर्वेक्षण (2011)
नोट: सभी आंकड़े प्रतिशत में हैं। बाकी "कोई राय नहीं"।

तालिका 5.13 से पता चलता है कि अनिवार्य मतदान के लिए समर्थन उन लोगों के बीच बहुत अधिक है जिन्होंने कहा कि उनका मत इस बात पर असर डालता है कि देश कैसे चलाया जाता है, उनके मुकाबले जो अन्यथा सोचते हैं। युवा और गैर-युवा दोनों जो अपने मत की प्रभावकारिता में विश्वास करते हैं, अनिवार्य मतदान का मजबूती से और लगभग बराबर माप में समर्थन करते हैं। हालांकि, जब हम उल्टी ओर को देखते हैं, तो दो आयु वर्गों के बीच का अंतर बढ़ जाता है, यानी, जो लोग अपने मत की प्रभावकारिता पर विश्वास नहीं करते हैं। यद्यपि अनिवार्य मतदान के लिए समर्थन अभी भी युवाओं के बीच काफी अधिक है, जो सोचते हैं कि उनके मत का असर नहीं पड़ता है, वहीं विचार रखने वाले अन्य लोगों के बारे में यह नहीं कहा जा सकता है।

इसी तरह, जो राजनीति में अधिक रुचि रखते हैं, वे राजनीति में रुचि नहीं रखने वाले लोगों की तुलना में अनिवार्य मतदान के पक्ष में अधिक हैं। बाद की श्रेणी में, हम पाते हैं कि युवा वृद्ध लोगों की तुलना में अनिवार्य मतदान के बारे में अधिक उत्साहित हैं। पूर्व श्रेणी में,

तालिका 5.14: राजनीति में रुचि रखने वाले लोग अनिवार्य मतदान के विचार का पक्ष लेते हैं

	अनिवार्य मतदान का विचार	
	समर्थन	*विरोध*
युवा जो राजनीति में रुचि रखते हैं	66	31
युवा जो राजनीति में रुचि नहीं रखते हैं	49	26
अन्य जो राजनीति में रुचि रखते हैं	61	25
अन्य जो राजनीति में रुचि नहीं रखते हैं	42	26

स्रोत: युवा और राजनीति सर्वेक्षण (2011)
नोट: सभी आंकड़े प्रतिशत में हैं। बाकी "कोई राय नहीं"।

अर्थात्, जो राजनीति में रुचि रखते हैं, जबकि युवा वृद्ध उत्तरदाताओं की तुलना में अनिवार्य मतदान के लिए मजबूत समर्थन दिखाते हैं, वे इस तरह के कदम के मजबूत विरोधियों में भी हैं (तालिका 5.14)।

3) अस्वीकार करने के अधिकार का विचार

जैसा कि पिछले खंड में बताया गया है, अनिवार्य मतदान के कुछ आलोचकों का मानना है कि इस तरह का उपाय सचमुच लोकतांत्रिक तभी हो सकता है जब मतदाताओं को मतपत्र पर "उपरोक्त में से कोई भी नहीं" या "अस्वीकार करने का अधिकार" विकल्प भी प्रदान किया जाए। अनिवार्य मतदान व्यवस्था के दुनिया भर में बहुत कम उदाहरण (चिली और ब्राजील) हैं जो मतदाताओं को मतपत्र पर "उपरोक्त में से कोई भी नहीं" विकल्प चुनने की अनुमति देते हैं।[24] भारत में, यह मांग कि मतदाताओं के पास अपने निर्वाचन क्षेत्र से चुनाव लड़ने वाले सभी उम्मीदवारों को अस्वीकार करने का अधिकार होना चाहिए, ने गति पकड़ ली है, विशेष रूप से भ्रष्टाचार विरोधी कार्यकर्ता अन्ना हजारे के यह स्पष्ट करने के बाद कि उनके एजेंडे में आगे अस्वीकार करने के अधिकार सहित चुनावी सुधार लाने के लिए सरकार पर दबाव डालना होगा। विचार, मतदाताओं को इलेक्ट्रॉनिक वोटिंग मशीन पर एक विकल्प देना है जो "उपरोक्त में से कोई भी नहीं" (नोटा) कहता हो यदि वे अपने निर्वाचन क्षेत्र में सभी उपलब्ध उम्मीदवार विकल्पों से नाखुश हैं। दूसरे शब्दों में, अस्वीकार करने का अधिकार मतदाताओं को अस्वीकृति का मत डालने का मौका देता है अगर उन्हें दिए गए किसी भी विकल्प को वे समर्थन नहीं देते हैं या उत्साहित नहीं हैं। इस उपाय को नकारात्मक मतदान या निष्पक्ष मतदान के रूप में भी जाना जाता है। वर्तमान में, यदि मतदाता नहीं सोचते कि कोई भी उम्मीदवार उनके मत के योग्य है, तो वे अप्रत्यक्ष रूप से चुनाव के नियमों (1961) के नियम 49(ओ) प्रावधान के माध्यम से प्रतिस्पर्धा में सभी उम्मीदवारों

को अस्वीकार करने का अधिकार इस्तेमाल कर सकते हैं।[25] नियम 49(ओ) के अनुसार अपने चुनावी रोल नंबर को मतदाताओं की पंजिका में विधिवत दर्ज करने और अपने हस्ताक्षर या अंगूठे की छाप छोड़ने के बाद यदि कोई मतदाता मतदान नहीं करने का फैसला करता है, अधिष्ठाता द्वारा उसके मत नहीं देने की इच्छा पर एक टिप्पणी करके तथा इस तरह के टिप्पणी के खिलाफ मतदाता के हस्ताक्षर या अंगूठे की छाप प्राप्त की जानी चाहिए। हालांकि यह प्रावधान मतदान की गोपनीयता सुनिश्चित नहीं करता है क्योंकि मतदान केंद्र में मतदान अधिकारी व मतदान एजेंटों को मतदाता के फैसले के बारे में पता चल जाता है। इस प्रावधान का अंतिम चुनाव परिणाम पर भी कोई असर नहीं पड़ता है। दूसरी तरफ, अस्वीकार करने या नकारात्मक मतदान अवधारणा का अधिकार मत की गोपनीयता बनाए रखने में अंतिम परिणाम पर असर डाल सकता है। उदाहरण के लिए, यदि किसी विशेष निर्वाचन क्षेत्र में नकारात्मक वोटों की कुल संख्या 50 प्रतिशत से अधिक हो जाती है, तो फिर से मतदान का आदेश दिया जा सकता है। यह दलों द्वारा मतदाताओं के विकल्पों को निर्देशित करने की बजाय राजनीतिक दलों के विकल्पों के भाग्य का फैसला करने के लिए मतदाताओं को इस शब्दावली व शक्ति की वास्तविक भावना में एक निषेधाधिकार दे सकता है। चुनाव आयोग ने दो बार, पहले 2001 में और फिर 2004 में सरकार को अस्वीकार प्रस्ताव के अधिकार की सिफारिश की है।[26]

वर्ष 2004 में, "व्यक्तियों और संगठनों की एक बड़ी संख्या से प्रस्ताव कि योग्य न पाने पर निर्वाचन क्षेत्र के सभी उम्मीदवारों को अस्वीकार करने के लिए मतदाता को सक्षम बनाने वाला एक प्रावधान होना चाहिए" प्राप्त करने के बाद मुख्य चुनाव आयुक्त टी एस कृष्णमूर्ति की अगुआई में चुनाव आयोग ने सरकार से सिफारिश की कि "कानून को विशेष रूप से नकारात्मक/निष्पक्ष मतदान प्रदान करने के लिए संशोधित किया जाना चाहिए। इस उद्देश्य के लिए, निर्वाचनों का संचालन नियम, 1961 के 22 और 49बी नियमों को एक शर्त जोड़कर संशोधित किया जा सकता है कि उम्मीदवारों के नामों से संबंधित कॉलम में मतपत्रों में तथा मतपत्र इकाई पर विवरण, आखिरी मतदाता से संबंधित प्रविष्टि के बाद, सभी उम्मीदवारों को अस्वीकार करने में सक्षम करने के लिए 'उपरोक्त में से कोई भी नहीं' कॉलम होगा, अगर वह ऐसा चुनता है।" हालांकि बाद में मुख्य निर्वाचन आयुक्त एसवाई कुरैशी ने प्रस्ताव के बारे में अपनी आशंका व्यक्त की थी (भले ही उन्होंने अस्वीकार नहीं किया हो)। कुरैशी ने चुनाव में सभी उम्मीदवारों को अस्वीकार करने की मांग को एक "पेचीदा मसला" के रूप में देखा, जिसके बारे में विचार करने से पहले बहस और चर्चा की आवश्यकता है। अगस्त 2011 में एक टीवी न्यूज चैनल को दिए एक साक्षात्कार में कुरैशी ने कहा, "क्या होगा यदि अधिकांश लोग सभी उम्मीदवारों को अस्वीकार कर दें? हम एक और चुनाव कराएंगे? जैसा कि है, आपको उस इस तथ्य से संतुलित करना होगा कि लोगों को चुनावी थकान है। हम कितने चुनाव कराएंगे?"[27] इसके अलावा, जबकि अस्वीकार

तालिका 5.15: विशेष रूप से युवाओं के बीच अस्वीकार करने के अधिकार के लिए उच्च समर्थन

		अस्वीकार करने के अधिकार का विचार	
आयु श्रेणी		*समर्थन*	*विरोध*
युवा	2009	59	17
	2011	60	14
अन्य	2009	50	15
	2011	53	15

स्रोत: राष्ट्रीय चुनाव अध्ययन (2009): युवा और राजनीति सर्वेक्षण (2011)
नोट: सभी आंकड़े प्रतिशत में हैं। बाकी ने "नहीं" या "कोई राय नहीं" कहा।

करने के अधिकार के कई समर्थक, कम मतदाता उपस्थिति का कारण खराब उम्मीदवार विकल्पों के साथ मतदाताओं के बीच भ्रम और उनके असंतोष को व्यक्त करने के विकल्प की कमी को मानते हैं, इस बात का संकेत है कि इस तरह का तर्क बहुत सरल हो सकता है। 2009 के लोकसभा चुनावों के दौरान सीएसडीएस द्वारा आयोजित राष्ट्रीय चुनाव अध्ययन से पता चलता है कि मत नहीं देने वाले लोगों में से केवल 2 प्रतिशत ने कहा कि यह अच्छे उम्मीदवार विकल्पों की कमी के कारण था।

ऐसा कहा जा सकता है कि, जनसंख्या का एक बड़ा हिस्सा है, जो नकारात्मक मतदान की अवधारणा का काफी समर्थक है। तालिका 5.15 से पता चलता है कि निर्वाचन क्षेत्रों में बहुमत में लोग, युवा और अन्य, दोनों जो अध्ययन का हिस्सा थे, ये मानते हैं कि मतदाताओं को मत देने के दौरान सभी उम्मीदवारों को अस्वीकार करने का विकल्प मिलना चाहिए, अगर उन्हें उनमें से कोई भी पसंद नहीं है। 2009 की तुलना में दोनों आयु वर्ग के बीच विचार के लिए समर्थन मामूली रूप से बढ़ गया, जब राष्ट्रीय चुनाव अध्ययन के दौरान एक समान सवाल पूछा गया था। अन्य की तुलना में युवा अधिक दृढ़ता से "अस्वीकार करने के अधिकार" का पक्ष लेते हैं।

जैसा कि वापस बुलाने और अनिवार्य मतदान के अधिकार के मामलों में देखा गया है, अस्वीकार करने का अधिकार भी ग्रामीण इलाकों की तुलना में शहरी क्षेत्रों में अधिक समर्थन पाता है। ग्रामीण और शहरी क्षेत्रों के बीच इस प्रस्ताव का समर्थन करने वाले लोगों के प्रतिशत के मामले में अंतर सभी आयु समूहों में 11–14 प्रतिशत अनुकूल है। हालांकि 26 और 33 वर्षों के बीच शहरी उत्तरदाताओं के बीच इस विचार का समर्थन उच्चतम (लगभग तीन-चौथाई) है, यह 34 वर्ष और उससे अधिक आयु के ग्रामीण उत्तरदाताओं में सबसे कम (50 प्रतिशत) है (तालिका 5.16)।

निष्कर्ष बताते हैं कि जितनी अधिक युवाओं की शैक्षिक योग्यता होगी, उतना ही मजबूत उनका अस्वीकार करने के अधिकार का समर्थन होगा। गैर-साक्षर युवाओं (39 प्रतिशत) के उच्च अनुपात ने उत्तर देने से मना कर दिया और तीसरे विकल्प को चुना। शिक्षित युवाओं

तालिका 5.16: अस्वीकार करने के अधिकार के पक्ष में शहरी क्षेत्र अधिक

	अस्वीकार करने के अधिकार का विचार	
	समर्थन	*विरोध*
ग्रामीण 18–25	55	15
ग्रामीण 26–33	58	13
ग्रामीण 34+	50	15
शहरी 18–25	66	17
शहरी 26–33	72	15
शहरी 34+	61	19

स्रोत: युवा और राजनीति सर्वेक्षण (2011)
नोट: सभी आंकड़े प्रतिशत में हैं। बाकी "कोई राय नहीं"।

तालिका 5.17: अस्वीकार करने के अधिकार पर शिक्षित लोगों के बीच मजबूत राय

	अस्वीकार करने के अधिकार का विचार	
	समर्थन	*विरोध*
गैर-साक्षर युवा	53	8
प्राथमिक विद्यालय उत्तीर्ण युवा	57	14
उच्च-माध्यमिक उत्तीर्ण युवा	62	13
कॉलेज शिक्षित युवा	63	17

स्रोत: युवा और राजनीति सर्वेक्षण (2011)
नोट: सभी आंकड़े प्रतिशत में हैं। बाकी "कोई राय नहीं"।

में से, इस विचार के लिए और विचार के खिलाफ सबसे मजबूत राय कॉलेज शिक्षित युवा में पाई जाती है (तालिका 5.17)।

2009 के लोकसभा चुनावों के दौरान उन युवाओं जिन्होंने कहा कि उन्होंने मुख्य रूप से उम्मीदवार के लिए मत दिया था, न कि उनके दल के लिए, उम्मीदवारों को अस्वीकार करने के अधिकार के थोड़े अधिक समर्थक हैं, उनके मुकाबले जिन्होंने कहा कि उन्होंने उम्मीदवार के बावजूद दलीय वफादारी के आधार पर मतदान किया। हालांकि, दोनों के बीच का अंतर बहुत व्यापक नहीं है (तालिका 5.18)।

वर्तमान में, कुछ देशों में नकारात्मक मतदान मौजूद है। अमेरिका के नेवादा राज्य में "इनमें से कोई भी उम्मीदवार नहीं" का विकल्प है, यूक्रेन के पास "सभी के खिलाफ" है, फ्रांस में "वोट ब्लैंक" है, स्पेन और कोलंबिया में "वोटो एन ब्लैंको" है। बांग्लादेश ने 2008 में ये विकल्प पेश किया था।[28] रूस के पास "सभी के खिलाफ" था, जिसे 2006 में समाप्त कर दिया गया था।[29] भारत अभी भी विचार कर रहा है कि मतदान के दौरान अस्वीकार

तालिका 5.18: 2009 में दलीय आधार के बजाय उम्मीदवार आधार पर मतदान करने वाले युवाओं द्वारा "अस्वीकार" अधिक पसंद किया गया

	अस्वीकार करने के अधिकार का विचार	
	समर्थन	*विरोध*
2009 में मतदान के दौरान युवा जिन्होंने "दल" के लिए मत दिया	63	16
2009 में मतदान के दौरान युवा जिन्होंने "उम्मीदवार" के लिए मत दिया	68	16

स्रोत: युवा और राजनीति सर्वेक्षण (2011)
नोट: सभी आंकड़े प्रतिशत में हैं। बाकी ने "नहीं" या "कोई राय नहीं" कहा।

करने के अधिकार विकल्प को पेश करना है या नहीं। फरवरी 2009 में, एक बड़े संविधान न्यायपीठ से ईवीएम में एक नकारात्मक मतदान विकल्प की मांग करने वाली पीयूसीएल द्वारा "जनहित याचिका" का उच्चतम न्यायलय ने उल्लेख किया।[30]

4) चुनाव लड़ने से उन लोगों जो 65 वर्ष से ऊपर हैं, को वंचित करने का विचार

जनगणना 2001 (1961 में 53.4 प्रतिशत) के मुताबिक भारत की लगभग 58 प्रतिशत जनसंख्या 15–59 वर्ष (कार्य आयु वर्ग) की आयु समूह में आती है।[31] यह भारत की जनसंख्या का 8 प्रतिशत के विपरीत है जो 60 वर्ष और उससे अधिक है (1961 में 5.6 प्रतिशत) (तालिका 5.19)। दो आयु वर्गों के बीच का अंतर कम से कम दो दशकों तक पुष्ट रहने की उम्मीद है, जैसा कि ये रहा है। इसके अलावा, युवा वर्ग, अर्थात, 15–39 वर्ष आयु वर्ग भी कुल जनसंख्या का महत्वपूर्ण 40.66 प्रतिशत (1991 में 39.80 प्रतिशत) है।

भारत की जनसंख्या की अपेक्षाकृत युवा आयु प्रोफाइल को ध्यान में रखते हुए, भारत के निर्वाचित प्रतिनिधियों का वर्णन काफी विपरीत है। आयु के मामले में लोकसभा सांसद जनसंख्या के प्रतिनिधि कैसे हैं? 2009 के लोकसभा चुनावों के बाद लोकसभा में 543 सांसदों

तालिका 5.19: भारत में विभिन्न आयु समूहों में जनसंख्या का अनुपात

आयु समूह	*जनगणना 1961*	*जनगणना 2001*
14 वर्ष से कम	40.9	35.4
15–59 वर्ष	53.4	57.7
60 वर्ष और अधिक	5.6	6.9

स्रोत: भारत की जनगणना।
नोट: प्रतिशत में सभी आंकड़े।

तालिका 5.20: विभिन्न आयु समूहों में लोकसभा सांसदों का अनुपात

आयु समूह	*सांसदों की संख्या*	*लोकसभा का प्रतिशत*
25–29 वर्ष	6	1
30–39 वर्ष	57	11
40–49 वर्ष	146	27
50–59 वर्ष	185	34
60 वर्ष और अधिक	149	27

स्रोत: loksabha.nic.in; (सांसदों के जन्म की तारीख के लिए) सांसदों की आयु के आधार पर जब वे 15वीं लोक सभा के लिए चुने गए थे।

में से 27 प्रतिशत 60 वर्ष और उससे अधिक के थे। 73 प्रतिशत 25 से 59 वर्ष के बीच थे (50–59 वर्ष के आयु वर्ग में 34 प्रतिशत आते हैं, 27 प्रतिशत 40–49 वर्ष के बीच थे, सभी सांसदों में से 11 प्रतिशत 30 और 39 के बीच थे और एक प्रतिशत 25 और 29 के बीच थे) (तालिका 5.20)।

भारतीयों का बड़ा अनुपात अपेक्षाकृत युवा होने के साथ, लेकिन जो लोग उनका प्रतिनिधित्व करते हैं और देश का नेतृत्व करते हैं, वे अभी भी वृद्ध हैं, युवाओं और वृद्ध लोगों के बीच इस विशाल असंतुलन को सुधारने के लिए हाल के दिनों में कुछ लोगों द्वारा काफी चर्चित उपाय बताए गए हैं, जिनमें से एक चुनाव लड़ने वाले उम्मीदवारों की ऊपरी आयु सीमा निर्धारित करना है। इस तरह के एक सुधार से महसूस किया जाता है कि देश की चुनावी, विधायी और निर्णय लेने की प्रक्रिया में मध्यम और युवा पीढ़ी की अधिक भागीदारी इससे सुनिश्चित हो जाएगी। माना जाता है कि युवा, अधिक गतिशील नेता, भारतीय युवाओं के साथ बेहतर जुड़ने और उनकी आकांक्षाओं के अनुरूप अधिक सकारात्मक परिवर्तन लाने में सक्षम होंगे। इसे हासिल करने का एक तरीका चुनाव लड़ने से एक निश्चित आयु के ऊपर के लोगों को वंचित करना हो सकता है और इस प्रकार यह सुनिश्चित करना कि वृद्ध और बुजुर्ग राजनेता चुनावी और उच्च कार्यालयों की दौड़ से लगभग बाहर हैं। कई लोग यह मानते हैं कि जिस आयु में ज्यादातर लोग भारत में अन्य व्यवसायों (यानी 65) में कार्य से सेवानिवृत्त होते हैं, उस आयु में भारत में राजनेता वास्तव में शासन के शीर्ष पर रहने के योग्य बन जाते हैं। भारतीय मंत्रिमंडल की औसत आयु 65 वर्ष है। यह ब्रिटेन के 51 वर्ष तथा यहां तक कि अमेरिका के 57 वर्ष से थोड़े ऊपर की तुलना में खराब है।[33] भारत में शीर्ष विभाग वाले अधिकांश मंत्री 65 वर्ष या उससे अधिक के हैं। 33 कैबिनेट मंत्रियों में से 18, प्रधानमंत्री और गृह, रक्षा, वित्त के महत्वपूर्ण विभाग रखने वाले मंत्रियों सहित 65 वर्ष से ऊपर हैं। 60 वर्ष से अधिक आयु के मंत्रियों की पूरी केंद्रीय परिषद में मंत्रियों का प्रतिशत 59 प्रतिशत (तालिका 5.21 और 5.22) है। दूसरे शब्दों में शीर्ष नेतृत्व वृद्ध-तंत्र के हाथों में जारी है।

तालिका 5.21: भारत में केंद्र सरकार के मंत्रियों की आयु प्रोफाइल

	आयु
केंद्रीय मंत्रिपरिषद की औसत आयु	59
केंद्रीय मंत्रिपरिषद की मध्यम आयु	59
कैबिनेट मंत्रियों की औसत आयु	65
राज्य मंत्री (एमओएस), स्वतंत्र प्रभार की औसत आयु	54
राज्य मंत्री की औसत आयु	55
वर्तमान प्रधानमंत्री की आयु	80
सबसे युवा वर्तमान मंत्री की आयु	35
सबसे वृद्ध वर्तमान मंत्री की आयु	75

जन्म तिथि के लिए स्रोत: http://india.gov.in/govt/cabinet.php; 31/12/2012 को आयु जब तालिका तैयार हुई थी।

तालिका 5.22: भारत–विभिन्न आयु समूहों में केंद्रीय मंत्रियों का अनुपात

आयु समूह	*मंत्रियो की संख्या*	*केंद्रीय मंत्रिपरिषद का प्रतिशत*
25–29	0	0
30–39	4	5
40–49	15	19
50–59	22	27
60–69	25	31
70–79	14	17
80 और अधिक	1	1

जन्म तिथि के लिए स्रोत: http://india.gov.in/govt/cabinet.php; 31/12/2012 को आयु जब तालिका तैयार हुई थी।

2004 में मनमोहन सिंह 71 वर्ष के थे जब वह पहली बार भारत के प्रधानमंत्री बने, ब्रिटिश प्रधानमंत्री डेविड कैमरन 43 वर्ष के थे जब उन्होंने 2010 में पद संभाला था और बराक ओबामा 47 वर्ष के थे जब वह 2009 में अमेरिका के राष्ट्रपति बने। भारतीय प्रधानमंत्री की औसत आयु 1947 से 64.7 वर्ष है। तुलनात्मक रूप से, 1951 से ब्रिटेन के प्रधानमंत्रियों की औसत आयु 55.5 है, 1945 से अमेरिकी राष्ट्रपतियों की 55.5 है, 1958 के बाद से फ्रांस के राष्ट्रपतियों की 58.5 है, और 1949 से जर्मन चांसलरों की 58.5 वर्ष (तालिका 5.23) है। हालांकि यह ध्यान दिया जाना चाहिए कि इनमें से किसी भी देश ने चुनाव लड़ने या उच्च कार्यालय के संचालन के लिए ऊपरी आयु सीमा निर्धारित नहीं की है।

चुनाव लड़ने के लिए अधिकतम आयु सीमा निर्धारित करने की मुख्य आलोचना यह है कि यह लोकतांत्रिक विरोधी है और यह आयु, अनुभव और परिपक्वता की योग्यता को कम आंकती है। आलोचकों का तर्क है कि एक ऐसे देश में जहां कई लोग बाद में राजनीति में शामिल हो जाते हैं, तो उनसे अन्य पेशेवरों की तरह 65 की आयु में सेवानिवृत्त होने की

तालिका 5.23: विभिन्न देशों में सरकार के प्रमुखों की औसत आयु

देश	*पद*	*वर्ष उपरांत*	*औसत आयु**
भारत	प्रधानमंत्री	1947	64.7
यूनाइटेड किंगडम	प्रधानमंत्री	1951	55.5
अमेरिका	राष्ट्रपति	1945	55.7
फ्रांस	राष्ट्रपति	1959	58.5
जर्मनी	चांसलर	1949	58.5

स्रोत: आयु द्वारा सरकार के प्रमुखों की विकिपीडिया सूचियां।

* औसत आयु की गणना उसकी पहली अवधि की प्रारंभ तिथि पर सरकार के मुखिया की आयु के आधार पर की जाती है।

उम्मीद करना गलत होगा। यह भी तर्क दिया जाता है कि राजनीति एक पेशा नहीं है और इसे अन्य नौकरियों की तरह नहीं माना जाना चाहिए और यह युवा नेताओं को प्रोत्साहित करने और फैसला करना कि कब कोई विशेष वरिष्ठ गलतियों को करने के लिए उत्तरदायी होता है तथा उसे चुनाव लड़ने के लिए टिकट देने से इंकार कर देने के लिए राजनीतिक दलों पर निर्भर है।

चुनाव लड़ने से 65 वर्ष से ऊपर की आयु के लोगों को वंचित करने के प्रश्न पर, अध्ययन से पता चलता है कि जबकि इस तरह के कदम के खिलाफ के मुकाबले अधिक लोग इसके पक्ष में हैं, वापस बुलाने के अधिकार, अस्वीकार करने के अधिकार और अनिवार्य मतदान के मामले में समर्थन उतना ही अधिक नहीं है। चुनाव लड़ने से 65 से अधिक लोगों को प्रतिबंधित करने का समर्थन अन्य (34+) की तुलना में युवाओं (18–25 और 26–33 वर्ष) के बीच मजबूत है। इस तरह के कदम के लिए समर्थन 60 वर्ष और उससे अधिक आयु के लोगों में उम्मीद के मुताबिक कम है, लेकिन यहां भी दिलचस्प रूप से, लोगों का काफी उच्च प्रतिशत, जो लगभग 33 प्रतिशत है, चुनाव लड़ने के लिए निर्दिष्ट आयु सीमा के रूप में 65 करने के पक्ष में हैं (तालिका 5.24)।

तालिका 5.24: चुनाव लड़ने के लिए ऊपरी आयु सीमा निर्धारित करने के लिए मध्यम समर्थन

	चुनाव लड़ने से 65 वर्ष से ऊपर को वंचित करने का विचार	
आयु श्रेणी	*समर्थन*	*विरोध*
18–25 वर्ष	51	35
26–33 वर्ष	48	35
34+	42	36

स्रोत: युवा और राजनीति सर्वेक्षण (2011)

नोट: सभी आंकड़े प्रतिशत में हैं। बाकी "कोई राय नहीं"।

तालिका 5.25: चुनाव लड़ने के लिए ऊपरी आयु सीमा तय करने के शहरी क्षेत्र थोड़े अधिक पक्ष में

	चुनाव लड़ने से 65 वर्ष से ऊपर को वंचित करने का विचार	
स्थान	*समर्थन*	*विरोध*
ग्रामीण 18–25 वर्ष	50	34
ग्रामीण 26–33 वर्ष	44	35
ग्रामीण 34+	41	35
शहरी 18–25 वर्ष	53	39
शहरी 26–33 वर्ष	58	36
शहरी 34+	44	40

स्रोत: युवा और राजनीति सर्वेक्षण (2011)
नोट: सभी आंकड़े प्रतिशत में हैं। बाकी "कोई राय नहीं"।

तालिका 5.25 से पता चलता है कि ग्रामीण इलाकों की तुलना में लोगों की आयु के आधार पर चुनाव लड़ने से लोगों को अनुमति नहीं देने के लिए शहरी क्षेत्र थोड़े अधिक समर्थक हैं। दोनों स्थानों में, स्पष्ट आयु अंतर है, जिसमें युवा 34 वर्ष से ऊपर की तुलना में चुनाव लड़ने के लिए 65 की ऊपरी आयु सीमा को स्थापित करने के विचार के अधिक समर्थक हैं। ऐसे विचारों का समर्थन 26 से 33 वर्ष के आयु वर्ग के शहरी निवासियों में सबसे मजबूत है। वास्तव में, विचार के लिए उनका समर्थन व्यापक ग्रामीण अंतर द्वारा उसी आयु वर्ग के अपने ग्रामीण समकक्षों द्वारा दिखाए गए समर्थन से अधिक है। दूसरी तरफ, ग्रामीण और शहरी 18–25 वर्ष के लोगों और ग्रामीण और शहरी 34+ वर्षों के बीच वापस बुलाने वाले लोगों के प्रतिशत के संबंध में अंतर काफी छोटा है। चुनाव लड़ने के लिए अधिकतम आयु तय करने के विचार का सबसे मजबूत विरोध 18 से 25 वर्ष और 34 वर्ष और उससे अधिक आयु के शहरी उत्तरदाताओं के बीच लगभग समान रूप से मिलता है।

गैर-साक्षरों की तुलना में शिक्षित युवा चुनाव में भाग लेने से 65 वर्ष से ऊपर के लोगों को वंचित करने के अधिक समर्थक हैं। इस मुद्दे पर गैर-साक्षर बहुत कम राय रखते हैं। शिक्षित युवाओं में से, जो प्राथमिक विद्यालय उत्तीर्ण और उच्च-माध्यमिक उत्तीर्ण हैं, वे जो कॉलेज शिक्षित हैं की तुलना में वृद्ध प्रतिभागियों को चुनाव से वंचित रखने के विचार के अधिक समर्थक हैं (तालिका 5.26)।

अध्ययन का एक दिलचस्प निष्कर्ष यह है कि उन लोगों में से अधिकांश जो महसूस करते हैं कि युवा वृद्ध से बेहतर शासन कर सकते हैं, चुनाव लड़ने के लिए अधिकतम आयु तय करने के पक्ष में हैं। हालांकि यह समर्थन युवाओं और अन्य दोनों में जो इस विचार को मानते हैं, के बीच देखा जाता है, यह पहले वालों में थोड़ा अधिक है। इसके विपरीत, उन लोगों में से जो महसूस करते हैं कि यह आवश्यक नहीं कि युवा वृद्ध की तुलना में बेहतर

तालिका 5.26: चुनाव लड़ने के लिए ऊपरी आयु सीमा निर्धारित करने के लिए मामूली शिक्षित युवा सबसे सहायक हैं

	चुनाव लड़ने से 65 वर्ष से ऊपर को वंचित करने का विचार	
शैक्षिक योग्यता का स्तर	*समर्थन*	*विरोध*
गैर-साक्षर युवा	55	18
प्राथमिक विद्यालय उत्तीर्ण युवा	72	14
उच्च-माध्यमिक उत्तीर्ण युवा	72	16
कॉलेज शिक्षित युवा	68	17

स्रोत: युवा और राजनीति सर्वेक्षण (2011)
नोट: सभी आंकड़े प्रतिशत में हैं। बाकी "कोई राय नहीं"।

तालिका 5.27: जो मानते हैं कि युवा वृद्ध से बेहतर शासन करते हैं, उन लोगों के बीच चुनाव लड़ने के लिए ऊपरी आयु सीमा निर्धारित करने के लिए अधिक समर्थन

	चुनाव लड़ने से 65 वर्ष से ऊपर को वंचित करने का विचार	
शासन विधि पर आयु प्रभाव पर राय	*समर्थन*	*विरोध*
युवा जो महसूस करते हैं कि युवा वृद्ध से बेहतर शासन कर सकते हैं	59	32
युवा जो महसूस करते हैं कि युवा वृद्ध से बेहतर शासन नहीं कर सकते हैं	38	50
अन्य जो महसूस करते हैं कि युवा वृद्ध से बेहतर शासन कर सकते हैं	54	44
अन्य जो महसूस करते हैं कि युवा वृद्ध से बेहतर शासन नहीं कर सकते हैं	41	46

स्रोत: युवा और राजनीति सर्वेक्षण (2011)
नोट: सभी आंकड़े प्रतिशत में हैं। बाकी "कोई राय नहीं"।

प्रशासक हों, ऐसे कदम के लिए समर्थन कम है। असल में ऐसे आधे उत्तरदाताओं का मानना है कि लोकतंत्र में लोगों को उनकी आयु के आधार पर चुनाव लड़ने से वंचित करना अनुचित होगा (तालिका 5.27)।

बड़ी तस्वीर

कुल मिलाकर, सभी चार चुनावी सुधार विचारों (वापस बुलाने का अधिकार, अस्वीकार करने का अधिकार, अनिवार्य मतदान और चुनाव लड़ने के लिए ऊपरी आयु सीमा तय करना) में से, सर्वेक्षण के दौरान जिनके लिए अलग-अलग राय की मांग की गई थी, सुधार विचार जो युवा और वृद्ध उत्तरदाताओं दोनों से उच्चतम अनुमोदन प्राप्त करता है, "वापस बुलाने का अधिकार" है। सुधार उपाय जो सबसे कम स्वीकृत है वह चुनाव लड़ने के लिए 65 वर्ष की ऊपरी आयु सीमा निर्धारित करने वाला है (तालिका 5.28)।

समाज के विभिन्न वर्गों के बीच चुनावी और राजनीतिक सुधार के समर्थन के स्तर को मापने के लिए, सभी चार चुनावी सुधार विचारों का उपयोग करके एक सूचकांक बनाया

तालिका 5.28: वापस बुलाने का अधिकार उच्चतम स्वीकृति प्राप्त करता है

	वापस बुलाने के अधिकार का विचार	*अस्वीकार करने के अधिकार का विचार*	*अनिवार्य मतदान का विचार*	*चुनाव लड़ने से 65 वर्ष से ऊपर को वंचित करने का विचार*
युवाओं के बीच स्वीकृति	69	60	60	50
अन्य के बीच स्वीकृति	57	53	52	42

स्रोत: युवा और राजनीति सर्वेक्षण (2011)
नोट: सभी आंकड़े प्रतिशत में हैं।

गया था, जिस पर सर्वेक्षण के दौरान प्रश्न पूछे गए थे (चुनावी सुधार सूचकांक, समापन टिप्पणी देखें)। कुल मिलाकर, चुनावी और राजनीतिक सुधारों के लिए समर्थन का स्तर युवाओं और अन्य दोनों के बीच काफी मजबूत है। जबकि युवाओं का तीन-चौथाई मध्यम और उच्च समर्थन श्रेणियों में आते हैं (पूर्व उत्तरार्द्ध से अधिक), दूसरों के लिए आंकड़ा 65 प्रतिशत है। वास्तव में वृद्ध लोग पूरे मुद्दे पर उच्च दुविधा दिखाते हैं (तालिका 5.29)।

तालिका 5.30 से पता चलता है कि गांवों की तुलना में शहरी क्षेत्रों में चुनावी सुधारों के लिए समर्थन बहुत अधिक है। शहरी इलाकों में यह युवाओं के बीच भी अधिक है, जिसमें शहरों और कस्बों में रहने वाले दस युवा लोगों में से नौ चुनावी सुधारों का या तो मामूली

तालिका 5.29: विशेष रूप से युवाओं के बीच चुनावी सुधारों के लिए समर्थन

	चुनावी सुधारों के लिए समर्थन का स्तर			
	उच्च समर्थन	*मध्यम समर्थन*	*विरोध*	*दुविधा*
युवा	33	42	13	13
अन्य	25	40	15	21

स्रोत: युवा और राजनीति सर्वेक्षण (2011)
नोट: सभी आंकड़े प्रतिशत में हैं; पूर्णांक करने के परिणामस्वरूप जोड़ नहीं सकते हैं।

तालिका 5.30: शहरी क्षेत्र चुनाव सुधारों के अधिक समर्थक हैं

	चुनावी सुधारों के लिए समर्थन का स्तर			
	उच्च समर्थन	*मध्यम समर्थन*	*विरोध*	*दुविधा*
ग्रामीण युवा	29	43	13	16
ग्रामीण अन्य	24	38	14	23
शहरी युवा	43	39	13	5
शहरी अन्य	26	44	16	14

स्रोत: युवा और राजनीति सर्वेक्षण (2011)
नोट: सभी आंकड़े प्रतिशत में हैं; पूर्णांक करने के परिणामस्वरूप जोड़ नहीं सकते हैं।

तालिका 5.31: पुरुष, युवा और वृद्ध, महिलाओं की तुलना में सुधारों के लिए उच्च समर्थन दिखाते हैं

	चुनावी सुधारों के लिए समर्थन का स्तर			
	उच्च समर्थन	*मध्यम समर्थन*	*विरोध*	*दुविधा*
युवा पुरुष	39	43	11	8
अन्य पुरुष	31	44	13	13
युवा महिलाएं	24	40	16	19
अन्य महिलाएं	18	34	17	31

स्रोत: युवा और राजनीति सर्वेक्षण (2011)
नोट: सभी आंकड़े प्रतिशत में हैं; पूर्णांक करने के परिणामस्वरूप जोड़ नहीं सकते हैं।

या दृढ़ता से समर्थन करते हैं। ग्रामीण इलाकों में रहने वाले अन्य (34+) इस मुद्दे पर सबसे अधिक दुविधा में पाए जाते हैं, इसके बाद ग्रामीण युवा आते हैं।

पुरुष, युवा और वृद्ध, महिलाओं की तुलना में चुनावी सुधारों के अधिक समर्थक हैं। तालिका 5.31 से पता चलता है कि युवा महिलाओं की तुलना में चुनावी सुधारों के पक्ष में युवा पुरुष (18–33 वर्ष) न केवल अधिक समर्थन करते हैं, बल्कि 34 वर्ष और उससे अधिक आयु के पुरुष भी युवा महिलाओं की तुलना में चुनावी सुधारों की मंजूरी में मजबूत हैं। महिलाओं में से, 18 से 33 वर्ष के आयु वर्ग के लोग 34 वर्ष और उससे अधिक आयु की महिलाओं की तुलना में चुनावी सुधार के लिए बहुत अधिक समर्थन दिखाते हैं। असल में बाद वाले न केवल चुनावी सुधारों के लिए उच्चतम विरोध दिखाते हैं बल्कि सबसे अनिश्चित भी हैं।

आर्थिक वर्गों के संदर्भ में, हम पाते हैं कि युवाओं के बीच चुनावी सुधारों की स्वीकृति बढ़ती है जब हम आर्थिक स्तर पर ऊपर बढ़ते हैं। सुधारों के लिए समर्थन युवाओं में सबसे कम है जो गरीब हैं। वे इस मुद्दे पर सबसे अधिक दुविधा में भी हैं। उच्च वर्ग के युवाओं के बीच समर्थन सबसे अधिक है, इसके बाद मध्यम और निम्न वर्गों के लोग आते हैं, जो उच्च स्तर का मध्यम समर्थन (तालिका 5.32) दिखाते हैं।

तालिका 5.32: उच्च और मध्यम वर्गों के युवा निम्न और गरीब वर्ग के लोगों की तुलना में चुनावी सुधारों का अधिक समर्थन करते हैं

	चुनावी सुधारों के लिए समर्थन का स्तर			
	उच्च समर्थन	*मध्यम समर्थन*	*विरोध*	*दुविधा*
उच्च वर्ग युवा	43	38	13	7
मध्यम वर्ग युवा	34	46	13	7
निम्न वर्ग युवा	34	41	12	12
गरीब युवा	21	39	14	26

स्रोत: युवा और राजनीति सर्वेक्षण (2011)
नोट: सभी आंकड़े प्रतिशत में हैं; पूर्णांक करने के परिणामस्वरूप जोड़ नहीं सकते हैं।

तालिका 5.33: कांग्रेस और भाजपा समर्थकों की तुलना में युवा वामपंथी समर्थक चुनावी सुधारों पर अधिक शंकाशील हैं

	चुनावी सुधारों के लिए समर्थन का स्तर			
	उच्च समर्थन	*मध्यम समर्थन*	*विरोध*	*दुविधा*
युवा कांग्रेस समर्थक	37	42	10	10
युवा भाजपा समर्थक	38	43	7	12
युवा वामपंथी समर्थक	25	43	16	16

स्रोत: युवा और राजनीति सर्वेक्षण (2011)

नोट: सभी आंकड़े प्रतिशत में हैं; पूर्णांक करने के परिणामस्वरूप जोड़ नहीं सकते हैं।

और आखिरकार, जब हम राजनीतिक वरीयताओं के संदर्भ में पूरे मुद्दे को देखते हैं, तो हम पाते हैं कि इस मुद्दे पर कांग्रेस और भाजपा के समर्थकों की राय के बीच कोई अंतर नहीं है। दोनों दलों के युवा समर्थक निर्वाचन व्यवस्था में सुधार और समान स्वरूप दिखाने के पक्ष में दृढ़ता से हैं। हालांकि वामपंथी दलों के युवा समर्थक पूरी तरह से आश्वस्त नहीं हैं, और सुधारों के लिए उच्च समर्थन की एक कम मात्रा है, और विरोध तथा दुविधा की अधिक मात्रा उनके बीच देखी जा सकती है (तालिका 5.33)।

निष्कर्ष

चुनावी सुधार के कट्टरपंथी विचारों के लिए युवाओं और अन्य, दोनों के बीच काफी मजबूत समर्थन है। वास्तव में अध्ययन के दौरान सुझाए गए सभी चार चुनावी सुधार विचारों के विरोध के मुकाबले समर्थन अधिक है। एक बार के लिए, अन्य से युवा अलग श्रेणी के रूप में अलग दिखते हैं और सभी जनसांख्यिकीय श्रेणियों में वृद्ध लोगों की तुलना में युवाओं के बीच सभी चार चुनावी सुधार विचारों के लिए समर्थन अधिक है। साथ में, तीन-चौथाई युवाओं ने उन्हें सुझाए गए सभी चार चुनावी सुधार विचारों के लिए मध्यम और उच्च समर्थन दिखाया। युवाओं में, सुधार उपायों के लिए समर्थन 18–25 वर्ष आयु वर्ग के बीच उच्चतम है, अस्वीकार करने के अधिकार को छोड़कर, जो 26–33 वर्ष के लोगों के बीच अधिक समर्थन प्राप्त करता है। अध्ययन में शामिल सभी चार चुनावी सुधारों में से, वापस बुलाने के अधिकार का समर्थन युवा और वृद्ध दोनों में सबसे अधिक है। सभी चार चुनावी सुधारों में से, चुनाव लड़ने के लिए 65 वर्ष की ऊपरी आयु सीमा निर्धारित करने का समर्थन युवा और वृद्ध दोनों में सबसे कम है। गांवों की तुलना में शहरों और कस्बों में सभी चार चुनावी सुधारों के लिए समर्थन अधिक है। कुल मिलाकर, कट्टरपंथी चुनावी सुधारों के लिए अनुमोदन युवाओं के बीच सबसे मजबूत है जो शिक्षित हैं, शहरी क्षेत्रों में रहते हैं और आर्थिक रूप से बेहतर हैं।

समापन टिप्पणी

चुनावी सुधार का सूचकांक: यह सूचकांक बनाया गया था ताकि चार चुनावी सुधारों पर उत्तरदाताओं के रुख को मापा जा सके–अस्वीकार करने का अधिकार, वापस बुलाने का अधिकार, अनिवार्य मतदान और चुनाव लड़ने के लिए ऊपरी आयु सीमा। इस सूचकांक को बनाने के लिए उपयोग किए गए प्रश्न युवा अध्ययन प्रश्नावली के प्र5ए, प्र5बी, प्र5सी और प्र25डी थे। इन सभी प्रश्नों के उत्तरों को एकत्रित किया गया और चार श्रेणियों में क्रमित किया गया:–दुविधा, विरोध, मध्यम समर्थन और उच्च समर्थन। 'दुविधा' में सभी चार सुधारों पर कोई राय नहीं रखने वाले शामिल थे, तीन सुधारों पर कोई राय नहीं थी और एक सुधार के साथ सहमत हुए, तीन सुधारों पर कोई राय नहीं थी और एक सुधार से असहमत थे तथा जिनके पास दो सुधारों पर कोई राय नहीं थी, उन्होंने एक सुधार का समर्थन किया और एक सुधार का विरोध किया। 'विरोध' में उन सभी लोगों को शामिल किया गया जो सभी चार सुधारों से असहमत थे, तीन सुधारों से असहमत थे और एक सुधार के साथ सहमत हुए, तीन सुधारों से असहमत थे और एक सुधार पर कोई राय नहीं थी, दो सुधारों से असहमत थे, एक सुधार के साथ सहमत हुए और एक सुधार पर कोई राय नहीं थी तथा जो दो सुधारों से असहमत थे और दो सुधारों पर कोई राय नहीं थी। 'मध्यम समर्थन' में वे शामिल थे जो तीन सुधारों से सहमत थे और एक सुधार से असहमत थे, दो सुधारों के साथ सहमत हुए और दो सुधारों से असहमत थे, दो सुधारों के साथ सहमत हुए, एक सुधार से असहमत थे और एक सुधार पर कोई राय नहीं थी, तथा जो दो सुधारों के साथ सहमत थे और दो सुधारों पर कोई राय नहीं थी। 'उच्च समर्थन' में वे सभी शामिल थे जो चारों सुधारों के साथ सहमत थे तथा जो तीन सुधारों से सहमत थे और एक सुधार पर कोई राय नहीं थी।

संदर्भ

1. ADR. (2011). 'ADR/NEW Recommendations for Electoral Reforms' – By Association for Democratic Reforms (ADR), and National Election Watch (NEW) [Online] Available from http://adrindia.org/files/ADR-NEW%20Recomendations-April20%202011-Final.pdf [Accessed on 4/10/2011].
2. Sorabjee, Soli. (2011). 'It's a tightrope walk', *Hindustan Times* [Online] Available from http://www.hindustantimes.com/StoryPage/Print/740561.aspx [Accessed on 6/10/2011].
3. Law Ministry. (2011). 'Gist of suggestion released on electoral reforms', Word doc. [Online] Available from lawmin.nic.in/legislative/ereforms/suggestions-received.doc [Accessed on 6/10/2011].
4. 'Address at the Host Branch Plenary Session on Right to Recall as a Strategy for Enforcing Greater Accountability of Parliaments to the People', 53rd Commonwealth Parliamentary Conference, New Delhi, 28 September 2007, Office of the Speaker of Lok Sabha 2007. [Online] Available from http://speakerloksabha.nic.in/Speech/SpeechDetails.asp?SpeechId=239 [Accessed on 6/10/2011].
5. Gay, Oonagh and Charley Coleman. (2011). 'Recall Elections', House of Commons Library, UK [Online] Available from http://www.parliament.uk/documents/commons/lib/research/briefings/snpc-05089.pdf [Accessed on 6/10/2011].

   'Direct Democracy: The International IDEA handbook', 2008. [Online] Available from http://www.idea.int/publications/direct_democracy/upload/direct_democracy_handbook_chapter5.pdf [Accessed on 30/11/2011].

   'Right to Recall', *The Indian Express*, 2008. [Online] Available from http://www.indianexpress.com/news/right-to-recall/323534/ [Accessed on 6/10/2011].

6. 'Total Recall', *The Economist*, 2003. [Online] Available from http://www.economist.com/node/1861491 [Accessed on 7/10/2011].
7. Bhanu, Vinod. (2011). 'Called into Account', *Hindustan Times* [Online] Available from http://www.hindustantimes.com/StoryPage/Print/740899.aspx [Accessed on 6/10/2011].

   Bhanu, Vinod. (2008). 'Right to Recall Legislators, the Chhattisgarh Experiment', *Economic and Political Weekly* [Online] Available from http://epw.in/epw/uploads/articles/12717.pdf [Accessed on 6/10/2011].
8. Ghatwai, Milind. (2011). 'Madhya Pradesh a lab for 10 years, with mixed results', *The Indian Express* [Online] Available from http://www.indianexpress.com/news/madhya-pradesh-a-lab-for-10-yrs-with-mixed/839660/ [Accessed on 30/11/2001].

   'Right to Recall?', *Hindustan Times*, 2011. [Online] Available from http://www.hindustantimes.com/India-news/NewDelhi/Right-to-Recall/Article1-741300.aspx [Accessed on 30/11/2001].
9. 'Rajasthan amends Act, makes provision for recall of Mayors', *The Hindu*, 2011. [Online] Available from http://www.thehindu.com/todays-paper/tp-national/tp-newdelhi/article1570107.ece [Accessed on 30/11/2001].
10. 'Bihar gets right to recall corporators', *India Today*. in website, 2011. [Online] Available from http://indiatoday.intoday.in/story/urban-civic-polls-bihar-gets-right-to-recall-elected-representatives/1/133688.html [Accessed on 6/10/2011].

    Madhavan, M. R. (2011). 'Recall Option', *The Indian Express* [Online] Available from http://www.indianexpress.com/news/recall-option/769412/ [Accessed on 6/10/2011].
11. John, Joseph. (2008). 'For first time, votes cast to recall elected leaders, results to be out tomorrow', *The Indian Express* [Online] Available from http://www.indianexpress.com/news/for-first-time-votes-cast-to-recall-elected/323224/ [Accessed on 6/10/2011].
12. Packel, Daniel. (2008). 'Electoral Institutions and Local Government Accountability: A Literature Review', The World Bank [Online] Available from http://siteresources.worldbank.org/EXTSOCIALDEVELOPMENT/Resources/244362-1164107274725/3182370-1164201144397/3187094-1173195121091/SD_Working_Paper_111.pdf [Accessed on 30/11/2001].
13. Mahapatra, Dhananjay. (2011). 'Can't take away right to recall, SC tells Punjab', *The Times of India* [Online] Available from http://articles.timesofindia.indiatimes.com/2011-05-28/india/29594431_1_sarpanch-panchayat-members-motion [Accessed on 30/11/2001].
14. Palshikar, Suhas. (2011). 'Why the right to recall is flawed', *The Indian Express* [Online] Available from http://www.indianexpress.com/news/why-the-right-to-recall-is-flawed/846143/1 [Accessed on 11/10/2011].
15. PTI. (2011). 'Hazare's suggestion for recall of MP impractical: Quraishi', *The Hindu* [Online] Available from http://www.thehindu.com/news/national/article2473132.ece [Accessed on 10/10/2011].

ET. (2011). 'Electoral reforms: Right to recall practical only when electorate is small, say former Election Commissioners', *The Economic Times* [Online] Available from http://articles.economictimes.indiatimes.com/2011-09-01/news/29953647_1_electoral-reforms-indrajit-gupta-committee-state-funding/2 [Accessed on 10/10/2011].

16. Sorabjee, Soli. (2011). 'It's a tightrope walk', *Hindustan Times* [Online] Available from http://www.hindustantimes.com/StoryPage/Print/740561.aspx [Accessed on 6/10/2011].
17. Jackman, Robert W. (1987). 'Political institutions and voter turnout in industrial democracies', *American Political Science Review*, Vol. 81, No. 2 [Online] Available from http://www.jstor.org/pss/1961959 [Accessed on 20/10/2011].
18. Blais, Andre. (2006). 'What affects voter turnout', Annual. *Review of Political Science*, Vol. 9, pp. 111–25 [Online] Available from http://www.leonardbeeghley.com/docs/SY0%204530/blais,%20what%20affects%20voter%20turnout.pdf [Accessed on 20/10/2011].
19. Lijphart, Arend. (1997). 'Unequal Participation: Democracy's Unresolved Dilemma', *The American Political Science Review*, Vol. 91, No.1 [Online] Available from http://www.people.fas.harvard.edu/~iversen/PDFfiles/Lijphart1997.pdf [Accessed on 27/10/2011]; Some of the arguments for and against compulsory voting have been taken from this essay by Lijphart (Presidential Address, American Political Science Association, 1996).
20. Frankal, Elliot. (2005). 'Compulsory voting around the world', *The Guardian* [Online] Available from http://www.guardian.co.uk/politics/2005/jul/04/voterapathy.uk [Accessed on 27/10/2011]. For more information on compulsory voting around the world also refer to: http://www.idea.int/vt/compulsory_voting.cfm
21. Dasgupta, Manas. (2010). 'Gujarat Governor returns compulsory voting bill', *The Hindu* [Online] Available from http://www.thehindu.com/news/states/other-states/article402138.ece [Accessed on 28/10/2011].

    Dasgupta, Manas. (2010). 'Modi government reintroduces compulsory voting bill, intact', *The Hindu* [Online] Available from http://www.hindu.com/2010/09/08/stories/2010090862811300.htm [Accessed on 28/10/2011].
22. PTI. (2011). 'Gujarat Assembly: Compulsory Voting Bill Passed Again, *Outlook* magazine website [Online] Available from http://news.outlookindia.com/item.aspx?713453 [Accessed on 28/10/2011].
23. RFGI. (2010). 'Analysis of Compulsory Voting in Gujarat', Research Foundation for Governance in India [Online] Available from http://www.rfgindia.org/publications/Analysis%20of%20Compulsory%20Voting%20in%20Gujarat.pdf [Accessed on 28/10/2011].
24. 'Compulsory voting around the world', The Electoral Commission, UK, 2006. [Online] Available from http://www.electoralcommission.org.uk/__data/assets/electoral_commission_pdf_file/0020/16157/ECCompVotingfinal_22225-16484__E__N__S__W__.pdf [Accessed on 2/11/2011].
25. 'The Conduct of Election Rules, 1961', Law Ministry [Online] Available from http://lawmin.nic.in/ld/subord/cer1.htm [Accessed on 2/11/2011].

26. ECI. (2004). 'Proposed Electoral Reforms', Election Commission of India [Online] Available from http://eci.nic.in/eci_main/PROPOSED_ELECTORAL_REFORMS.pdf [Accessed on 2/11/2011].
27. PTI. (2011). 'Right to reject candidates a ticklish affair: Chief Election Commissioner', *The Economic Times* website [Online] Available from http://articles.economictimes.indiatimes.com/2011-08-29/news/29941508_1_candidates-commissioner-s-y-quraishi-poll-authority [Accessed on 2/11/2011].
28. 'The Concept of Negative Voting', *The Sentinel*, 2011. [Online] Available from http://www.sentinelassam.com/editorial/story.php?sec=3&subsec=0&id=73567&dtP=2011-05-03&ppr=1 [Accessed on 2/11/2011].
29. Swain, Satya Ranjan. (2010). 'Right of Negative Voting', *Juris*Online.in [Online] Available from http://jurisonline.in/?p=1117 [Accessed on 2/11/2011].
30. 'PIL on Right to Reject in SC', *The Asian Age*, 2011. [Online] Available from http://www.asianage.com/india/pil-right-reject-sc-645 [Accessed on 2/11/2011]
31. Data on composition of population by broad age-groups available from 'Demographics of Population Ageing in India' by ISEC, Bangalore; UNFPA, New Delhi; IEG, Delhi; December 2011 http://www.isec.ac.in/BKPAI%20Working%20paper%201.pdf [Accessed on 21/1/2013].
32. Census 2001 data. [Online] Available from http://www.censusindia.gov.in/Census_Data_2001/Census_data_finder/C_Series/Marital_status_by_age_and sex.htm [Accessed on 14/10/2011].

    Census 1991 data [Online] Available from http://www.indianmirror.com/population/pop1.html#age [Accessed on 14/10/2011].
33. 'PM wants to cut average age of his cabinet', Reuters, 2010. [Online] Available from http://in.reuters.com/article/2010/09/06/idINIndia-51309020100906 [Accessed on 3/10/2011]. Figures for Britain and the United States have been taken from this report.

6 एक करियर के रूप में राजनीति: धारणा और पसंद

संजय कुमार

"सबसे बड़ी समस्या यह है कि राजनीति देश के साधारण युवाओं की पहुंच से बाहर है।" यह और कोई नहीं बल्कि कांग्रेस नेता राहुल गांधी ने स्पष्ट रूप से स्वीकार किया था जब उन्होंने अक्टूबर 2011 में नई दिल्ली में युवा पुरुषों और महिलाओं की एक सभा को संबोधित किया था।[1] महाराष्ट्र के औरंगाबाद में दस महीने पहले इस युवा नेता ने युवाओं को राजनीति में अपने जीवन के कम से कम दस वर्ष देने की जबरदस्त अपील की थी। जनवरी 2011 में युवाओं को संबोधित करते हुए राहुल ने कहा, "मैं आपको विश्वास दिलाता हूं कि दस वर्ष बाद आपको अपने फैसले पर गर्व होगा, और देश की राजनीति एक नई दिशा लेगी।"[2] बार-बार 41 वर्षीय नेहरू-गांधी परिवार के वंशज, जिन्हें भारत के भविष्य के प्रधानमंत्री के रूप में देखा जाता है, युवाओं से राजनीति में अधिक रुचि लेने और यहां तक कि इसमें शामिल होने का आग्रह करते रहे हैं। हालांकि मीडिया के कुछ हिस्सों में उनके प्रयासों पर नगण्य प्रभाव पड़ा है।[3] यद्यपि इसके लिए कुछ दोष युवाओं को प्रेरित करने में राजनीतिक दलों की अक्षमता पर लगाया जा सकता है, युवाओं के बीच राजनीति की बढ़ती नकारात्मक छवि मुख्य कारण प्रतीत होती है। सितंबर 2011 में समाचार पत्रिका इंडिया टुडे द्वारा आयोजित 18 से 25 वर्ष की आयु के युवाओं के एक जनमत सर्वेक्षण में पाया गया कि राजनीति के बारे में युवाओं के बीच गंभीर निराशावाद है, जिसमें नौकरशाहों, एनजीओ कार्यकर्ताओं, निजी क्षेत्र के अधिकारियों, पत्रकारों और न्यायाधीशों की तुलना में राजनेता सबसे कम भरोसेमंद के रूप में उभरते हैं।[4] सीएसडीएस अध्ययन के हिस्से के रूप में जनवरी 2011 में राजस्थान अजमेर में आयोजित फोकस ग्रुप चर्चा में, कई युवाओं ने कुछ हद तक समान भावना व्यक्त की। "हर युवा राजनीति में जाना चाहता है, लेकिन जब मैंने स्नातक होने के दौरान चुनाव लड़ा, तो मैंने पैसे और बाहुबल की भूमिका देखी। मेरा अस्तित्व नगण्य था, "शहर के एक युवा छात्र ने कहा। एक अन्य प्रतिभागी ने कहा, "अगर यह हमें ईमानदार बने रहने की अनुमति देता है तो हम राजनीति में आना चाहेंगे। लेकिन तब नहीं अगर हमें मौजूदा राजनेताओं की छवि मिलती है और हमें उच्च पद प्राप्त करने के लिए अपने मूल्यों का त्याग करना पड़ता है।" जाहिर है, परंपरागत राजनेताओं और लोकतांत्रिक प्रक्रियाओं जिनका वे नेतृत्व करते हैं, के प्रति अनेक युवा भारतीयों के बीच सजगता बढ़ रही है और यहां तक कि अवमानना भी।

राजनीतिक भागीदारी मोटे तौर पर दो प्रकार की है–अप्रत्यक्ष राजनीतिक भागीदारी और प्रत्यक्ष राजनीतिक भागीदारी। अप्रत्यक्ष राजनीतिक भागीदारी विरोध प्रदर्शन, जुलूस, चुनाव रैलियों या चुनाव अभियानों में भागीदारी के रूप में हो सकती है। दूसरी तरफ प्रत्यक्ष राजनीतिक भागीदारी या तो राजनीतिक दल के पदाधिकारी या चुनाव लड़ने के संदर्भ में है। पहले के अध्यायों में हमने देखा है कि युवा अब राजनीतिक मुद्दों के बारे में ही अधिक जागरूक नहीं हैं बल्कि अधिक उत्साह के साथ राजनीतिक गतिविधियों में भी भाग लेते हैं। इस से संबंधित प्रासंगिक प्रश्न यह है कि क्या युवाओं के बीच इस बढ़ती राजनीतिक गतिविधि का करियर के रूप में राजनीति की उनकी धारणा पर कोई असर पड़ा है। क्या युवा वास्तव में राजनीति को अपने करियर के रूप में चुनना चाहते हैं यदि उन्हें मौका मिलता है? यह अध्याय इस प्रश्न पर कुछ प्रकाश डालने का प्रयास करता है। व्यापक स्पष्टीकरण देने के लिए, अध्याय को चार खंडो में बांटा गया है। पहला खंड भारतीय युवाओं के बीच प्रचलित करियर के बारे में सामान्य दृष्टिकोण और धारणाओं को देखता है। एक व्यावसायिक पदानुक्रम बनाने और उस पदानुक्रम में 'करियर के रूप में राजनीति' के विकल्प का पता लगाने के लिए एक प्रयास किया गया है। बाद का खंड विश्लेषण करता है कि क्या अध्ययन के निष्कर्ष करियर के बारे में सामान्य धारणाओं का पालन करते हैं या युवाओं के बीच एक करियर विकल्प के रूप में राजनीति के संबंध में एक विरोधाभासी प्रवृत्ति दिखाते हैं। तीसरा खंड, करियर की पसंद के रूप में राजनीति के मुद्दे पर युवा धारणाओं पर एक स्पष्टीकरण प्रदान करता है। अंतिम खंड लैंगिक पहलुओं और क्या युवा महिलाएं राजनीतिक करियर की ओर आकर्षित होती हैं, पर केंद्रित है?

1. युवाओं के लिए करियर विकल्प: सामान्य दृष्टिकोण और धारणाएं

भारतीय जनसंख्या का एक बड़ा वर्ग 35 वर्ष से कम आयु का है। इस अर्थ में राजनीतिक बहुमत युवाओं के साथ है। देश को एक नई दिशा में आगे बढ़ाने के लिए उनसे बहुत आशा और उम्मीदें रखी गई हैं। यह व्यापक रूप से माना जाता है कि युवा भारतीय राजनीतिक व्यवस्था को प्रभावित करने वाली समस्याओं का उत्तर दे सकते हैं। अन्ना हजारे के नेतृत्व में भ्रष्टाचार विरोधी आंदोलन में साथ ही दिसंबर 2012 में दिल्ली में एक युवा लड़की के भयानक बलात्कार के विरोध में स्कूल के छात्रों से लेकर विश्वविद्यालय/कॉलेज के छात्रों तक की भारी भागीदारी समाज में कार्रवाई और परिवर्तन के एजेंट के रूप में युवाओं के महत्व की पुष्टि करती है। इस बात से इनकार नहीं किया जा रहा है कि राजनीति और राजनीतिक संस्थानों के लिए पूरे समाज जिसमें युवा शामिल हैं, निराशावाद का एक सामान्य दृष्टिकोण है। लेकिन यहां तक कि इस निराशावाद के बीच में, लगभग एक तिहाई युवा एक करियर के रूप में राजनीति अपनाने के इच्छुक हैं। सीएसडीएस अध्ययन के दौरान

तालिका 6.1: भारतीय युवाओं का एक तिहाई करियर के रूप में राजनीति को चुनने के लिए तैयार है

	करियर विकल्प के रूप में राजनीति चुनने में रुचि है	*करियर विकल्प के रूप में राजनीति चुनने में रुचि नहीं है*	*कोई राय नहीं*
युवा	34	54	12

स्रोत: युवा और राजनीति सर्वेक्षण (2011)
नोट: सभी आंकड़े प्रतिशत में हैं।

पूछे जाने पर, क्या वे राजनीति को अपना करियर बनाना चाहते हैं यदि उन्हें मौका दिया गया, 34 प्रतिशत युवाओं ने रुचि दिखाई, 54 प्रतिशत ने रुचि होने से इनकार किया और 12 प्रतिशत राजनीतिक करियर के न तो समर्थन में, न ही खिलाफ थे (तालिका 6.1)। जबकि 34 प्रतिशत की संख्या उतनी अधिक नहीं है, लेकिन वैश्वीकरण और बाजार संचालित करियर विकल्पों के समय में यह काफी महत्वपूर्ण है।

हालांकि हमें यह ध्यान में रखना चाहिए कि राजनीति पर एक करियर विकल्प के रूप में एक राय व्यक्त करने और इसे वास्तविकता में चुनने के बीच एक बड़ा अंतर है। अगर हम भारत में करियर वरीयताओं को देखते हैं, तो युवाओं के करियर विकल्पों के पदानुक्रम में राजनीति बहुत नीचे आता है। हमारी शैक्षणिक प्रणाली और पद्धति ऐसी है कि युवाओं को राजनीति में करियर के लिए शायद ही प्रेरित या प्रशिक्षित किया जाता है। लेकिन यह सिर्फ राजनीति में युवाओं की सामान्य उदासीनता के कारण नहीं है, बल्कि इसे करियर बनाने के लिए मार्गों और प्रोत्साहनों की कमी के कारण है। 2006 में, सर रतन टाटा ट्रस्ट के साथ साझेदारी में प्रॉमिस फाउंडेशन द्वारा आयोजित 'वर्क ओरिएंटेशंस एंड रिस्पॉन्स टू कैरियर चॉइसेस–इंडियन रीजनल सर्वे (वर्क-आईआरएस)'[5] नामक एक अध्ययन में युवाओं के बीच उनके करियर के संबंध में दृष्टिकोण और धारणाओं के बारे में कुछ दिलचस्प निष्कर्ष सामने आए। भारतीय अर्थव्यवस्था पर सामान्य रूप में वैश्वीकरण और मुख्य रूप में श्रमिक बाजार के प्रभाव को ध्यान में रखते हुए अध्ययन आयोजित किया गया था। इसका उद्देश्य युवाओं (14–21 वर्ष) में उनके लिए उपलब्ध रोजगार अवसरों के स्वरूप के संबंध में धारणाओं को रिकॉर्ड करना भी था।[6] निष्कर्षों से संकेत मिलता है कि सभी सामाजिक-आर्थिक पृष्ठभूमि में युवाओं ने कहा कि वे विद्यालय के बाद पूर्णकालिक अध्ययन में शामिल होने में रुचि रखते हैं। राय ज्यादातर ऊपरी मध्य सामाजिक-आर्थिक स्थिति (एसईएस) समूहों से संबंधित थी। निचले एसईएस समूहों में से कई युवा लोगों ने उल्लेख किया कि वे अध्ययन के साथ अंशकालिक कार्य करना पसंद करेंगे। सर्वेक्षण से यह पाया गया है कि भारतीय युवाओं के बड़े अनुपात में यह महसूस होता है कि उच्च शिक्षा अधिक प्रतिष्ठित है क्योंकि इससे उच्च अनुमोदन और सामाजिक प्रतिष्ठा मिल सकती है। यही कारण है कि युवाओं का एक बड़ा हिस्सा उच्च शिक्षा प्राप्त करना पसंद करता है। युवाओं के करियर विकल्प विभिन्न

सामाजिक पृष्ठभूमि में लगभग समान हैं। व्यावसायिक पदानुक्रम में, विज्ञान उन्मुख व्यवसाय शीर्ष पर हैं। पेशेवर पदानुक्रम में ब्लू कॉलर व्यवसाय नीचे है। सबसे पसंदीदा व्यवसाय एक वैज्ञानिक के बाद कंप्यूटर वैज्ञानिक, इंजीनियरिंग, डॉक्टर और शिक्षक का है। वरीयता के घटते क्रम में सबसे कम मांग किए जाने वाले व्यवसाय रसोइया, बावर्ची, किसान, दुकानदार और बढ़ई हैं। यह देखना दिलचस्प है कि करियर विकल्पों की इस लंबी सूची में, राजनीति बिल्कुल नहीं आता है। अधिकांश व्यवसाय वे हैं जो बाजार की मांगों से प्रेरित होते हैं। मुख्य रूप से शहरी युवाओं में टाटा कंसल्टेंसी सर्विसेज (टीसीएस) द्वारा आयोजित एक अन्य सर्वेक्षण में, परिणाम इसी तरह के समान थे। यह सर्वेक्षण 2008–09 में 12 शहरों में लगभग 14000 बच्चों के बीच आयोजित किया गया था। पसंदीदा कैरियर विकल्पों के बारे में पूछे जाने पर, इंजीनियरिंग सबसे लोकप्रिय करियर विकल्प के रूप में उभरा। आईटी दूसरे सबसे पसंदीदा करियर के रूप में उभरा।[7]

इन दो सर्वेक्षणों के परिणाम स्पष्ट रूप से इंगित करते हैं कि युवाओं के करियर विकल्प बड़े पैमाने पर बाजार प्रभावों द्वारा शासित होते हैं। अपेक्षाकृत उच्च बाजार मांग के साथ व्यवसायों की ओर भारतीय युवा अधिक प्रवृत्त हैं। ऐसा इसलिए है क्योंकि इस तरह के बाजार उन्मुख व्यवसायों से उच्च वेतन अर्जित करने की अधिक संभावना है। ऐसा लगता है कि भारतीय युवाओं द्वारा राजनीति जैसे पेशे पर विचार नहीं किया जा रहा है और इसका कारण यह हो सकता है कि राजनीति नौकरी/कार्य की सुरक्षा का वादा नहीं कर सकती है और शुरुआती वर्षों में यह हर महीने एक उचित सभ्य वेतन की गारंटी भी नहीं दे सकती है। और भी, पैसे और बाहुबल का प्रभाव यह है कि केवल वित्तीय रूप से अच्छी तरह से परिवारों से संबंधित लोग ही राजनीति में शामिल होने का जोखिम उठा सकते हैं। नेशनल स्टूडेंट्स यूनियन ऑफ इंडिया (एनएसयूआई) के राष्ट्रीय अध्यक्ष रोहित चौधरी ने भी अध्ययन के लिए आयोजित एक फोकस समूह चर्चा के दौरान एक समान बात कही थी। उनका मानना था कि "यदि कोई युवा राजनीति में प्रवेश करने की इच्छा रखता है, तो उन्हें संपत्ति और धन के मामले में अपने परिवार से पूर्ण समर्थन प्राप्त होना चाहिए।"

2. राजनीति में करियर के लिए सर्वेक्षण निष्कर्ष

इन सीमाओं के बावजूद, हमारा अध्ययन इंगित करता है कि युवाओं ने सभी उम्मीदों को खोया नहीं है। उनकी वर्तमान स्थिति राजनीति की लोकप्रियता को करियर के रूप में भले ही नहीं दिखा सकती है, लेकिन अगर उन्हें अवसर दिया जाता है, तो वे राजनीति में करियर बनाने के इच्छुक हैं। हम दो संदर्भों में युवाओं की इस धारणा का विश्लेषण कर सकते हैं। पहला संदर्भ उनकी सामाजिक-आर्थिक स्थिति जैसे स्थान, शैक्षणिक योग्यता, आर्थिक वर्ग और लिंग द्वारा परिभाषित किया गया है। ये कुछ महत्वपूर्ण निर्धारक हैं जो करियर की

पसंद करते समय युवाओं के निर्णय को प्रभावित कर सकते हैं। युवाओं की करियर पसंद को प्रभावित करने वाला अन्य महत्वपूर्ण संदर्भ उनकी अनुवांशिक/व्यावहारिक प्रवृत्तियां जैसे राजनीति में रुचि लेना, राजनीति और राजनीतिक संस्थानों पर चर्चा करना, चुनावी गतिविधियों में भाग लेना, राजनीतिक संगठनों की सदस्यता इत्यादि हैं। आइए पहले, प्रथम संदर्भ पर गौर करें और ग्रामीण-शहरी विभाजन के साथ शुरू करें। हमारे अध्ययन से पता चलता है कि कस्बों और शहरों में रहने वाले युवा ग्रामीण युवाओं की तुलना में राजनीति को अपना करियर बनाने में अधिक रुचि रखते हैं। 31 प्रतिशत ग्रामीण युवाओं की तुलना में 41 प्रतिशत शहरी युवाओं, स्पष्ट दस प्रतिशत अंतर, ने कहा कि वे राजनीति को अपना करियर बनाना चाहते हैं (तालिका 6.2)।

यदि लिंग के संदर्भ में इसे देखें तो अंतर भी बड़ा होता है जिसमें युवा महिलाओं के मुकाबले इस मुद्दे को युवा पुरुष बहुत अलग तरह से देखते हैं। जबकि 41 प्रतिशत युवा राजनीति में करियर के लिए तैयार हैं, युवा महिलाओं में यह आंकड़ा 24 प्रतिशत तक गिर गया है। हालांकि, जब स्थान के मामले में देखा जाता है, तो शहरी क्षेत्रों में युवा पुरुषों और युवा महिलाओं के बीच यह अंतर काफी कम हो जाता है। शहरी क्षेत्रों में 43 प्रतिशत युवा पुरुष 38 प्रतिशत युवा शहरी महिलाओं की तुलना में राजनीति को अपना करियर बनाने में रुचि रखते हैं, केवल पांच प्रतिशत का अंतर। ग्रामीण क्षेत्रों में, अंतर एक बड़ा 20 प्रतिशत (तालिका 6.3) है।

तालिका 6.2: शहरी युवा राजनीति में करियर की ओर अधिक इच्छुक हैं

स्थान	*राजनीति को करियर बनाने में रुचि है*	*राजनीति को करियर बनाने में रुचि नहीं है*
ग्रामीण युवा	31	55
शहरी युवा	41	52

स्रोत: युवा और राजनीति सर्वेक्षण (2011)

नोट: सभी आंकड़े प्रतिशत में हैं। बाकी "कोई राय नहीं"।

तालिका 6.3: सभी स्थानों में महिलाओं की तुलना में युवा पुरुषों में राजनीति को अपना करियर चुनने की अधिक संभावना है

स्थान	*युवा पुरुष जो राजनीति को करियर बनाने में रुचि रखते हैं*	*युवा महिलाएं जो राजनीति को करियर बनाने में रुचि रखती हैं*
ग्रामीण	40	20
शहरी	43	38

स्रोत: युवा और राजनीति सर्वेक्षण (2011)

नोट: सभी आंकड़े प्रतिशत में हैं।

ग्रामीण और शहरी क्षेत्रों दोनों में अधिक शिक्षित युवा कहते हैं कि वे राजनीति को अपना करियर बनाना चाहते हैं। शिक्षा का स्तर जैसे-जैसे बढ़ता है एक करियर के रूप में राजनीति के मुद्दे पर ग्रामीण युवाओं और शहरी युवाओं की राय के बीच अंतर कम हो जाता है। ग्रामीण और शहरी क्षेत्रों दोनों में कॉलेज शिक्षित युवा करियर के रूप में राजनीति के विचार के लिए लगभग समान झुकाव दिखाते हैं। साथ ही यह ध्यान दिया जाना चाहिए कि शहरी युवा अपनी शिक्षा के स्तर के बावजूद विचार के लिए अधिक स्पष्ट हैं, लेकिन ग्रामीण युवाओं के लिए भी ऐसा नहीं कहा जा सकता है। गैर-साक्षर ग्रामीण युवाओं में से केवल 20 प्रतिशत राजनीति को अपना करियर बनाने के विचार के लिए तैयार हैं। शहरी गैर-साक्षर युवाओं में यह आंकड़ा 42 प्रतिशत (तालिका 6.4) है।

जब आर्थिक वर्ग के संदर्भ में विश्लेषण किया जाता है, तो हम पाते हैं कि मध्यम वर्ग के युवा राजनीति में करियर बनाने के अधिक पक्ष में हैं। मध्यम वर्ग के 41 प्रतिशत युवा कहते हैं कि वे राजनीति में करियर बनाना चाहते हैं, इसके बाद उच्च वर्ग से 39 प्रतिशत युवा हैं। इसकी तुलना में, निम्न वर्ग से केवल 31 प्रतिशत युवा और 27 प्रतिशत युवा जो गरीब हैं राजनीतिक करियर (तालिका 6.5) के विचार के लिए मुखर हैं।

तालिका 6.4: शिक्षा ग्रामीण-शहरी विभाजन को कम करती है: ग्रामीण और शहरी भारत दोनों में कॉलेज शिक्षित युवा समान झुकाव दिखाते हैं

शैक्षिक योग्यता का स्तर	*ग्रामीण युवा जो राजनीति को करियर बनाने में रुचि रखते हैं*	*शहरी युवा जो राजनीति को करियर बनाने में रुचि रखते हैं*
गैर-साक्षर युवा	20	42
प्राथमिक विद्यालय उत्तीर्ण युवा	24	34
उच्च-माध्यमिक उत्तीण युवा	31	42
कॉलेज शिक्षित युवा	40	42

स्रोत: युवा और राजनीति सर्वेक्षण (2011)
नोट: सभी आंकड़े प्रतिशत में हैं।

तालिका 6.5: मध्य वर्ग के युवा राजनीति को अपना करियर बनाने में सबसे ज्यादा रुचि रखते हैं

आर्थिक वर्ग	*राजनीति को करियर बनाने में रुचि है*	*राजनीति को करियर बनाने में रुचि नहीं है*
उच्च वर्ग	39	48
मध्यम वर्ग	41	47
निम्न वर्ग	31	58
निर्धन वर्ग	27	58

स्रोत: युवा और राजनीति सर्वेक्षण (2011)
नोट: सभी आंकड़े प्रतिशत में हैं। बाकी "कोई राय नहीं"।

तालिका 6.6: राजनीति में रुचि करियर के रूप में राजनीति के विचार के लिए युवाओं को मुखर बनाती है

राजनीति में रुचि	*राजनीति को करियर बनाने में रुचि रखने वाले युवा*
राजनीति में बहुत अधिक रुचि	62
राजनीति में मध्यम रुचि	41
राजनीति में कोई रुचि नहीं	16

स्रोत: युवा और राजनीति सर्वेक्षण (2011)
नोट: सभी आंकड़े प्रतिशत में हैं। बाकी "कोई राय नहीं"।

सामाजिक-आर्थिक कारकों से अधिक, राजनीति में रुचि जैसे अनुवांशिक कारक शायद इस मुद्दे को और भी बेहतर समझा सकते हैं। हम तालिका 6.6 में देख सकते हैं कि राजनीति में बहुत अधिक रुचि रखने वाले 62 प्रतिशत युवाओं का कहना है कि अगर उन्हें मौका दिया जाता है तो वे राजनीति में करियर बनाना चाहते हैं, जबकि ऐसा करने में केवल 16 प्रतिशत युवा हैं जो राजनीति में रुचि नहीं रखते हैं। इस बीच, राजनीति में मध्यम रुचि वाले लोग राजनीति को अपनी करियर पसंद के रूप में चुनने में साधारण रुचि रखते हैं। दूसरे शब्दों में, युवाओं के बीच राजनीति में रुचि के स्तर में जैसे कमी आती है, वैसे राजनीति को अपना करियर बनाने की उनकी इच्छा भी कम हो जाती है।

इसी प्रकार तालिका 6.7 में, हम देख सकते हैं कि चुनाव से संबंधित गतिविधियों में भाग लेने वाले युवा राजनीति को अपना करियर बनाने में अधिक रुचि रखते हैं, उनके मुकाबले जो चुनावी गतिविधियों में भाग नहीं लेते हैं। चुनाव से संबंधित गतिविधियों में भागीदारी का स्तर जैसे बढ़ जाता है, वैसे राजनीति को उनका करियर बनाने में रुचि भी बढ़ जाती है। भारतीय युवाओं में से जो किसी भी चुनाव अभियान गतिविधियों में भाग नहीं लेते हैं, 28 प्रतिशत राजनीति को अपना करियर बनाना चाहते हैं, जबकि चुनाव अभियान गतिविधियों में सक्रिय रूप से भाग लेने वाले युवाओं में 54 प्रतिशत राजनीति को अपने करियर विकल्प के रूप में चुनने के इच्छुक हैं। इसलिए, चुनाव से संबंधित

तालिका 6.7: भारतीय युवाओं के बीच करियर पसंद के रूप में राजनीति के साथ चुनाव अभियान गतिविधियों में भागीदारी का सकारात्मक संबंध है

चुनाव संबंधी गतिविधियों में भागीदारी का स्तर	*राजनीति को करियर बनाने में रुचि रखने वाले युवा*
नहीं	28
मध्यम	43
उच्च	54

स्रोत: युवा और राजनीति सर्वेक्षण (2011)
नोट: सभी आंकड़े प्रतिशत में हैं।

गतिविधियों में जितनी अधिक भागीदारी, भारतीय युवाओं के बीच एक करियर के रूप में राजनीति के लिए प्राथमिकता उतनी अधिक है।

राजनीति में करियर के पक्ष में राय बनाने में युवाओं के बीच राजनीतिक जागरूकता भी एक महत्वपूर्ण कारक है। तालिका 6.8 में, हम देख सकते हैं कि युवाओं के बीच जैसे राजनीतिक जागरूकता के स्तर में वृद्धि होती है वैसे राजनीति को अपना करियर बनाने की उनकी इच्छा भी बढ़ जाती है, और इसी तरह इसके विपरीत। उच्च राजनीतिक जागरूकता वाले 49 प्रतिशत युवाओं की तुलना में कोई राजनीतिक जागरूकता नहीं रखने वाले 27 प्रतिशत युवाओं ने कहा कि वे राजनीति में करियर बनाएंगे।

अध्ययन से यह भी संकेत मिलता है कि राजनीति के बारे में रुचि और जागरूकता तथा चुनाव से संबंधित गतिविधियों में भागीदारी के अलावा, अन्य महत्वपूर्ण कारक भी हैं जो युवाओं के पसंदीदा करियर के रूप में राजनीति पर सकारात्मक प्रभाव डालते हैं। निष्कर्ष बताते हैं (तालिका 6.9) कि युवा जो राजनीति पर अक्सर चर्चा करते हैं, वे राजनीति पर कभी चर्चा नहीं करने वालों की तुलना में राजनीति को अपने करियर बनाने के अधिक इच्छुक हैं। युवाओं में जो अक्सर राजनीति पर चर्चा करते हैं, 58 प्रतिशत ने उल्लेख किया कि यदि उन्हें मौका दिया जाता है तो वे राजनीति को अपना करियर बनाने के इच्छुक होंगे।

तालिका 6.8: युवा जो राजनीतिक रूप से अधिक जागरूक हैं, वे राजनीति में शामिल होने के अधिक इच्छुक हैं

राजनीतिक जागरूकता का स्तर	*राजनीति को करियर बनाने में रुचि रखते हैं*
कोई राजनीतिक जागरूकता नहीं	27
कम राजनीतिक जागरूकता	29
मध्यम राजनीतिक जागरूकता	35
उच्च राजनीतिक जागरूकता	49

स्रोत: युवा और राजनीति सर्वेक्षण (2011)
नोट: सभी आंकड़े प्रतिशत में हैं। बाकी "कोई राय नहीं"।

तालिका 6.9: राजनीति को उनका करियर बनाने की सबसे अधिक संभावना रखने वाले युवा हैं...

--वे जो---	*राजनीति को करियर बनाने में रुचि रखते हैं*
राजनीतिक व्यवस्था पर अक्सर चर्चा करते हैं	58
मत की प्रभावकारिता में विश्वास करते हैं	46
जो राजनीतिक दल के सदस्य रहे हैं	45
जो राजनीतिक दल के छात्र खंड के सदस्य रहे हैं	41

स्रोत: युवा और राजनीति सर्वेक्षण (2011)
नोट: सभी आंकड़े प्रतिशत में हैं।

इसी प्रकार उन युवाओं का एक बड़ा हिस्सा, जो अपने मत की प्रभावकारिता में विश्वास करता है, भी राजनीति में करियर बनाना चाहता है। युवा जो राजनीतिक दल के सदस्य हैं या राजनीतिक दल के छात्र शाखा के सदस्य हैं, उन लोगों की तुलना में जो नहीं हैं, का राजनीति में करियर बनाने की अधिक संभावना है।

3. राजनीति में करियर नहीं बनाने के कारण

राजनीति में करियर के लिए तैयार लोगों को देखते हुए, अब उन लोगों को देखें जो तैयार नहीं हैं। जैसा कि पहले उल्लेख किया गया है, सर्वेक्षण निष्कर्ष में पता चलता है कि 54 प्रतिशत युवा राजनीति को अपना करियर बनाने में कोई रुचि नहीं दिखाते हैं। जब राजनीति में करियर बनाने की अनिच्छा के कारणों को बताने के लिए कहा गया, तो 69 प्रतिशत ने उत्तर दिया कि उन्हें राजनीति में कोई रुचि नहीं है। कुछ युवाओं ने कहा कि वे रुचि रखते हैं लेकिन राजनीति से मोहभंग हैं, और कुछ अन्य ने कहा कि वे रुचि रखते हैं लेकिन उनके पास राजनीति में कोई संपर्क नहीं है (तालिका 6.10)।

राजनीति और राजनेताओं की सामान्य निराशावादी छवि के अलावा, कई अन्य कारक हैं जो युवाओं को करियर के रूप में राजनीति चुनने से रोकते हैं। ये कारक भारतीय राजनीति में राजवंशों का बढ़ता महत्व और प्रभुत्व हैं, जैसा कि पिछले अध्यायों में चर्चा की गई थी, देश भर में छात्रोंसंघों पर कड़ी कर्रवाई और राजनीति में करियर विकसित करने के रास्ते की कमी। हाल के वर्षों में, विश्वविद्यालय स्तर की छात्रों की राजनीति, जिसे राजनेताओं के उद्गम के रूप में माना जाता है, न्यायपालिका और सरकार के गंभीर परीक्षण यंत्र के अधीन आ गया है।[8] यह स्वयं में बाधा नहीं है हालांकि अधिकारियों ने छात्रों की राजनीति के लिए कुछ गंभीर नियम बनाए हैं, जिसके कारण कॉलेजों और विश्वविद्यालयों के अधिकांश संघ कुछ समय के लिए लगभग निष्क्रिय हो गए हैं। मिसाल के तौर पर जवाहरलाल नेहरू यूनिवर्सिटी स्टूडेंट्स यूनियन (जेएनयूएसयू) चुनाव, जिन्हें हमेशा प्रशासन द्वारा हस्तक्षेप किए बिना

तालिका 6.10: राजनीति में करियर बनाने से युवाओं को रोकने के संभावित कारण।

युवाओं की श्रेणी	*राजनीति में कोई रुचि नहीं*	*रुचि रखते हैं लेकिन राजनीति से मोहभंग है*	*रुचि रखते हैं लेकिन राजनीति में कोई संपर्क नहीं*
सभी युवा	69	10	8
युवा पुरुष	68	13	10
युवा महिलाएं	70	8	7
ग्रामीण युवा	68	9	9
शहरी युवा	72	14	6

स्रोत: युवा और राजनीति सर्वेक्षण (2011)

नोट: सभी आंकड़े प्रतिशत में हैं। बाकी "कोई राय नहीं"।

छात्रों द्वारा आयोजित किया गया था, को 2008 में उच्चतम न्यायलय ने शैक्षणिक संस्थानों में कैसे छात्रसंघ चुनावों को आयोजित किया जाना चाहिए पर 2006 में लींगडोह समिति की सिफारिशों के उल्लंघन का हवाला देते हुए रोका था। यह रोक चार वर्षों तक जारी रही, जिसके दौरान परिसर में कोई भी चुनाव नहीं हुआ, इसलिए छात्र राजनीतिक गतिविधि प्रभावित हुई।

अकेले पारंपरिक अर्थ में राजनीति और राजनीतिक करियर को देखना गलत होगा। राजनीति सिर्फ लीडर या नेता बनने के बारे में नहीं है। राजनीतिक कार्यक्षेत्र के भीतर भी अन्य अवसर हैं। यदि हम पश्चिमी लोकतंत्र को देखते हैं तो करियर के मामले में राजनीति का कार्यक्षेत्र पारदर्शिता, विकेन्द्रीकरण और चुनावी अभियानों के निगमीकरण के कारण काफी विकसित[9] हुआ है। भारत में चुनावी अभियान चलाना पूरी तरह से एक दलीय कार्य है और ज्यादातर दल के प्रमुख सदस्यों द्वारा केंद्रीकृत और निर्धारित किया जाता है। इसके परिणामस्वरूप भारत में चुनाव सीमित घटनाक्रम हैं क्योंकि केवल कुछ मुट्ठी भर लोग हैं जो दल के वरिष्ठ सदस्यों के सहयोग और विश्वास का आनंद लेते हैं, उन्हें अपना कौशल दिखाने का मौका मिलता है। बिना किसी महत्वपूर्ण राजनीतिक संपर्क के युवाओं को अपनी प्रतिभा दिखाने में बेहद मुश्किल होती है। हालांकि, यह क्षेत्र धीरे-धीरे भारत में विकसित हो रहा है। पिछले पांच से दस वर्षों में हुए कुछ चुनावों में, हम देख सकते हैं कि राजनीतिक दल अपने चुनाव अभियानों की योजना और प्रबंधन के लिए विशेषज्ञों को शामिल कर रहे हैं। इस पहल का पहला उदाहरण 2004 के आम चुनाव के दौरान आया था, जब भाजपा, तब तत्कालीन सत्ताधारी दल ने अपने पूरे अभियान के लिए एक पेशेवर कंपनी ग्रे वर्ल्डवाइड इंडिया की विशेषज्ञता का उपयोग किया था। उनके द्वारा “इंडिया शाइनिंग” का नारा भी दिया गया था। इस बड़े अभियान की प्रतिक्रिया में, कांग्रेस दल ने भी सत्तारूढ़ सरकार के अभियान का मुकाबला करने के लिए एक पेशेवर समूह को नियुक्त किया। कांग्रेस ने ऑर्चर्ड एडवरटाइजिंग को नियुक्त किया; अमेरिकी आधारित विज्ञापन कंपनी लियो बर्नेट की भारतीय शाखा।[10] युवाओं के परिप्रेक्ष्य से यह एक बहुत ही महत्वपूर्ण विकास है क्योंकि ऐसी पहल युवाओं के लिए अप्रत्यक्ष रूप से राजनीति में करियर विकसित करने के लिए वैकल्पिक मार्ग पैदा करेगी। यह कदम भारतीय चुनाव आंदोलन के इतिहास में एक तरीके से महत्वपूर्ण था क्योंकि इसने व्यावसायिकता की एक नई प्रवृत्ति बनाई कि कैसे चुनाव लड़े गए हैं। पिछले कुछ वर्षों में राज्य विधानसभा चुनावों में पेशेवर प्रचारकों और सांख्यिकीविदों की भागीदारी भी देखी गई है। हार्वर्ड, आईआईटी और टीआईएसएस के छात्रों ने बिहार विधानसभा चुनाव 2010 के दौरान नीतीश कुमार के अभियान के लिए रणनीति तैयार करने में मदद की।[11] 2012 में कांग्रेस ने उत्तर प्रदेश और उत्तराखंड राज्यों के लिए परसेप्ट/एच, एक प्रमुख विज्ञापन कंपनी को पूरे 2012 विधानसभा चुनाव अभियान की ज़िम्मेदारी सौंपी।[12] यह पेशेवरता न केवल मुख्यधारा की राजनीति तक ही सीमित है

बल्कि राजनीतिक सक्रियता के कार्यक्षेत्र में भी प्रवेश कर चुकी है। हाल ही में युवा पत्रकार, सॉफ्टवेयर विशेषज्ञ, जनसंपर्क पेशेवर और प्रबंधन अधिकारी अन्ना हजारे के भ्रष्टाचार विरोधी आंदोलन में शामिल थे।[13]

ऐसे घटनाक्रम, हालांकि एक नवजात चरण में हैं, युवाओं के लिए धीरे-धीरे महत्वपूर्ण मार्ग बन सकते हैं, जो युवाओं को राजनीति में प्रवेश दिला सकते हैं, खासतौर पर उन लोगों के लिए जिनके पास राजनीतिक परिवार की पृष्ठभूमि नहीं है। ऐसा इसलिए है क्योंकि ऐसे व्यवसायों में, केवल तकनीकी ज्ञान और प्रबंधकीय कौशल पर्याप्त नहीं हैं। सफल होने के लिए, किसी को राजनीतिक व्यवस्था और बुनियादी वास्तविकताओं में सही मूल-सिद्धांतों की पूर्ण शिक्षा की आवश्यकता होती है। राजनीति में करियर बनाने में रुचि रखने वाले अपने करियर के प्रारंभिक वर्षों में युवा राजनीतिक दलों को अपना ज्ञान और सेवाएं प्रदान कर सकते हैं और धीरे-धीरे दल पदानुक्रम में अपने तरीके से आगे बढ़ सकते हैं। यह अभ्यास पश्चिमी लोकतंत्रों में अधिक आम है जहां वाणिज्यीकरण और व्यावसायिकता अधिक संपन्न हैं। भारतीय अर्थव्यवस्था का कॉर्पोरेट फर्मों के लिए प्रारंभ होने के साथ, इस तरह के रास्ते विकसित हुए हैं और भारत में भी आगे बढ़ने की उम्मीद है।

4. महिलाएं और राजनीति: करियर विकल्प के रूप में राजनीति पर युवा महिलाओं की राय

समकालीन भारतीय राजनीति में, महिलाएं कई प्रतिष्ठित राजनीतिक पदों के शीर्ष पर हैं या रही हैं। उनमें से भारत की पूर्व राष्ट्रपति प्रतिभा देवी सिंह पाटिल, कांग्रेस की पूर्व अध्यक्ष सोनिया गांधी, भारत की विदेश मंत्री सुषमा स्वराज, दिल्ली की पूर्व मुख्यमंत्री शीला दीक्षित, उत्तर प्रदेश की पूर्व मुख्यमंत्री मायावती, तमिलनाडु की पूर्व मुख्यमंत्री स्वर्गीय जयललिता, पश्चिम बंगाल की मुख्यमंत्री ममता बनर्जी, लोकसभा की पूर्व अध्यक्ष मीरा कुमार और लोकसभा अध्यक्ष सुमित्रा महाजन हैं। इस तरह की प्रमुख महिला राजनेताओं' की उपस्थिति को देखते हुए यह मानना बिल्कुल गलत नहीं हो सकता कि उनकी उपलब्धियों ने राजनीति में अधिक युवा महिलाओं को प्रोत्साहित करने और संगठित करने में मदद की होगी। इसलिए, यह देखना दिलचस्प होगा कि क्या इस तथ्य/वास्तविकता ने वास्तव में युवा महिलाओं को सक्रिय राजनीति स्वीकार करने के लिए प्रोत्साहित किया था। उदाहरण के लिए हमारे अध्ययन से पता चलता है कि युवा महिलाओं की कुल संख्या में से लगभग एक चौथाई ने अपने करियर के रूप में राजनीति चुनने की अपनी इच्छा जाहिर की। यह बहुत अधिक नहीं है लेकिन निराशाजनक भी नहीं है। इससे अधिक यह कि, न केवल लोकसभा में महिलाओं का अनुपात बढ़ रहा है, यद्यपि धीरे-धीरे, बल्कि सांसद और विधायक बनने की इच्छुक महिलाओं की संख्या भी बढ़ी है। आंकड़े स्पष्ट रूप से इंगित करते हैं कि 1952

तालिका 6.11: लोकसभा और विधानसभा चुनाव लड़ने वाली महिलाओं की संख्या बढ़ रही है[14]

वर्ष	*महिला प्रतियोगियों का प्रतिशत*
1952	2.3
1980	3.1
1984	3.9
1991	3.7
1996	4.3
1998	5.4
1999	6.1
2004	6.5
2009	6.9
2014	8.1

स्रोत: नेशनल इंस्टीट्यूट ऑफ एडवांस्ड स्टडीज-जेंडर स्टडीज यूनिट (एनआईएएस), वीमेन्स वॉइस्, नेशनल अलायन्स ऑफ वीमेन (एनएडब्ल्यूओ) और इनिशिएटिव्स – वीमेन इन डेवलपमेंट (आईडब्ल्यूआईडी) द्वारा भारत में महिलाओं और राजनीतिक भागीदारी पर बेसलाइन रिपोर्ट।
नोट: सभी आंकड़े प्रतिशत में हैं।

के पहले चुनावों से लोकसभा और विधानसभा चुनावों में महिला प्रतिभागियों की संख्या में लगातार वृद्धि हुई है (तालिका 6.11)। 1952 में लोकसभा और विधानसभा चुनाव लड़ने वाले सभी उम्मीदवारों में से 2.3 प्रतिशत महिलाएं थीं। 1996 में यह संख्या 2 प्रतिशत बढ़ गई और 4.3 प्रतिशत तक पहुंच गई। 2009 के लोकसभा चुनाव दौरान, 6.9 प्रतिशत महिला उम्मीदवार थीं जिन्होंने चुनाव लड़ा था, जबकि 2014 में, हमने देखा कि यह 8.1 तक पहुंच गया (तालिका 6.11)

हमारा अध्ययन इंगित करता है कि राजनीति में रुचि रखने वाली युवा महिलाओं में, बड़ा अनुपात राजनीति को अपना करियर बनाने में रुचि रखता है। राजनीति में कुछ रुचि रखने वाली महिलाओं में भी, अपने ग्रामीण समकक्षों की तुलना में राजनीति में कुछ रुचि रखने वाली शहरी महिलाएं राजनीति को अपना करियर बनाने की अधिक संभावना रखती हैं। अध्ययन से पता चलता है कि राजनीति में कुछ रुचि के साथ 53 प्रतिशत शहरी महिलाएं राजनीति को अपना करियर बनाने की इच्छुक हैं, जबकि राजनीति में कुछ रुचि के साथ 31 प्रतिशत युवा ग्रामीण महिलाएं राजनीति में करियर बनाने में रुचि रखती हैं।

शिक्षा एक करियर विकल्प के रूप में राजनीति चुनने के लिए महिलाओं को प्रेरित करती है। अध्ययन से संकेत मिलता है कि राजनीति में करियर बनाने की प्रवृत्ति युवा महिलाओं के बीच थोड़ी अधिक है, जिनके पास मध्यम या उच्च स्तर की शिक्षा है और कम से कम दूसरों की तुलना में राजनीति में कुछ रुचि है। जबकि 39 प्रतिशत युवा महिलाएं जो

तालिका 6.12: राजनीति में समान स्तर की युवा महिलाओं में, शिक्षा राजनीति को अपने करियर के रूप में चुनने के लिए प्रेरित करती है

शैक्षिक योग्यता का स्तर	*राजनीति को करियर बनाने में रुचि*	*राजनीति को करियर बनाने में रुचि नहीं*
राजनीति में कुछ रुचि रखने वाली गैर साक्षर युवा महिलाएं	31	63
राजनीति में कुछ रुचि रखने वाली प्राथमिक शिक्षित युवा महिलाएं	26	67
राजनीति में कुछ रुचि रखने वाली उच्च-माध्यमिक शिक्षित युवा महिलाएं	39	51
राजनीति में कुछ रुचि रखने वाली कॉलेज शिक्षित युवा महिलाएं	37	54

स्रोत: युवा और राजनीति सर्वेक्षण (2011)
नोट: सभी आंकड़े प्रतिशत में हैं। बाकी "कोई राय नहीं"।

उच्च-माध्यमिक शिक्षित हैं और जिनकी राजनीति में कुछ रुचि है, उन्होंने संकेत दिया कि अगर मौका मिले तो वे राजनीति में करियर बनाना चाहती हैं, दूसरी ओर गैर-साक्षर युवा महिलाओं और प्राथमिक शिक्षित युवा महिलाओं के बीच यह आंकड़ा क्रमशः 31 और 26 प्रतिशत था (तालिका 6.12)।

इसके अलावा, अध्ययन से यह भी पता चलता है कि राजनीतिक गतिविधियों या राजनीतिक चर्चाओं में कुछ हद तक शामिल होने वाली महिलाओं को राजनीति में करियर बनाने की अधिक प्राथमिकता है। उन महिलाओं जो कभी राजनीति पर चर्चा नहीं करती हैं की तुलना में राजनीति और राजनीतिक घटनाओं पर अक्सर चर्चा करने वाली युवा महिलाएं राजनीति में करियर बनाने में अधिक रुचि रखती हैं। राजनीतिक दलों जैसे राजनीतिक संगठनों और छात्र राजनीति में शामिल युवा महिलाएं करियर के रूप में राजनीति की ओर अधिक इच्छुक हैं। इसलिए, हम देखते हैं कि राजनीति में कोई अनुभव या रुचि और राजनीतिक गतिविधियों में भागीदारी युवा महिलाओं के लिए राजनीति में शामिल होने के लिए स्पष्ट रूप से प्रेरक कारक हैं।

उपरोक्त निष्कर्ष से, हम निष्कर्ष निकाल सकते हैं कि कई बाधाओं के बावजूद, राजनीति के बारे में युवा महिलाओं की धारणा और अधिक विशेष रूप से राजनीति में करियर उतना भी निराशावादी नहीं है। वास्तव में यह बहुत उत्साहजनक है। परंपरागत रूप से, कुछ क्षेत्रों को महिलाओं के लिए 'अनुपयुक्त' माना जाता है। राजनीति वैसा ही एक क्षेत्र है जहां महिलाओं का प्रतिनिधित्व बहुत खराब रहा है क्योंकि इसे मुख्य रूप से पुरुष कार्यक्षेत्र के रूप में देखा जाता है। यह रवैया धीरे-धीरे बदल रहा है और हर वर्ष राजनीति में महिलाओं की उपस्थिति बढ़ रही है। राजनीति में महिलाओं की मौजूदगी के मुद्दे पर सामान्य निराशा के बावजूद, महिलाएं खुद निराशावाद के साथ राजनीति जैसे क्षेत्रों को नहीं समझती हैं। 2008 में, सीएसडीएस द्वारा विशेष रूप से महिलाओं के बीच किए गए एक सर्वेक्षण के दौरान

तालिका 6.13: बड़ी संख्या में महिलाएं 'राजनीति महिलाओं के लिए नहीं है' कथन को अस्वीकार करती हैं

स्थान	*सहमत*	*असहमत*
युवा ग्रामीण महिलाएं	30	56
युवा शहरी महिलाएं	24	67

नोट: सभी आंकड़े प्रतिशत में हैं। बाकी "कोई राय नहीं"। स्टेट ऑफ दि नेशन वूमेन्स सर्वे 2008.

उत्तरदाताओं से पूछा गया कि क्या वे इस बयान से सहमत हैं कि 'राजनीति महिलाओं के लिए नहीं है'। ज्यादातर महिलाओं ने कहा कि वे इसके साथ असहमत हैं। 62 प्रतिशत युवा महिलाओं ने कहा कि वे नहीं मानती हैं कि राजनीति महिलाओं के लिए नहीं है। इसका अर्थ है कि अधिकांश युवा महिलाओं का मानना है कि महिलाएं राजनीति जैसी गतिविधियों में शामिल होने में समान रूप से सक्षम हैं। जबकि ग्रामीण और शहरी क्षेत्रों दोनों में इस कथन पर मजबूत असहमति थी, लेकिन शहरी क्षेत्रों की युवा महिलाएं उनकी असहमति में कहीं ज्यादा सुस्पष्ट थीं (तालिका 6.13)।

इसलिए हम देखते हैं कि महिलाओं के लिए राजनीति जैसे क्षेत्र में प्रवेश करने के लिए नकारात्मक दृष्टिकोण और सामाजिक बाधाओं के बावजूद, हम इस मुद्दे पर महिलाओं के बीच निराशा की स्थिति नहीं पाते हैं। असल में हम देखते हैं कि जैसे अधिक से अधिक महिलाएं लोकप्रिय राजनीति में अपनी छाप छोड़ रही हैं, युवा महिलाएं शायद उनके पद चिन्हों पर चलने के लिए प्रेरित हो रही हैं। यहां तक कि अगर मायावती और ममता बनर्जी जैसी लोकप्रिय महिला राजनेताओं ने युवा महिलाओं से सीधे अपने करियर के रूप में राजनीति अपनाने की अपील की है, तो इन महिलाओं ने युवा पीढ़ी की महिलाओं के लिए आगे बढ़ने की बाधा तोड़ दी है।

निष्कर्ष

निष्कर्ष स्वरूप, जबकि अधिकांश युवा राजनीति को अपने करियर बनाने के विचार के खिलाफ हैं, फिर भी युवाओं का काफी महत्वपूर्ण अनुपात (एक-तिहाई) है जो इसके लिए तैयार है। उनमें से, शहरी क्षेत्रों में रहने वाले लोग उनके ग्रामीण समकक्षों की तुलना में राजनीति को अपना करियर बनाने के इच्छुक हैं। युवा पुरुष और युवा महिलाएं इस मुद्दे को बहुत अलग तरीके से देखते हैं, खासकर ग्रामीण इलाकों में। जैसे-जैसे शिक्षा का स्तर बढ़ता है वैसे-वैसे करियर के रूप में राजनीति के मुद्दे पर ग्रामीण युवाओं और शहरी युवाओं की राय के बीच अंतर कम हो जाता है। मध्यम वर्ग के युवा राजनीति में करियर बनाने के अधिक पक्ष में हैं। यह भी ध्यान देने योग्य है कि जितनी अधिक राजनीतिक रुचि और जागरूकता, राजनीति को एक करियर बनाने की उत्सुकता उतनी ही अधिक होती है। इसमें कोई संदेह नहीं है कि पैसा, पहुंच और राजनीतिक संपर्क की कमी के कारण अब राजनीति में प्रवेश

करना मुश्किल हो गया है। हालांकि, यह सच नहीं है कि राजनीतिक पृष्ठभूमि के बिना युवा उम्मीदवारों के लिए दरवाजे बंद हैं। अशोक तंवर, मायावती, ममता बनर्जी और मीनाक्षी नटराजन इस के बहुत ही प्रमुख उदाहरण हैं। राजनीतिक परिवार की पृष्ठभूमि की कमी के बावजूद वे सभी राजनीति में सफल हुए हैं। यह उनके दृढ़ संकल्प और कड़ी मेहनत के कारण है कि वे आज भारत के सबसे प्रभावशाली राजनेताओं में से हैं। हमारे देश में ऐसे कई युवा हैं जो इन ऊंचाइयों तक पहुंचने की या कम से कम राजनीति में सफलता हासिल करने की इच्छा रखते हैं। जबकि उनका अनुपात उन डॉक्टर या इंजीनियर बनने की इच्छा रखने वालों की तुलना में बहुत छोटा हो सकता है, क्या आश्वस्त करने वाला है कि युवाओं का यह वर्ग विलुप्त नहीं है। दूसरी तरफ यह संख्या में काफी महत्वपूर्ण है।

संदर्भ

1. Naqshbandi, Aurangzeb. (2011). 'Bring politics within the reach of common folk', *Hindustan Times* [Online] Available from http://www.hindustantimes.com/Bring-politics-within-the-reach-of-common-folk/Article1-753491.aspx [Accessed on 5/10/2011].
2. IANS. (2011). 'Give 10 years to politics, Rahul urges youth', *The Economic Times* website [Online] Available from http://economictimes.indiatimes.com/news/politics/nation/give-10-years-to-politics-rahul-urges-youth/articleshow/7383645.cms [Accessed on 5/10/2011].
3. Singh, D.K. 2010. 'Rahul's 'new Youth Cong': Same old same old', *The Indian Express* [Online] Available from http://www.indianexpress.com/news/rahuls-new-youth-cong-same-old-same-old/724398/ [Accessed on 5/10/2011].
4. 'Anger and Hope', *India Today*, 2011. [Online] Available from http://indiatoday.intoday.in/story/india-today-youth-special-opinion-poll-corruption/1/151541.html [Accessed on 10/10/2011].
5. Arulmani, Gideon and Sonali Nag-Arulmani. (2006). 'Work Orientations and Responses to Career Choices – Indian Regional Survey, Draft Report for discussion at the National Consultation on Career Psychology (NCCP), Whitefield, Bangalore, India' [Online] Available from http://www.jivacareer.org/jiva/project/docs/Worcc-IRS.pdf [Accessed on 29/12/2011]
6. यह सर्वेक्षण देश के 15 विभिन्न क्षेत्रों में आयोजित किया गया था और इसमें अत्यधिक विविध सामाजिक और आर्थिक रूप-रेखा वाले क्षेत्रों को शामिल किया गया था। सर्वेक्षण में 14 से 21 वर्ष की आयु के बीच उत्तरदाताओं को शामिल किया गया। सर्वेक्षण के अधिकांश उत्तरदाता हाई स्कूल, उच्च माध्यमिक विद्यालय और व्यावसायिक स्कूलों में हैं। नमूने में काम कर रहे युवाओं का छोटा भाग भी शामिल था और वो भी जो अनौपचारिक प्रशिक्षण कार्यक्रमों में हैं। चूंकि करियर के बारे में प्रमुख निर्णय उच्च विद्यालय और उच्च माध्यमिक विद्यालय के वर्षों के बीच किए जाते हैं अतः इस अध्ययन को इस विशेष आयु वर्ग पर केंद्रित किया गया था। इस सर्वेक्षण के नमूने का आकार 3799 था।
7. 'TCS Generation Web 2.0 Trends, 2008–09' [Online] Available from http://www.tcs.com/SiteCollectionDocuments/TCS_News/TCS_PR_Generation_Web2.0_Survey_07_09.pdf [Accessed on 29/12/2011]

8. Ramachandran, Smriti Kak. (2006). 'Campus elections: Party time is over', The Tribune [Online] Available from http://www.tribuneindia.com/2006/20061014/saturday/main1.htm [Accessed on 20/12/2011]
9. Sahadi, Jeanne. (2005). 'Six-figure jobs: Politics as a career Behind every great candidate are consultants, often highly paid ones', CNN [Online] Available from http://money.cnn.com/2004/07/28/pf/sixfigs_six/ [Accessed on 20/12/11]
10. 'Political Advertising – 'The 'India Shining' Campaign', ICMR, 2004. [Online] Available from http://www.icmrindia.org/casestudies/catalogue/Human%20Resource%20and%20Organization%20Behavior/Political%20Advertising-The%20India%20Shining%20Campaign-Human%20Resource%20Management.htm [Accessed on 21/12/2011]
11. Mishra, Vandita. (2010). 'In Nitish' backroom, students from Harvard, IIT and TISS', Indian Express [Online] Available from http://www.indianexpress.com/news/in-nitish-backroom-students-from-harvard-iit-and-tiss/716132/ [Accessed on 21/12/2011]
12. Singh, Anubhuti. (2012). 'Percept/H wins the creative mandate of Congress' Uttar Pradesh campaign', Media Newsline [Online] Available from http://www.medianewsline.com/news/120/ARTICLE/8602/2011-12-02.html [Accessed on 21/12/2011]
13. IANS. (2011). 'Meet the backroom boys who power Anna's campaign against corruption', DNA India [Online] Available from http://www.dnaindia.com/india/report_meet-the-backroom-boys-who-power-anna-s-campaign-against-corruption_1576633 [Accessed on 21/12 2011]
14. Mohan, Shantha, Ruth Manorama, Geetha Devi Papanna, Late Martha Pushpa Rani, 'Baseline Report Women and Political Participation in India', p.19, South Asia Regional Compilation, International Women's Rights Action Watch Asia Pacific (IWRAW Asia Pacific) Kuala Lumpur, Malaysia [Online] Available from http://www.iwraw-ap.org/aboutus/pdf/FPwomen_and_pol_pax.pdf [Accessed on 29/12/2011]

7 राजनीति में युवा: 2012 के बाद हुए बदलावों की पड़ताल

अनन्या सिंह

प्रस्तावना

राजनीति को कई कारकों की एक अच्छी अन्योन्यक्रिया द्वारा निर्देशित किया जाता है और यह सामाजिक संदर्भों के साथ मिलकर संचालित होता है जिसमें यह स्थित है। इस अध्याय में 2012 के बाद राजनीति में युवाओं की भागीदारी में बदलाव का परीक्षण किया गया है। न केवल देश के लोकतांत्रिक ढांचे को बनाए रखने में बल्कि बदलती हुई नैतिकता और संदर्भ के साथ इसको आकार देने में युवाओं की भागीदारी महत्वपूर्ण है। हाल के दिनों में सामाजिक परिवर्तनों के साथ कई राजनीतिक घटनाओं, आर्थिक चुनौतियों ने युवाओं की पारंपरिक धारणाओं और उनकी भागीदारी से परे राजनीति में युवाओं के पुन: परीक्षण को संदर्भित किया है। 2012 के बाद, कुछ घटनाओं और चुनौतियों जिसने युवाओं की राजनीति की धारणा, उनकी भागीदारी और उनकी भूमिका को प्रभावित किया, वे भ्रष्टाचार विरोधी आंदोलन, निर्भया मामले का विरोध, 2014 के चुनावों में प्रभारित चुनाव अभियान, खासकर भाजपा का, भाषण और अभिव्यक्ति की स्वतंत्रता तथा समाज में असहिष्णुता का असर के आसपास बहस, जैसी कुछ घटनाएं थीं। इन घटनाओं और चुनौतियों ने न केवल लोगों को प्रभावित किया बल्कि युवाओं के राजनीति में सामाजिक रुचि दिखाने के तरीके पर विशेष रूप से प्रभाव डाला। पिछले अध्यायों ने 2011 तक युवाओं पर ध्यान केंद्रित करते हुए अस्थायी रूप से कम या ज्यादा लगातार रुझान प्रदर्शित किए। हालांकि, 2012 से विकसित सामाजिक संदर्भ में, युवाओं की भूमिका व्यापक परिप्रेक्ष्य में राजनीतिक प्रक्रियाओं में उनकी भागीदारी के साथ बदल गई। भारत में राजनीति में युवाओं पर व्यापक दृष्टिकोण विकसित करने के लिए, उभरते हुए परिवर्तनों की जांच करना शैक्षिक तरीके से महत्वपूर्ण है। वैश्विक स्तर पर, युवाओं को जनसांख्यिकीय लाभांश माना जाता है, जो यथापूर्व स्थिति में बदलाव लाने के लिए महत्वपूर्ण है। आर्थिक क्षेत्र में, हम एक राष्ट्र के रूप में इस तथ्य के लिए अपनी प्रशंसा करते हैं कि 2020 तक, भारत में एक बड़ा युवा जनसांख्यिकीय लाभांश होगा।[1]

अन्य क्षेत्रों, सामाजिक और राजनीतिक में, यह देखना महत्वपूर्ण है कि यह लाभांश देश के लिए क्या मायने रखता है। आज हम एक ऐसे युग में रह रहे हैं जहां प्रौद्योगिकी अपने

कदम बढ़ा रही है, जिससे दुनिया भर की घटनाओं के बारे में जानकारी और जागरूकता तेजी से बढ़ रही है। युवा इस प्रगति से घिरे हुए हैं और उन्हें इसकी आदत पड़ गई है, जिसने उन्हें वैश्विक स्तर पर और राष्ट्रीय स्तर दोनों पर उनके आसपास के बदलावों के बारे में अवधारणा बना दी है तथा शायद उन्हें लोकतांत्रिक समाज में उनकी भूमिका के बारे में और अधिक सूक्ष्म भेद युक्त समझ के लिए उजागर किया है। एक संपन्न युवा जनसंख्या वाले देश के रूप में, राजनीतिक दल भी इस जनसांख्यिकीय का लाभ उठाने पर ध्यान केंद्रित कर रहे हैं और युवाओं को संगठित करने के लिए उनके द्वारा प्रयास किए जा रहे हैं। 2014 के चुनाव अभियान ने विभिन्न राजनीतिक दलों द्वारा अपने घोषणापत्र में युवाओं से संबंधित मुद्दों को सूचीबद्ध करने के अतिरिक्त अपने युवा उम्मीदवारों को मैदान में उतारते हुए देखा। चीजों को परिप्रेक्ष्य में रखने के लिए, कुल मतदाताओं में से, 18 से 33 वर्ष की इस आयु समूह में आने वाले लोग, मतदाताओं की जनसंख्या का 44.11 प्रतिशत गठित करते हैं।[2] आने वाले वर्षों में इस आयु के समूह में उनकी संभावित संख्या साथ ही संभावित जनसंख्या उभार की संभावना के संबंध में, कोई भी हमारी जनसंख्या के इस वर्ग पर न केवल राज्य द्वारा बल्कि सभी राजनीतिक दलों द्वारा बहुत अधिक ध्यान देने की उम्मीद कर सकता है।

इन परिवर्तनों को देखना महत्वपूर्ण क्यों है?

जनगणना 2011 के अनुसार, निर्वाचक वर्ग का लगभग 44.11 प्रतिशत (18 वर्ष से ऊपर) 18 से 33 वर्ष के आयु वर्ग में आता है। इनमें से लगभग 51 प्रतिशत पुरुष हैं और लगभग 49 प्रतिशत महिलाएं हैं। इस जनसंख्या में, 66 प्रतिशत ग्रामीण क्षेत्रों में रहते हैं और लगभग 34 प्रतिशत शहरी क्षेत्रों में रहते हैं।[3] यह ध्यान रखना महत्वपूर्ण है क्योंकि कुछ दलों की राजनीतिक पहुंच कुछ इलाकों तक ही सीमित है, जो न केवल संभावित प्रभाव बल्कि राजनीतिक दलों की पहुंच और उनके द्वारा बनाई गई गतिशील चुनावी गणनाओं को भी समझने में मदद करती है।

2014 के लोकसभा चुनावों (तालिका 7.1) के सर्वेक्षण आंकड़ों को देखते हुए, इस आयु वर्ग के बीच उपस्थिति लगभग 68 प्रतिशत थी, जो 66 प्रतिशत के समग्र मतदान से अधिक थी। हालांकि इस दो प्रतिशत के अंतर की सराहना की जानी चाहिए लेकिन इसे समग्र तस्वीर के संयोजन के रूप में देखा जाना चाहिए। इन चुनावों में, समग्र तस्वीर के रूप में युवा उपस्थिति समान थी, हालांकि जब हम लिंग अंतर को देखते हैं, तो हम पाते हैं कि कुल लिंग-अंतर 1.46 था, जो चुनाव आयोग द्वारा अब तक का सबसे कम के रूप में प्रशस्त है।[4]

हालांकि, युवाओं के इस आयु वर्ग के संबंध में लिंग अंतर को देखते हुए, यह 3.46 प्रतिशत पाया गया था, उपस्थिति में कुल लिंग अंतर से अधिक। युवाओं के बीच यह अंतर

तालिका 7.1: मतदान करने आए युवाओं का प्रतिशत

	लोकसभा चुनावों में मतदान			
	युवा (18–33 वर्ष)		*समग्र*	
	2009	*2014*	*2009*	*2014*
	57	68.4	58.19	66.4
पुरुष	58.6	70	60.24	67.09
महिला	55	66.4	55.82	65.63
लिंग अंतर	3.6	3.6	4.42	1.46

स्रोत: इलेक्शन कमीशन 2014 लोकसभा हाइलाइट्स एण्ड लोकनीति नेशनल इलेक्शन स्टडी 2014।

चिंता का कारण है और इसका विश्लेषण किया जाना चाहिए। 2014 में कुल लिंग अंतर घट गया लेकिन 2014 में भी युवाओं के बीच अंतर समान स्थिति में रहा (तालिका 7.1)।

2014 में समग्र अपेक्षाकृत कम लिंग अंतर के लिए, विद्वानों द्वारा कई अवलोकन किए गए हैं। जबकि कुछ ने आत्म-सशक्तिकरण तर्क को महिलाओं (कपूर और रवि, 2004) द्वारा मत देने के अपने अधिकार का उपयोग करने के लिए स्वैच्छिक पहलू को इंगित करने के लिए आगे बढ़ाया, कुछ अन्य लोगों का मानना है कि लिंग एक प्रमुख दरार नहीं है जहां तक मतदान का प्रश्न है और एक गुट के रूप में लिंग मतदान अब तक एक सतत विकास नहीं है (कुमार और गुप्ता, 2015; देशपांडे, 2009)। इसके अतिरिक्त यह तर्क दिया गया है कि साक्षरता दर में वृद्धि और तेजी से तकनीकी प्रगति उच्च महिला उपस्थिति को प्रभावित करने वाला एक संभावित कारक हो सकता है। इसलिए, इस तथ्य के प्रकाश में कि भारत के निर्वाचन आयोग (ईसीआई) ने राष्ट्रीय स्तर की चुनावी प्रतियोगिता के इतिहास में सबसे कम लिंग अंतर के साथ इन चुनावों में हासिल की गई उपलब्धि की सराहना की, इसे सावधानीपूर्वक ध्यान में रखा जाना चाहिए। युवाओं के दृष्टिकोण से, जहां 44% जनसंख्या इस विशिष्ट आयु वर्ग में निहित है, तथ्य यह है कि अंतर 3.6 अंक तक बना हुआ है, हमें इसके संभावित कारणों को देखने के लिए प्रेरित करना चाहिए।

कुल मिलाकर अगर हम युवा भागीदारी को देखते हैं, तो यह ध्यान रखना दिलचस्प था कि 2014 के लोकसभा चुनावों में, उनकी उपस्थिति समग्र उपस्थिति से अधिक थी। क्या यह राजनीति में युवाओं के संबंध में अधिक रुचि से जोड़ा जा सकता है? क्या यह राजनीतिक दलों और चुनाव आयोग द्वारा अधिक लामबंदी का परिणाम हो सकता है? या क्या इसके लिए 'पर्याप्त मीडिया संचालित' चुनावी अभियान को जिम्मेदार ठहराया जा सकता है जिसे हमने चुनाव के दौरान देखा (पालशिकर, 2014)? अगला खंड यह पता लगाने की कोशिश करता है कि युवाओं के बीच राजनीति में रुचि बढ़ने के लिए क्या उच्च मतदान को संबंद्ध किया जा सकता है।

राजनीति में युवा और उनकी रुचि

2016 में लोकनीति, सीएसडीएस द्वारा किए गए एक अध्ययन में, हमने पाया कि लगभग 32 प्रतिशत युवाओं की राजनीति में रुचि थी, जबकि उनमें से 45 प्रतिशत ने सीधे कहा था कि उन्हें राजनीति में कोई रुचि नहीं है (तालिका 7.2), जो स्पष्ट रूप से दिखाता है कि समग्र रूप से राजनीति में युवाओं के एक बड़े प्रतिशत की कोई स्पष्ट रुचि नहीं थी। प्रश्न अभी भी बना हुआ है: युवा मतदान में उछाल क्यों?

इस विरोधाभास के साथ गहराई से गहन शोध करके, हमने संबंधित जनसांख्यिकीय चरों को देखने की कोशिश की। युवा महिलाओं की तुलना में युवा पुरुषों की राजनीति में अधिक रुचि दिखाई देती है, 11 प्रतिशत अंक (तालिका 7.3) के अंतर के साथ। नतीजतन, युवा महिलाओं में राजनीति में असंतोष का स्तर भी अधिक है। रूढ़िवादी सामाजिक मानदंडों ने न केवल राजनीतिक क्षेत्र में महिलाओं की भूमिका को पारंपरिक रूप से सीमित किया है बल्कि राजनीतिक संलाप में लिंग मुद्दों के उद्भव को भी सीमित कर दिया है। यह धारणा कि राजनीति का क्षेत्र पर्याप्त रूप से उनके हितों का प्रतिनिधित्व नहीं करता है, संभवतः रुचि की इस कमी के कारण जिम्मेदार ठहराया जा सकता है। राजनीति में रुचि के निम्न स्तर को पर्याप्त सशक्तिकरण, जागरूकता इत्यादि की कमी के व्यावहारिक तर्कों के अतिरिक्त इस कारक के लिए जिम्मेदार ठहराया जा सकता है।

जबकि हमें ग्रामीण और शहरी क्षेत्रों में रहने वाले युवाओं के बीच कोई महत्वपूर्ण अंतर नहीं मिला, जहां तक राजनीति में उनकी रुचि का संबंध है, लेकिन जब यह देखा गया कि क्या ऐसे कारकों का प्रभाव उनके स्थानों के संबंध में युवा पुरुषों और महिलाओं के बीच एक अंतर बनाने में असर डालता है, हमें एक दिलचस्प प्रतिमान मिला।

तालिका 7.2: युवा और राजनीति में रुचि

	राजनीति में रुचि	*बहुत कम रुचि*	*कोई रुचि नहीं*
युवा	32	19	45

स्रोत: यूथ स्टडी 2016.

नोट: सभी आंकड़े प्रतिशत में हैं। 'बहुत' और 'कुछ' की उत्तर श्रेणियों को 'राजनीति में रुचि' के रूप में जोड़ा गया है। बाकी उत्तरदाताओं ने उत्तर नहीं दिया।

तालिका 7.3: महिलाओं की तुलना में युवा पुरुष राजनीति में अधिक रुचि रखते हैं

		राजनीति में रुचि	*बहुत कम रुचि*	*कोई रुचि नहीं*
युवा	पुरुष	37	20	40
	महिला	26	17	52

स्रोत: यूथ स्टडी 2016.

नोट: सभी आंकड़े प्रतिशत में हैं। 'बहुत' और 'कुछ' की उत्तर श्रेणियों को 'राजनीति में रुचि' के रूप में जोड़ा गया है। बाकी उत्तरदाताओं ने उत्तर नहीं दिया।

तालिका 7.4: स्थानिक कारकों द्वारा निर्देशित राजनीति में रुचि

	राजनीति में रुचि	*बहुत कम रुचि*	*कोई रुचि नहीं*
युवा ग्रामीण पुरुष	36	21	40
युवा ग्रामीण शहरी पुरुष	38	19	41
युवा ग्रामीण महिलाएं	27	16	50
युवा शहरी महिलाएं	22	18	57

स्रोत: यूथ स्टडी 2016.
नोट: सभी आंकड़े प्रतिशत में हैं। 'बहुत' और 'कुछ' की उत्तर श्रेणियों को 'राजनीति में रुचि' के रूप में जोड़ा गया है। बाकी उत्तरदाताओं ने उत्तर नहीं दिया।

महिलाओं की तुलना में पुरुषों की रुचि अधिक होने के साथ सभी स्थानों में लिंग के संबंध में रुचि का स्तर काफी महत्वपूर्ण रूप से विविध है (तालिका 7.4)। शहरी क्षेत्रों में रहने वाले युवा पुरुषों और युवा महिलाओं के बीच अंतर काफी अधिक था। हालांकि, इन विशिष्ट लिंगों के भीतर, हमने पाया कि युवा ग्रामीण महिलाओं को शहरी क्षेत्रों में उनके समकक्षों की तुलना में राजनीति में अपेक्षाकृत अधिक रुचि है। जब शिक्षा के स्तर के संबंध में बारीकी से देखा गया, तो पाया गया कि 35 प्रतिशत ग्रामीण कॉलेज-शिक्षित युवा महिलाओं को राजनीति में रुचि थी, शहरी इलाकों में, केवल 25 प्रतिशत कॉलेज-शिक्षित युवा महिलाओं ने रुचि दिखाई थी.. हालांकि इसे पूरी तरह से एक कारक का जिम्मेदार नहीं ठहराया जा सकता है लेकिन यह प्रवृत्ति हमारे पिछले निष्कर्षों के अनुरूप है।

युवाओं के बीच राजनीति में रुचि सकारात्मक रूप से शिक्षा से संबंधित है। राजनीति में रुचि रखने वाले युवाओं का अनुपात सकारात्मक रूप से शिक्षा के स्तर (तालिका 7.5) से संबंधित है। यह लिंग आयाम के साथ मेल खाता है जिसका हमने पहले उल्लेख किया था: गैर-साक्षर युवा महिलाओं की तुलना में गैर-साक्षर युवा पुरुष राजनीति में अधिक रुचि रखते थे। आगे बढ़ते हुए, हमने ध्यान दिया कि कॉलेज-शिक्षित युवाओं को राजनीति में अधिक रुचि है, खासकर युवा पुरुष (31 प्रतिशत कॉलेज-शिक्षित युवा महिलाओं के

तालिका 7.5: शिक्षा का स्तर राजनीति में युवाओं की रुचि पर सकारात्मक प्रभाव डालता है

युवा	*राजनीति में रुचि*	*बहुत कम रुचि*	*कोई रुचि नहीं*
गैर-साक्षर	15	10	70
प्राथमिक उत्तीर्ण	24	17	55
उच्च-माध्यमिक उत्तीर्ण	29	20	46
स्नातक और ऊपर	37	19	40

स्रोत: यूथ स्टडी 2016.
नोट: सभी आकड़े प्रतिशत में हैं। 'बहुत' और 'कुछ' की उत्तर श्रेणियों को 'राजनीति में रुचि' के रूप में जोड़ा गया है। बाकी उत्तरदाताओं ने उत्तर नहीं दिया।

तालिका 7.6: समाचार मीडिया अनावरण (एक्सपोज़र) और युवाओं के बीच राजनीति में रुचि के बीच संबंध

	राजनीति में रुचि	*बहुत कम रुचि*	*कोई रुचि नहीं*
कोई अनावरण नहीं	17	13	64
बहुत कम अनावरण	20	23	54
कम अनावरण	29	17	51
मध्यम अनावरण	39	18	39
उच्च अनावरण	40	23	32
उच्चतम अनावरण	51	20	26

स्रोत: यूथ स्टडी 2016। समाचार मीडिया अनावरण के लिए सूचकांक।

नोट: सभी आंकड़े प्रतिशत में हैं। 'बहुत' और 'कुछ' की उत्तर श्रेणियों को 'राजनीति में रुचि' के रूप में जोड़ा गया है। बाकी उत्तरदाताओं ने उत्तर नहीं दिया।

सामने 41 प्रतिशत)। यह न केवल इस तथ्य के लिए जिम्मेदार ठहराया जा सकता है कि भारत में राजनीति मुख्य रूप से पितृसत्तात्मक व्यवस्था रही है; हालांकि, कोई इस तथ्य का खंडन नहीं कर सकता कि हाल के दिनों में हमने इस दिशा में कुछ उभरते हुए परिवर्तन देखे हैं। इसी प्रकार, यह पाया गया कि युवाओं की आर्थिक स्थिति राजनीति में उनकी रुचि से जुड़ी हुई थी। गरीब आर्थिक वर्ग के युवाओं के एक-चौथाई जिनको रुचि थी, की तुलना में ऊच्च वर्ग के परिवारों के 38 प्रतिशत युवाओं की राजनीति में रुचि थी।

इसके अतिरिक्त, यह पाया गया कि युवाओं के बीच राजनीति में रुचि के स्तर पर समाचार मीडिया अनावरण का सकारात्मक प्रभाव पड़ा। जैसे-जैसे समाचार मीडिया के अनावरण में वृद्धि होती है, वैसे-वैसे युवाओं के बीच राजनीति में रुचि का स्तर भी बढ़ता है (तालिका 7.6)।

युवाओं के बीच रुचि के स्तर की पहचान महत्वपूर्ण थी क्योंकि मतदान उपस्थिति एक अलग दृश्य को चित्रित करता है। यह धारणा कि उच्च मतदान राजनीति के बारे में उच्च रुचि और उत्साह से जुड़ी है, के सच होने की जरूरत नहीं है। इसके विपरीत, यह हमें बताता है कि हम उच्च रुचि या इसके विपरीत उच्च मतदान का अनोखा करणीय संबंध नहीं बना सकते हैं। इसके बजाए, यह हमें इसके लिए अन्य व्यावहारिक कारणों की तलाश करने का आग्रह करता है।

युवाओं की राजनीतिक भागीदारी का स्तर

एक और कोण जो कि इस अनोखे करणीय संबंध को खारिज करने की जांच कर सकता है, वह राजनीति में युवाओं की भागीदारी का स्तर है। भागीदारी के स्तर को दो आंकड़ों के समूहों से लिया जा सकता है- लोकनीति, सीएसडीएस से सर्वेक्षण आंकड़े और चुनाव आयोग से वस्तुनिष्ठ आंकड़े। जहां तक वस्तुनिष्ठ आंकड़ों का प्रश्न है, लोकसभा में आने

वाले युवा सांसदों की संख्या को देखते हुए यह समझना एक महत्वपूर्ण संकेत होगा कि क्या यह मतदान चुनावी प्रतियोगिता की पृष्ठभूमि में चल रहे प्रासंगिक कारकों से जुड़ा हुआ था या क्या यह राजनीति के क्षेत्र से समानता की बढ़ी हुई भावना से जुड़ा हुआ था। युवाओं पर अपने अभियानों में राजनीतिक दलों द्वारा स्थापित मोरचाबंदी वाले जोर के साथ मिलकर यदि यह मामला था, तो एक सांसद के रूप में चुने जाने के मामले में राजनीतिक भागीदारी की अधिक उम्मीद की जा सकती थी। हालांकि, आंकड़ों से पता चलता है कि युवा सांसदों (25–40 वर्ष) की हिस्सेदारी ने पांचवें अंक को भी पार नहीं किया। पिछले दो लोकसभा चुनावों में, लोकसभा में चुने जाने वाले बड़ी संख्या में युवा सांसदों के बारे में मीडिया पर बहुत जोर दिया गया है (कुमार, 2014)। इसके विपरीत, यह पाया गया कि 15वीं लोकसभा में कुल सदस्यों में से केवल 14 प्रतिशत और 16वीं लोक सभा में 13 प्रतिशत युवा सांसद हैं।[6] यह हमें प्रश्न करने के लिए प्रेरित करता है कि युवाओं के प्रति राजनीतिक दलों के सक्रिय और निर्देशित अभियान तथा युवाओं के चुनावी संघटन पर भारत के निर्वाचन आयोग द्वारा भारी ध्यान देने के बावजूद, यह आवश्यक रूप से अधिक भागीदारी में परिवर्तित नहीं हो रहा है।

सर्वेक्षण आंकड़ों का हमारा विश्लेषण इस निष्कर्ष से मेल खाता है। मतदान या चुनाव लड़ने के अतिरिक्त अलग-अलग गतिविधियों से चुनावी भागीदारी का अनुमान लगाया जा सकता है। 2016 में युवाओं पर लोकनीति अध्ययन के मुताबिक, यह पाया गया कि कई चुनावी गतिविधियों में युवाओं की भागीदारी का स्तर सामान्यतः कुल मिलाकर गैरमामूली था। केवल आठ प्रतिशत युवाओं ने पर्चे वितरित करने या पोस्टर डालने जैसी गतिविधियों में हिस्सा लिया था; युवाओं के एक-दसवें से थोड़े कम ने घर-घर तक चुनाव प्रचार (9%) किया था। युवाओं में से एक-पांचवें से भी कम ने जुलूस या रैली (16%) में भाग लिया था या चुनाव बैठक में भाग लिया था (19%)। इन प्रश्नों के आधार पर, इन मानकों पर चुनावी भागीदारी का एक सूचकांक[7] बनाया गया था, जिसमें पाया गया कि युवाओं में से लगभग तीन चौथाई ने इनमें से किसी भी गतिविधि में कभी भाग नहीं लिया था और केवल पांच प्रतिशत युवाओं ने इन गतिविधियों में सक्रिय रूप से भाग लिया था तथा उनमें से कम से कम चार में शामिल थे। तालिका 7.6 में 2009 से एक अस्थायी विश्लेषण देखा जा सकता है।

तालिका 7.7 में, यह देखा जा सकता है कि युवाओं की चुनावी भागीदारी (मतदान के अतिरिक्त गतिविधियों में) का स्तर बहुत कम है, लगभग नगण्य और पिछले कुछ वर्षों में ऐसा ही रहा है।

चुनावी गतिविधियों को देखने के अतिरिक्त, विरोध प्रदर्शन और जुलूस में युवाओं की भागीदारी भी राजनीतिक गतिविधि का एक महत्वपूर्ण हिस्सा बनती है क्योंकि इसे अक्सर राजनीतिक समाधान या राज्य से प्रतिनिधित्व मांगने के मुद्दे पर आधारित किया जाता है। यह पाया गया कि 2016 में, केवल 16 प्रतिशत युवाओं ने पिछले दो वर्षों में किसी विरोध

चित्र 7.1: युवाओं के बीच चुनावी भागीदारी

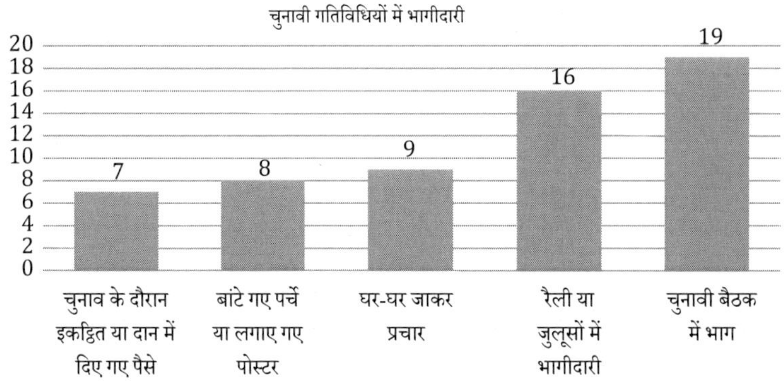

स्रोत: यूथ स्टडी 2016।
नोट: दी गई समय अवधि 'पिछले दस वर्ष' थी। आंकड़े उन सभी का प्रतिनिधित्व करते हैं जिन्होंने पूछे जाने वाले प्रश्न के लिए हाँ कहा था।

तालिका 7.7: अस्थायी रूप से, चुनावी भागीदारी का स्तर बहुत कम रहा है

वर्ष	*कोई भागीदारी नहीं*	*कम भागीदारी*	*मध्यम भागीदारी*	*उच्च भागीदारी*
2009 लोकसभा चुनाव	73	12	8	7
2014 लोकसभा चुनाव	71	12	13	3
2016 युवा अध्ययन	74	18	4	5

स्रोत: एनईएस 2009, 2014 और युवा अध्ययन 2016।
नोट: सभी आंकड़े प्रतिशत में हैं।

प्रदर्शन या जुलूस में भाग लिया था, जो निश्चित रूप से 2011 में 12 प्रतिशत से अधिक है, फिर भी एक छोटा आंकड़ा है। दूसरी ओर, 77 प्रतिशत युवाओं ने कभी भी किसी विरोध प्रदर्शन या जुलूस में भाग नहीं लिया था। इनमें से जिसने भाग लिया था, 11 प्रतिशत राजनीतिक विरोध का हिस्सा रहे थे, जो राजनीतिक दल के खिलाफ था, सात प्रतिशत बुनियादी सुविधाओं के कारण से विरोध प्रदर्शन का हिस्सा थे और लगभग चार प्रतिशत छात्र प्रदर्शन का हिस्सा थे। इसके अतिरिक्त, युवाओं के बीच भागीदारी का समग्र स्तर कम है, जबकि सामाजिक-आर्थिक प्रभावित करने वाली वस्तुएं इस पर भी प्रभाव डालती हैं। उदाहरण के लिए, युवा अध्ययन से पता चला है कि मुस्लिम युवाओं, उच्च शिक्षित युवाओं और वो जो मध्यम वर्ग से संबंधित हैं के लिए चुनाव से संबंधित भागीदारी के उच्चतम स्तर देखी जा सकती है (तालिका 7.8)।

युवाओं का राजनीतिक क्षेत्र का एक हिस्सा बनने के विभिन्न तरीकों को देखते हुए, हम देख सकते हैं कि उनकी 'सक्रिय' भागीदारी से घिरा हुआ उत्साह का स्तर निर्विवाद

तालिका 7.8: चुनाव से संबंधित गतिविधियों में युवाओं की भागीदारी

	उच्च भागीदारी
समग्र	**16**
हिन्दू ऊच्च जाति	5
हिन्दू अन्य पिछड़ा वर्ग	5
हिन्दू अनुसूचित जाति	5
मुस्लिम	7
गैर-साक्षर	2
प्राथमिक उत्तीर्ण	4
उच्च-माध्यमिक उत्तीर्ण	6
स्नातक और ऊपर	6
गरीब	4
निम्न	5
मध्यम	6
अमीर	5

स्रोत: युवा अध्ययन 2016।
नोट: सभी आंकड़े प्रतिशत में हैं। केवल उच्च भागीदारी के लिए आंकड़े दिखाए गए हैं।

है, मुख्य रूप से क्योंकि जब मैक्रोस्कोपिक लेंस से देखा जाता है, तो भागीदारी उतनी संतोषजनक नहीं होती है जैसा कि हम मानते हैं।

जबकि 2014 के चुनावों में युवाओं पर भारी जोर दिया गया, हमने देखा कि उनकी भागीदारी मामूली थी। यह हमें इस अध्याय की शुरुआत में उठाए गए प्रश्न पर वापस जाने के लिए प्रेरित करता है कि उच्च उपस्थिति को किसने प्रेरित किया था? 2014 के चुनावों में ऐसा क्या था जो युवाओं ने देखा? निम्नलिखित अनुभाग ऐसे प्रश्नों के उत्तरों का पता लगाने का प्रयास करते हैं।

उच्च उपस्थिति के पीछे कुछ व्यावहारिक कारक

हम उस संदर्भ को समझने के लिए वापस जाते हैं जिसने युवा मतदाताओं के उच्च मतदान को सुगम बनाया। इस अध्याय में जांच किए गए कुछ कारक अभियान का प्रभाव, मीडिया प्रभाव, मुद्दों के स्वरूप और नेतृत्व कारक हैं।

अभियान का प्रभाव

युवाओं के लिए मत पसंद का समय दिलचस्प ध्यान देने योग्य था। यह देखा गया था कि युवाओं के दो-पांचवें से अधिक ने अभियान शुरू होने से पहले ही अपने मत-विकल्प का

तालिका 7.9: मत-चयन निर्णय का समय

मतदान के दिन	13
मतदान के एक या दो दिन पहले	13
पहले, अभियान के दौरान	17
अभियान शुरू होने से पहले ही	42

स्रोत: एनईएस 2014।
नोट: आंकड़े प्रतिशत में हैं। बाकी उत्तरदाताओं ने उत्तर नहीं दिया और अन्य प्रतिक्रियाएं अमान्य थीं।

फैसला किया था, जिसका अर्थ है कि उस समय कायम राजनीतिक माहौल को देखते हुए, इन सभी युवाओं के लिए विकल्प स्पष्ट था और अभियान उनके मत को बदलने में कुछ खास प्रभाव नहीं डालता (तालिका 7.9)। हालांकि, 17 प्रतिशत भारतीय युवाओं ने यह सूचित करते हुए कहा कि उन्होंने अभियान के दौरान अपना मत तय किया है, जो हमें बताता है कि इन 17 प्रतिशत पर, अभियान का असर पड़ सकता था..

युवाओं के मत-विकल्प को ध्यान में रखते हुए, हमने पाया कि जिनके लिए हम तर्क दे सकते थे कि अभियान का कुछ प्रभाव पड़ा था, उनमें से 19 प्रतिशत युवाओं ने कांग्रेस के लिए मतदान किया और उनमें से 35 प्रतिशत ने भाजपा को मत दिया। इसके अतिरिक्त, यह पाया गया कि उन सभी लोगों में से जिन्होंने मतदान दिवस से थोड़ा पहले अपने मत-विकल्प का फैसला किया था, केवल 17 प्रतिशत युवाओं ने कांग्रेस को मत दिया जबकि 39 प्रतिशत ने भाजपा के लिए मतदान किया। इसलिए, यदि अन्य कारक जैसे विरोधी लहर और उठाए गए मुद्दों के स्वरूप के साथ-साथ हम दोनों दलों की प्रचार रणनीति को देखते हैं, तो यह दिखाता है कि भाजपा के अभियान ने अंतिम मतदान दिवस तक कुछ प्रभाव छोड़ा है।

मीडिया का असर

इसे और समझने के लिए, हमें इन चुनावों में मीडिया की भूमिका को देखना होगा। यह तर्क दिया गया है कि 2014 लोकसभा चुनाव एक 'मीडियाकृत' चुनाव (पालशिकर, 2014) था और हमने जो देखा वह 'मीडिया का तूफानी हमला' (वर्मा और सरदेसाई, 2014) था। जैसा कि पालशिकर ने प्रकाश डाला है, मीडियाटाईज़ेशन के तीन पहलू थे जिसमें से सबसे महत्वपूर्ण जिसपर हम इस अध्याय में फोकस करेंगे, वो अभियान के प्रक्षेप पथ के मार्गदर्शन में 'मीडिया तर्क' का था। हाल के दशकों में मीडिया प्रवेश के विस्तार के साथ, इस माध्यम का जो प्रभाव पड़ सकता है वो पिछले चुनाव में देखा जा सकता था जहां छवि प्रतियोगिता और दृश्यता पर बहुत ध्यान केंद्रित किया गया था। अधिकांश राजनीतिक दलों ने मीडिया के नए रूपों के माध्यम से मतदाताओं तक पहुंचने का प्रयास किया। जैसा कि कई अध्ययनों में प्रकाश डाला गया है, युवाओं को ऐसी प्रगति के बारे में अधिक ग्रहणशील माना जाता था।

पिछले दो चुनावों में युवाओं के बीच मीडिया अनावरण को देखते हुए, हम देखते हैं कि अनावरण का स्तर निश्चित रूप से बढ़ रहा है: 26 प्रतिशत युवाओं का 2009 में कोई मीडिया अनावरण नहीं था, जो 2014 में 10 प्रतिशत तक गिर गया। हमने पता लगाने की कोशिश की कि क्या इस अनावरण ने उनके मत-विकल्प (तालिका 7.10) निर्धारित करने में भूमिका निभाई है। कुल मिलाकर, यह पाया गया कि 2009 के चुनावों में भी, अनावरण के स्तर के बावजूद, कांग्रेस मजबूत स्थिति में थी लेकिन भाजपा और कांग्रेस के बीच का अंतर कम हो गया जब हम अनावरण के क्रम में आगे बढ़े। यह कहना है कि 2009 में कोई मीडिया अनावरण नहीं होने के साथ सभी युवाओं के लिए, जो भाजपा और कांग्रेस के लिए मतदान करने वालों के बीच का अंतर लगभग सात प्रतिशत अंक था, जो बहुत अधिक अनावरण वाले सभी लोगों के बीच दो अंक कम हो गया था। यहां तक कि अगर हम मानते हैं कि 2009 में कांग्रेस जीतने वाला दल था और इस प्रवृत्ति को देखते हुए इसे ध्यान में रखा जाना चाहिए, तो यह ध्यान देने योग्य है कि इसके बावजूद, भाजपा कम से कम उच्च मीडिया अनावरण वाले लोगों के बीच अंतर को कम करने में सक्षम थी। यह हमें वर्मा और सरदेसाई द्वारा दिए गए तर्क को मानने के लिए प्रेरित करता है जिसमें वे कहते हैं कि 1996 से भाजपा मत और मीडिया अनावरण के बीच ऐसा रिश्ता मौजूद रहा है, और हम इस स्पष्टीकरण को युवाओं की श्रेणी में भी बढ़ाते हैं। 2014 के आंकड़ों को देखते हुए, हम देखते हैं कि युवाओं में, जैसे अनावरण का स्तर बढ़ता है, दोनों दलों की मत-हिस्सेदारी के बीच एक बड़ा अंतर आता है।

इससे एक कदम आगे बढ़ते हुए, हमने दोनों दलों के मीडिया अनावरण के संबंध में मूल-समर्थन आधार की पहचान करने की कोशिश की (तालिका 7.11)। हालांकि दोनों दल मध्यम अनावरण के साथ उन सभी युवाओं से उच्चतम समर्थन प्राप्त करते हैं, लेकिन भाजपा के लिए, उच्च मीडिया अनावरण वाले युवा इसे और अधिक समर्थन देते हैं, जबकि

तालिका 7.10: मीडिया अनावरण युवाओं के मत-चयन को प्रभावित करता है

	2009 लोकसभा चुनाव		*2014 लोकसभा चुनाव*	
	कांग्रेस	*भाजपा*	*कांग्रेस*	*भाजपा*
कोई अनावरण नहीं	27	20	23	25
बहुत कम	28	18	19	29
कम	28	18	22	32
मध्यम	29	22	17	35
उच्च	29	21	18	42
उच्चतम	26	24	9	41

स्रोत: एनईएस 2009 और 2014।

नोट: आंकड़े प्रतिशत में हैं। केवल दो सबसे बड़े दलों के लिए प्रतिक्रिया प्रदान की गई है।

तालिका 7.11: मीडिया अनावरण (पहुंच) के संबंध में दोनों दलों के मूल समर्थन की पहचान करना

	उच्चतम मीडिया अनावरण	*उच्च मीडिया अनावरण*	*मध्यम मीडिया अनावरण*	*कम मीडिया अनावरण*	*बहुत कम मीडिया अनावरण*	*कोई मीडिया अनावरण नहीं*
कांग्रेस	2	11	33	31	12	12
भाजपा	4	14	39	25	10	8

कांग्रेस के लिए, इसका समर्थन आधार निम्न स्तर के मीडिया अनावरण वाले युवाओं के साथ अधिक है।

मत-विकल्प के समय के साथ मीडिया अनावरण के स्तर का मिलान करते हुए, हमने देखा कि उच्च मीडिया अनावरण के साथ उन सभी युवाओं के लिए, इन दलों के अभियान ने असर डाला लेकिन भाजपा के पास उन सभी लोगों के बीच बढ़त थी जिन्होंने अभियान के दौरान अपना मत तय किया, केवल 16 प्रतिशत ने कांग्रेस के लिए मतदान किया और अनेक बार तीन गुना (48%) भाजपा को मत दिया तथा निचले स्तर के अनावरण के साथ अंतर कम हो गया। हालांकि मीडिया अनावरण के इस प्रभाव को एकल और सुनिश्चित शब्दों में नहीं देखा जाना चाहिए, फिर भी यह ध्यान देने योग्य है।

क्या युवाओं के लिए समस्याएं मायने रखती हैं?

अगर हम कहते हैं कि अभियान और इसके मीडिया कवरेज का पिछले चुनाव में असर पड़ा, तो हमें इसे उचित संदर्भ में भी व्यवस्थित करने की आवश्यकता है। 2014 के चुनावों में उभरने वाले मुद्दे कई गुना थे, हालांकि उनमें से कुछ ने अहम् स्थान प्राप्त किया, इस तरह कि अभियान इन मापदंडो पर केंद्रित रहे।

2014 में युवाओं के लिए महत्वपूर्ण मुद्दों को देखते हुए, हम देखते हैं कि प्रमुख महत्व वाले मुद्दे मूल्य वृद्धि (20%), भ्रष्टाचार (13%), बेरोजगारी और नौकरियों की कमी (11%), विकास की कमी (11%) और सुशासन (4%) थे। इस कोण में गहराई से गहन शोध करने के बाद, हमने यह पहचानने की कोशिश की कि किस दल ने उन सभी युवाओं से अधिक समर्थन प्राप्त किया है, जिन्होंने इन्हें महत्वपूर्ण मुद्दों के रूप में माना है। यह देखा गया कि इन सभी मापदंडो पर भाजपा ने कांग्रेस (तालिका 7.12) से मजबूत स्थिति प्राप्त की।

2016 में भी हम स्थिरता देखते हैं, जहां तक मुद्दों का संबंध है। युवाओं के लिए महत्वपूर्ण मुद्दे 2014 से ज्यादा नहीं बदले थे जैसा कि आंकड़ों से पता चला कि बेरोजगारी (19%), गरीबी (10%) और भ्रष्टाचार (8%) को युवाओं ने 2016 में हमारे देश द्वारा सामना की जाने वाली चुनौतियों के रूप में सूचित किया था (तालिका 7.13)। यह तथ्य कि 2014 में युवाओं द्वारा उजागर की गई विभिन्न समस्याओं में 2016 में बहुत बदलाव (कुछ को छोड़कर) नहीं आया से पता चलता है कि कुछ हद तक चुनावों का इन मुद्दों पर कोई प्रभाव

तालिका 7.12: युवाओं के लिए महत्वपूर्ण मुद्दे और क्या इन मुद्दों ने 2014 में उनके मत-चयन को प्रभावित किया था

मुद्दा/मत-विकल्प	*कांग्रेस*	*भाजपा*
मूल्य वृद्धि	16	41
भ्रष्टाचार और घोटाले	16	49
बेरोजगारी और नौकरियों की कमी	17	40
विकास की कमी	16	28
सुशासन	16	28
सड़कों की हालत	17	33

स्रोत: एनईएस 2014।

नोट: सभी आंकड़े प्रतिशत में हैं। दो सबसे बड़े दलों के लिए केवल महत्वपूर्ण प्रतिक्रियाएं प्रदान की गई हैं।

तालिका 7.13: युवा और 2016 में हमारे देश द्वारा सामना की जाने वाली चुनौतियों पर उनकी धारणा

	बेरोज़गारी/नौकरियों की कमी	*गरीबी*	*भ्रष्टाचार*	*साफ पेयजल की कमी*	*शिक्षा की कमी/निरक्षरता*
2016	19	10	8	6	3
2014	11	2	13	3	2

स्रोत: युवा अध्ययन 2016 और एनईएस 2014।

नोट: सभी आंकड़े प्रतिशत में हैं। केवल प्रासंगिक श्रेणियां सूचीबद्ध हैं।

नहीं पड़ा। हालांकि, हम इसे एक चेतावनी टिप्पणी के साथ जताते हैं क्योंकि इस तरह का एक कारणीय संबंध बनाने के लिए इसकी अधिक जांच की आवश्यकता है।

इसके अतिरिक्त, सर्वेक्षण में यह पाया गया कि 26 प्रतिशत युवाओं का मानना था कि 2014 में, भाजपा वह दल था जिसने महत्वपूर्ण मुद्दों व समस्याओं को उठाया था जिसे युवाओं ने महत्वपूर्ण माना, जो कि किसी अन्य दल से कहीं अधिक था (तालिका 7.14)।

भाजपा के समर्थन में बड़ी संख्या में युवाओं को देखते हुए, यह दावा किया जा सकता था कि युवाओं के लिए, मामले महत्व रखते हैं। यह एक तरह से, उनके उच्च मतदान को समझाने में योगदान दे सकता है। हालांकि, जैसा कि पहले दोहराया गया है, ऐसे सभी कारक एक-दूसरे के साथ मिलकर काम करते हैं और उन्हें एकल नहीं देखा जाना चाहिए। आर्थिक स्थिति के साथ असंतोष की सामान्य भावना की अटकलों के बारे में श्रीधरन के तर्क को लेते हुए, यह असंतोष भाजपा के आकर्षक अभियान के समय ही हुआ, जिसने कांग्रेस के

तालिका 7.14: मायने रखने वाले मुद्दे जिन्हें पार्टी ने उठाया

	कांग्रेस	*भाजपा*	*बसपा*	*आप*	*समाजवादी पार्टी*
युवा	13	26	3	3	3

स्रोत: एनईएस 2014।

नोट: सभी आंकड़े प्रतिशत में हैं। केवल कुछ प्रासंगिक दलों का उल्लेख किया गया है।

कमजोर अभियान के विपरीत जनता की आकांक्षाओं को प्रभावित किया और आकर्षित किया। यह मतदाताओं के लिए मुद्दों और अभियान का कुछ महत्व होने के तर्क को एक साथ जोड़ता है।

नेतृत्व किस हद तक मायने रखता है?

नरेंद्र मोदी का आकर्षण चुनाव में विशेष रूप से युवाओं के बीच एक महत्वपूर्ण कारक था। हालांकि आंकड़ों से पता चला कि 25 प्रतिशत युवाओं ने बताया था कि स्थानीय उम्मीदवार उनके मत का फैसला करते समय उनके लिए अधिक महत्वपूर्ण थे, फिर भी उनमें से 31 प्रतिशत के लिए प्रधानमंत्री पद के उम्मीदवार महत्व रखते थे। यह प्रवृत्ति सभी युवाओं (18 से 33 वर्ष) के लिए विशेष रूप से सच थी जैसा कि तालिका 7.15 से देखा जा सकता है।

2014 में, यह पाया गया कि स्थानीय उम्मीदवार कम साक्षर, गरीब और ग्रामीण युवाओं के लिए दूसरों की तुलना में अधिक महत्वपूर्ण थे। जबकि पीएम उम्मीदवार जहां तक महत्व का प्रश्न है कॉलेज-शिक्षित, समृद्ध और शहरी युवाओं (तालिका 7.16) के लिए उतने ही

तालिका 7.15: युवाओं के लिए, मतदान करते समय प्रधानमंत्री पद के उम्मीदवार महत्व रखते थे

	स्थानीय उम्मीदवार	*राज्य स्तरीय नेतृत्व*	*प्रधानमंत्री पद के उम्मीदवार*	*कुल*	*कोई नहीं*
युवा	25	18	31	9	4
अन्य	27	17	27	8	4

स्रोत: एनईएस 2014।
नोट: सभी आंकड़े प्रतिशत में हैं। बाकी उत्तरदाताओं ने उत्तर नहीं दिया।

तालिका 7.16: उम्मीदवार का स्तर सामाजिक-आर्थिक भेदन के संबंध में भिन्न होता है

	स्थानीय उम्मीदवार	*राज्य स्तरीय नेतृत्व*	*प्रधानमंत्री पद उम्मीदवार*
समग्र युवा	25	18	31
ग्रामीण	27	19	30
शहरी	22	14	35
गैर-साक्षर	28	22	20
प्राथमिक तक	30	19	22
मैट्रिक तक	26	18	31
कॉलेज और अधिक	22	16	39
अमीर	20	19	39
मध्यम	25	18	35
गरीब	27	17	27

स्रोत: एनईएस 2014।
नोट: सभी आंकड़े प्रतिशत में हैं। 2009 में इसी तरह का प्रश्न नहीं पूछा गया था, इस प्रकार एक तुलना नहीं की जा सकी। 'कुल' और 'कोई नहीं' के लिए उत्तर श्रेणियों की सूचना नहीं दी गई है।

महत्वपूर्ण थे। परंपरागत रूप से, आर्थिक वर्ग, स्थानों, सामाजिक समूहों आदि के संबंध में दलों के उनके समर्थन आधार स्थित और निर्धारित हैं। यदि हम 2014 के चुनावों के संदर्भ को ध्यान में रखते हुए इस आंकड़े को देखते हैं, तो हम देखते हैं कि प्रधानमंत्री पद उम्मीदवारों के लिए बहुत अधिक प्राथमिकता थी। जब दल प्राथमिकताओं के संबंध में देखा गया, तो हम देखते हैं कि इनमें से अधिकतर प्राथमिकता भाजपा के प्रधानमंत्री पद के उम्मीदवार नरेंद्र मोदी के लिए है। इसके अतिरिक्त, सामाजिक-आर्थिक और जनसांख्यिकीय मानकों को देखते हुए, आंकड़ो ने दोहराया जो मौजूदा साहित्य में कहा गया है कि भाजपा पारंपरिक रूप से शिक्षित युवा मतदाताओं, नगरों और शहरों में रहने वाले और ऊपरी आर्थिक वर्गों से संबंधित लोगों, खासकर पहली-बार मतदाताओं के बीच अधिक लोकप्रिय रही है (कुमार, 2014; श्रीधरन, 2014)।

युवाओं के मत विकल्प का निर्णय लेने में नेतृत्व कारक भूमिका निभा सकता था। पिछले खंड में उल्लिखित मुद्दों पर, हमने देखा कि युवाओं ने एक विशेष नेता जो उन्हें संबोधित करने की क्षमता रखे, की पहचान की है। देश के विकास से संबंधित प्रश्नों पर, एक तिहाई से अधिक युवाओं का मानना था कि नरेंद्र मोदी उस मुद्दे को हल करने के लिए सबसे उपयुक्त थे, जबकि उनमें से 12 प्रतिशत ने महसूस किया कि राहुल गांधी की उपर्युक्त क्षमता है। अन्य मोर्चों पर भी सर्वेक्षण ने इसी तरह के निष्कर्ष दिखाए (तालिका 7.17)।

मुद्दे-आधारित नेतृत्व के अतिरिक्त, नेता की केंद्रीय विशेषताएं कई कारकों जैसे कि धारणा, व्यक्तिगत विशेषताएं, आकर्षण, दूसरों के बीच विश्वास (सिमॉनटन, 2014) पर निर्भर करती हैं। नेताओं को 'सामाजिक पहचान के सक्रिय उद्यमियों' के रूप में माना जाता है (रीशर, हैसलम और हॉपकिंस, 2005)। नरेंद्र मोदी ने एक आद्य निचले मध्यम वर्ग के भारतीय आम आदमी की एक सफल पहचान बनाई जिसने जनसंख्या के एक बड़े वर्ग से संबंध स्थापित किया।[8] इसके अतिरिक्त, उनके लोकलुभावन भाषणों, शब्दों और कार्यों में व्यक्त भारत की भावना और गर्व ने उस तरह की पहचान की पुष्टि की जो वह बनाने की

तालिका 7.17: युवाओं द्वारा मापी गई नेताओं की क्षमता

युवा	*नरेंद्र मोदी*	*राहुल गांधी*
देश का विकास	34	12
मूल्य वृद्धि पर नियंत्रण	32	10
भ्रष्टाचार पर नियंत्रण	29	9
राष्ट्रीय सुरक्षा	31	10

स्रोत: एनईएस 2014। पूछा गया प्रश्न: यदि आप इस चुनाव में सभी राजनीतिक दलों के शीर्ष नेताओं के बारे में सोचते हैं, तो आपको अग्रलिखित से निपटने के लिए सबसे अच्छा कौन लगता है: देश का विकास, मूल्य वृद्धि को नियंत्रित करना, भ्रष्टाचार को नियंत्रित करना, राष्ट्रीय सुरक्षा?

नोट: सभी आंकड़े प्रतिशत में हैं। अन्य नेताओं के लिए प्रतिक्रिया महत्वपूर्ण मूल्य की नहीं थी।

कोशिश कर रहे थे। इससे राजनीति के निजीकरण में मदद मिली। हाल के दिनों में, राजनीति के निजीकरण के बारे में बहस ने दुनिया भर में बहुत अधिक गति प्राप्त की है। ये कहा जा सकता है कि 2014 के चुनावों में भी राजनीति के क्षेत्र में इस निजीकरण संदर्भ का फिर से विलय किया गया था। कारवोनन ने अपनी पुस्तक में जो लिखा है, उसके आधार पर चुनावी विकास का विश्लेषण करते हुए, हम देख सकते हैं कि एक नेता के खिलाफ एक दूसरे नेता का खड़ा होना और राष्ट्रपति शैली जनमत संग्रह में संसदीय चुनाव को बदलना उस दिशा में एक उत्थान था (वर्मा और सरदेसाई, 2014)।

हमारे सर्वेक्षण में, हमने पाया कि विशेष रूप से युवाओं के दृष्टिकोण से, 2014 में स्पर्धा में खड़े शीर्ष नेताओं में से, लगभग एक-तिहाई युवाओं ने महसूस किया कि नरेंद्र मोदी के प्रति युवा पीढ़ी में गहरा आकर्षण था और मुश्किल से दस प्रतिशत युवाओं ने कांग्रेस दल के प्रधानमंत्री पद के उम्मीदवार राहुल गांधी के लिए ऐसी राय रखी। इसके अतिरिक्त, विश्वास और विश्वसनीयता के मापदंड पर, 27 प्रतिशत युवा मोदी के समर्थन में थे जबकि राहुल गांधी के समर्थन में केवल नौ प्रतिशत ही थे। जहां तक नेतृत्व की प्रभावकारिता का प्रश्न था, इसी तरह के आंकड़ों की सूचना मिली थी। इस प्रकार यह तर्क दिया जा सकता है कि 2014 के चुनावों के संदर्भ में, नेतृत्व की गुणवत्ता और युवाओं के बीच इसके आकर्षण ने कुछ भूमिका निभाई थी।

निष्कर्ष

इस अध्याय ने युवाओं की भागीदारी और 2012 के बाद भारतीय राजनीति के संबंध में बदलावों की व्याख्या करने का प्रयास किया, विशेष रूप से परिवर्तनों को समझाने के लिए आधार-रेखा के रूप में 2014 में उच्च युवा मतदान को देखते हुए। हमने राजनीति में शामिल होने और रुचि के उच्च भाव के लिए उच्च मतदान को समझने की धारणा से परे देखने की कोशिश की। इसके विपरीत, यह देखा गया कि अधिकांश युवाओं को राजनीति में रुचि नहीं थी और यहां तक कि उनकी चुनावी भागीदारी के साथ सांसद के रूप में निर्वाचित होने में उनकी राजनीतिक भागीदारी भी कम थी। यह देखने के लिए कि इस तरह की स्थिति के बावजूद हमने आज तक सबसे अधिक युवा मतदान देखा, अन्य कारकों को देखने का प्रयास किया गया। अभियान का स्वरूप, नेतृत्व कारकों के साथ मिलकर दलों द्वारा संबोधित मुद्दों ने एक प्रभाव छोड़ा था। 2014 के चुनावों में किए गए अभियान ने युवाओं पर बहुत जोर दिया। जैसा कि बसु और मिश्रा अपने लेखपत्र में उजागर करते हैं, युवा मतदाताओं, विशेष रूप से पहली बार मतदाता, की भूमिका महत्वपूर्ण थी। उन्हें पहली बार के मतदाताओं के अनुपात और उन निर्वाचन क्षेत्रों, जिनमें इन मतदाताओं का उच्च अनुपात था में भाजपा की मत हिस्सेदारी में सकारात्मक बदलाव के बीच मजबूत सकारात्मक सहसंबंध मिला।

यहां तक कि चुनाव आयोग ने युवाओं की चुनावी भागीदारी को बढ़ाने पर ध्यान केंद्रित किया। हालांकि, इन सबसे युवा मतों का एकीकरण नहीं हुआ (कुमार, 2014)। युवा इस तरह के एक अलग राजनीतिक वर्ग के रूप में मत नहीं देते हैं। इससे पहले उनके राजनीतिक समर्थन को दल की विचारधारा के साथ भी विभाजित किया गया था; हालांकि, 2014 में हमने देखा कि उन्होंने एक दल के लिए उच्च अनुपात में मतदान किया था। फिर भी जहां तक मुद्दों का संबंध है हालांकि वो युवाओं के लिए महत्वपूर्ण हैं, वे बड़े निर्वाचक वर्ग में एक अलग राजनीतिक घटक के रूप में मत नहीं देते हैं। इसे स्तरित पहचान से संबंधित कारकों के लिए जिम्मेदार ठहराया जा सकता है जो विभिन्न सामाजिक दरारों के लिए अपनेपन की भावना पैदा करते हैं।

इस अध्याय में बताई गई वचनबद्धता का स्तर दर्शाता है कि हम एकल संबंध बनाने के लिए नहीं चल सकते हैं। इसे जटिल रूप में वर्णित करने की बजाय, हम इसे वचनबद्धता के दूरदर्शी दृष्टिकोण की भावना के रूप में मानेंगे, जो बाहरी कारकों और आकर्षण से अधिक प्रेरित होता है। हालांकि, सार्वजनिक क्षेत्र में पैदा होने वाले अधिक मुद्दों के साथ, हम आने वाले वर्षों में युवाओं के बीच कहीं अधिक सक्रिय वचनबद्धता और रुचि देखने की उम्मीद कर सकते हैं। राजनीति में युवाओं की भागीदारी महत्वपूर्ण है क्योंकि यह लोकतांत्रिक व्यवस्था में उनकी स्वीकृति और एकीकरण दिखाती है।

समापन टिप्पणियां

1. आर्थिक सर्वेक्षण 2018 ने इस बारे में बात की कि 2020 में भारत की युवा कामकाजी आयु की जनसंख्या कैसे बढ़ सकती है। Https://www.ndtv.com/business/indias-young-working-age-population-to-peak-by-2020- आर्थिक -सर्वेक्षण-1654663
2. जनगणना 2011 की जानकारी के आधार पर लेखक द्वारा गणना की गई। कुल मतदाताओं को 18 वर्ष से ऊपर के लोगों के रूप में जाना जाता है। 18 से 33 वर्ष की आयु वर्ग में जनसंख्या का पता लगाने के बाद, यह कुल मतदाताओं के अनुपात में देखा गया था।
3. *Ibid.*; क्रमशः कुल पुरुषों, महिलाओं, ग्रामीण और शहरी निर्वाचक वर्ग के संबंध में उस आयु वर्ग में पुरुषों, महिलाओं, ग्रामीण और शहरी निर्वाचक वर्ग में अनुपात को लेकर गणना की गई।
4. http://eci.nic.in/eci_main1/SVEEP/VoterTurnoutHighlightsLokSabha2014.pdf
5. समाचार मीडिया अनावरण का सूचकांक: सर्वेक्षण के दौरान पूछे गए 4 प्रश्नों को ध्यान में रखते हुए सूचकांक का निर्माण किया गया था। वे निम्नलिखित थे: प्र) आप टीवी पर कितनी बार समाचार देखते हैं? प्र) आप समाचार पत्र कितनी बार पढ़ते हैं? प्र) आप रेडियो को कितनी बार सुनते हैं? प्र) आप इंटरनेट वेबसाइटों पर कितनी बार समाचार पढ़ते हैं? प्रत्येक प्रश्न में, साक्षात्कार देने वालों को दिए गए प्रतिक्रिया विकल्प 'प्रतिदिन', 'सप्ताह में कुछ दिन', 'महीने में कुछ दिन' 'बहुत ही कम' और 'कभी नहीं' थे। 'प्रतिदिन' के प्रतिक्रिया विकल्प को 4 के रूप में अंक दिया गया था, 'सप्ताह में कुछ दिन' को 3 के रूप में अंक दिया गया था, 'महीने में कुछ दिन को 2 के रूप में अंक दिया गया था,' शायद ही कभी 'को 1 के रूप में अंक दिया गया था, और' कभी नहीं 'और जिन लोगों ने कोई प्रतिक्रिया नहीं दी थी उनको 0 के रूप में अंक दिया गया था। सभी प्रश्नों के अंकों को सारांशित किया गया था। सभी प्रश्नों के संक्षिप्त अंक 0 से 12 तक के थे। संक्षिप्त अंक तब छह नव निर्मित श्रेणियों में वितरित किए गए थे,

जो समाचार मीडिया अनावरण की तीव्रता का संकेत देते थे। 12 का एक संक्षिप्त अंक 'बहुत उच्चतम अनावरण' के रूप में लेबल किया गया था, 9 से 11 के स्कोर को 'उच्च अनावरण', 7 या 8 को 'मध्यम अनावरण', 4 से 6 'कम अनावरण', 1 से 3 को 'बहुत कम अनावरण' और 0 को 'कोई अनावरण नहीं' के रूप में वर्गीकृत किया गया था।

6. Data taken from PRS: http://www.prsindia.org/media/media-updates/profile-of-the-16th-lok-sabha-3276/
7. चुनावी भागीदारी का सूचकांक: सर्वेक्षण के दौरान पूछे गए 5 प्रश्नों को ध्यान में रखते हुए चुनावी भागीदारी का सूचकांक बनाया गया था। वे हैं: प्र18ए: पिछले दस वर्षों में, क्या आपने किसी भी चुनाव के दौरान चुनाव बैठक में भाग लिया है? प्र18 बी: पिछले दस वर्षों में, क्या आपने किसी भी चुनाव के दौरान जुलूस या रैली में भाग लिया है? प्र18 सी: पिछले दस वर्षों में, क्या आपने किसी भी चुनाव के दौरान घर-घर चुनाव प्रचार किया है? प्र18 डी: पिछले दस वर्षों में, क्या आपने किसी भी चुनाव के दौरान पैसा दान दिया या एकत्र किया है? प्र18ई: पिछले दस वर्षों में, आपने किसी भी चुनाव के दौरान पर्चे वितरित किए हैं या पोस्टर डालें? सभी पांच प्रश्नों के संभावित प्रतिक्रिया विकल्प 'हां' और 'नहीं' थे। एक 'हां' प्रतिक्रिया को 1 अंक दिया गया था। एक 'नहीं' प्रतिक्रिया 0 के रूप में अंक दिया गया था। जिन्होंने इस प्रश्न का उत्तर नहीं दिया था उन्हें भी 0 का अंक दिया गया था। सभी प्रश्नों के अंक सारांशित किए गए थे। सभी प्रश्नों के संक्षिप्त अंक 0 से 5 तक थे। संक्षिप्त अंक तब छह नव निर्मित श्रेणियों में वितरित किए गए थे, जो चुनावी भागीदारी के विभिन्न स्तरों को इंगित करते थे। 5 का एक संक्षिप्त अंक 'उच्चतम चुनावी भागीदारी' के रूप में वर्गीकृत किया गया था। ये मूल रूप से वो उत्तरदाता थे जिन्होंने कहा कि उन्होंने सभी पांच चुनाव-संबंधित गतिविधियों में भाग लिया था। 4 का एक संक्षिप्त अंक 'उच्च चुनावी भागीदारी', 3 को 'मध्यम चुनावी भागीदारी' के रूप में, 2 को 'कम चुनावी भागीदारी' के रूप में, 1 को 'बहुत कम चुनावी भागीदारी' और 0 'कोई चुनावी भागीदारी नहीं' के रूप में दर्शाया गया था।
8. साहित्य के एक बड़े निकाय से पता चलता है कि नेतृत्व नेताओं को उन सामाजिक पहचानों के आद्य के रूप में माना जाता है जो वे अनुयायियों के साथ साझा करते हैं (हॉग 2001; टर्नर 1991)। नरेंद्र मोदी के अभियान ने उन्हें इसी तरह पेश करने पर ध्यान केंद्रित किया।

संदर्भ

1. Basu, D &Misra K. (2015). "BJP's Youth Dividend". *Economic and Political Weekly,* 50(3), 69–73.
2. Deshpande, R. (2009). "How did women vote in Lok Sabha Elections 2009? *Economic and Political Weekly*, 44(39), 83–87.
3. Hogg, Michael A. (2001). "A Social Identity Theory of Leadership." *Personality and Social Psychology Review*, 5, 184–200.
4. Karvonen, L. (2010). The Personalisation of Politics: A Study of Parliamentary Democracies. ECPR Press Monographs.
5. Kumar, S. & Gupta P. (2015). "Changing patterns of Women's Turnout in Indian Elections". *Studies in Indian Politics.* 3(1), 7–18.
6. Kumar, S. (2014). "The Youth Vote Made a Difference for the Victory of the BJP". *Panjab University Research Journal Social Sciences*, 22(2), 45–57.
7. Palshikar, S. (2014). "Modi, media and the middle class". *Seminar*. 656. http://www.india-seminar.com/2014/656/656_suhas_palshikar.htm (Accessed on May 13, 2018).

8. Ramani, S. (2014). "The 'High Turnout' in ongoing Lok Sabha polls- What could explain it?" *Economic and Political Weekly, Election Specials,* 49(39).
9. Ravi, S. & Sandhu, R. (2014), "Women in Party Politics". *Brookings India Working Paper.* https://www.brookings.edu/wp-content/uploads/2014/05/ravi-sandhu-brookings-india-working-paper.pdf (Accessed on May 13, 2018).
10. Reicher, Stephen D., S. Alexander Haslam, and Nicholas Hopkins. (2005). "Social Identity and the Dynamics of Leadership: Leaders and Followers as Collaborative Agents in the Transformation of Social Reality." *Leadership Quarterly,* 16, 547–568.
11. Sanjay Kumar, comment on "The Limits of the Youth Vote in Indian Elections"; Heinrich Boll Stiftung, posted March 19, 2014, https://www.boell.de/en/2014/03/19/limits-youth-vote-indian-elections (Accessed on May 10, 2018).
12. Simonton, Dean K., "Personal Characteristics of Political Leaders: Quantitative Multiple-Case Assessments" in *Conceptions of Leadership,* edited by Goethals G.R., Allison S.T., Kramer R.M., Messick D.M., 53–69. New York: Palgrave Macmillan, 2014.
13. Sridharan, E. (2014). "Class Voting in the 2014 Lok Sabha Elections". *Economic and Political Weekly.* 49(39), 72–76.
14. Turner, John C. (1991). Social Influence. Milton Keynes: Open University Press.
15. Verma, R. &Sardesai S. (2014). "Does Media Exposure Affect Voting Behaviour and Political Preferences in India?" *Economic and Political Weekly*, 49(39), 82–88.

परिशिष्ट 1

राज्य कोड	पी.सी. कोड	ए.सी. कोड	पी.एस. कोड	उत्तरदाता स.क्र.

युवा और राजनीति सर्वेक्षण–2011
सेंटर फॉर द स्टडी ऑफ डेवलपिंग सोसाइटीज़
29, राजपुर मार्ग, दिल्ली–110054, भारत

एफ1. राज्य नाम: ______________________

एफ2. पी.सी. नाम: ______________________

एफ3. ए.सी. नाम: ______________________

एफ4. पी.एस. नाम: ______________________

एफ5. उत्तरदाता का नाम: ______________________

एफ6. उत्तरदाता का पता (***आसपास स्थित प्रमुख स्थान बताएं***): ______________________

____

एफ7. साक्षात्कार की दिनांक (***dd/mm/yyyy***): ______________________

एफ8. साक्षात्कार शुरू होने का समय: ______________________

एफ9. अन्वेषक का नाम (***कोड रोल नंबर***): ______________________

निवेशक का परिचय और सूचित सहमति का विवरण

मेरा नाम ______________________ है और मैं दिल्ली में सेंटर फॉर द स्टडी ऑफ डेवलपिंग सोसाइटीज़ (अपने विश्वविद्यालय का संदर्भ भी दें), एक सामाजिक विज्ञान अनुसंधान संगठन से आया हूं। हम भारतीय राजनीति में युवाओं की भागीदारी पर एक अध्ययन कर रहे हैं जिसके लिए हम पूरे देश में हजारों लोगों का साक्षात्कार कर रहे हैं। इस सर्वेक्षण के निष्कर्ष समाचार पत्रों में लेख लिखने के लिए उपयोग किए जाएंगे।

यह सर्वेक्षण एक स्वतंत्र अध्ययन है और किसी भी राजनीतिक दल या सरकारी एजेंसी से जुड़ा नहीं है। जो भी जानकारी आप प्रदान करते हैं उसे सख्ती से गोपनीय रखा जाएगा।

इस सर्वेक्षण में भागीदारी स्वैच्छिक है और मेरे द्वारा पूछे जाने वाले किसी भी प्रश्न का उत्तर देना या नहीं देना पूरी तरह से आप पर निर्भर है। हमें उम्मीद है कि आप इस सर्वेक्षण में हिस्सा लेंगे क्योंकि आपकी भागीदारी महत्वपूर्ण है। इस साक्षात्कार को पूरा करने में आमतौर पर 30 से 40 मिनट लगते हैं। साक्षात्कार के लिए कृपया कुछ समय दें। और सर्वेक्षण को सफलतापूर्वक पूरा करने में मेरी मदद करें।

एफ10. क्या मैं साक्षात्कार शुरू करूं?

1. उत्तरदाता साक्षात्कार देने की स्वीकृति देता है
2. उत्तरदाता साक्षात्कार देने के लिए स्वीकृति नहीं देता है

साक्षात्कार शुरू

प्र1. राजनीति और राजनीतिक खबरों में आपको कितनी रुचि है – बहुत अधिक रुचि, थोड़ी रुचि या कोई रुचि नहीं 1. बहुत अधिक 2. थोड़ी रुचि 3. कोई रुचि नहीं 8. कोई राय नहीं

प्र2. निम्नलिखित राजनीतिक संस्थानों/संस्थाओं द्वारा किए जा रहे कार्यों के बारे में आप कितनी बार चर्चा करते हैं – हमेशा चर्चा करते हैं, कभी-कभी चर्चा करते हैं, या कभी चर्चा नहीं करते?

	हमेशा	**कभी-कभी**	**कभी नहीं**	**कोई राय नहीं**
ए. केंद्र सरकार द्वारा किया गया कार्य	1	2	3	8
बी. राज्य सरकार द्वारा किया गया कार्य	1	2	3	8
सी. आपके सांसद द्वारा किया गया कार्य	1	2	3	8
डी. आपके विधायक द्वारा किया गया कार्य	1	2	3	8
ई. राजनीतिक दलों पर	1	2	3	8
एफ. आपके पंचायत/नगर पालिका द्वारा किया गया कार्य	1	2	3	8

प्र3. क्या आपने पिछले एक वर्ष के दौरान हुई निम्न राजनीतिक घटनाओं के बारे में सुना/पढ़ा है? **प्र3ए** (यदि हां) क्या आपने कभी उनके बारे में चर्चा की है?

	हा	**नहीं**	**याद नहीं**	**(यदि हां)**	**हां**	**नहीं**	**याद नहीं**	**लागू नहीं**
ए. कश्मीर में युवाओं द्वारा विरोध प्रदर्शन	1	2	8	**(यदि हां)**	1	2	8	9
बी. अयोध्या मुद्दे पर इलाहाबाद उच्च न्यायालय का फैसला	1	2	8	**(यदि हां)**	1	2	8	9
सी. बिहार विधानसभा चुनाव	1	2	8	**(यदि हां)**	1	2	8	9
डी. नक्सल हिंसा	1	2	8	**(यदि हां)**	1	2	8	9
ई. दिल्ली में आयोजित राष्ट्रमंडल खेलों में भ्रष्टाचार	1	2	8	**(यदि हां)**	1	2	8	9
एफ. 2जी स्पेक्ट्रम/टेलीकॉम घोटाला	1	2	8	**(यदि हां)**	1	2	8	9

प्र4. (यदि प्र3ए में हां) आपने इन मुद्दों पर सबसे अधिक किससे चर्चा की है–दोस्तों के साथ, परिवार के सदस्यों के साथ, पड़ोसियों के साथ, काम पर सहयोगियों के साथ या किसी व्यक्ति के साथ? (**कृपया एक उत्तर ही बताएं**)

1. दोस्तों के साथ 2. परिवार के साथ 3. पड़ोसी के साथ 4. सहयोगियों के साथ
5. किसी व्यक्ति के साथ 8. कोई राय नहीं 9. लागू नहीं

प्र5. अब मैं चुनावी सुधार से संबंधित मुद्दों पर दो कथन पढ़ने जा रहा हूं। कृपया मुझे बताएं कि क्या आप **कथन 1** या **कथन 2** के साथ अधिक सहमत हैं।

ए.	**(1)** अगर लोग उनके प्रदर्शन से संतुष्ट नहीं हैं, तो उन्हें अपने सांसद/विधायक को वापस बुलाने का अधिकार दिया जाना चाहिए।	**(2)** यहां तक कि यदि लोग अपने सांसद/विधायक के प्रदर्शन से नाखुश हैं, फिर भी उन्हें पूर्ण पांच वर्ष की अवधि के लिए कार्य करने की अनुमति दी जानी चाहिए।
	एक (1) के साथ सहमत **2. दो (2) के साथ सहमत**	**8. कोई राय नहीं**
बी.	65 से ऊपर आयु के लोगों को चुनाव लड़ने से वर्जित करना चाहिए	एक लोकतंत्र में लोगों को उनकी आयु के आधार पर चुनाव लड़ने से वर्जित करना अनुचित है
	एक (1) के साथ सहमत **2. दो (2) के साथ सहमत**	**8. कोई राय नहीं**

सी.	लोकतंत्र को मजबूत करने के लिए, सभी योग्य मतदाताओं के लिए मतदान अनिवार्य किया जाना चाहिए।	लोकतंत्र में, लोगों को मतदान करने या मतदान नहीं करने के लिए स्वतंत्र होना चाहिए।
	एक (1) के साथ सहमत **2. दो (2) के साथ सहमत** **8. कोई राय नहीं**	
डी.	युवाओं के लिए लोकसभा और राजसभा में सीटों को आरक्षित किया जाना चाहिए	आरक्षण मांगने के बजाय, युवाओं को लोकसभा और विधानसभा में अपने स्वयं के उत्साह पर बाकी की तरह प्रवेश करना चाहिए।
	एक (1) के साथ सहमत **2. दो (2) के साथ सहमत** **8. कोई राय नहीं**	

प्र6. यदि आपको ध्यान है, पिछले कुछ चुनावों में आपने किसके लिए मतदान किया, तो आप किस राजनीतिक दल का खुद को समर्थक मानेंगे? (दल का नाम रिकॉर्ड करें और कोडिंग के लिए कोड बुक से परामर्श लें) ______________________ 99. लागू नहीं

प्र7. क्या आपने 2009 लोकसभा में मत दिया था?

1. हां 2. नहीं 3. याद नहीं 4. कोई राय नहीं

प्र7ए. (यदि प्र7 में हां) 2009 के लोकसभा चुनाव में आपने किस दल को मत दिया था? **(सफेद प्रतिरूपी मतपत्र उपलब्ध कराएं और प्रक्रिया की व्याख्या करें) (दल का नाम रिकॉर्ड करें और कोडिंग के लिए कोड बुक से परामर्श लें)** ______________ 99. लागू नहीं

प्र8. (यदि प्र7 में हां) किसको मत दें, का निर्णय लेते समय लोग अलग-अलग विचार रखते हैं। 2009 के लोकसभा चुनाव में मत देने के लिए निर्णय लेने के दौरान आपके लिए क्या अधिक महत्वपूर्ण था–दल या उम्मीदवार?

1. दल 2. उम्मीदवार (प्र8बी पर जाएं) 3. नहीं कह सकता 4. लागू नहीं

प्र8ए. (यदि प्र8 में 'दल') दल के पक्ष में सबसे महत्वपूर्ण विचार क्या था?
(उत्तर श्रेणियाँ मत पढ़ें)

0. दल ने युवा उम्मीदवार उतारा था
1. उस दल को मेरी जाति/समुदाय ने समर्थन दिया था।
2. उस दल को गांव/मोहल्ला में समूह या गुट ने समर्थन दिया था।
3. मेरे परिवार के सदस्य दल के पारंपरिक समर्थक/मतदाता हैं।
4. मैं/मेरे परिवार के सदस्यों को लाभ हुआ है, या दल से लाभ की उम्मीद है।
5. दल का नेतृत्व अच्छा हैं।
6. दल का समग्र कार्यक्रम अच्छा है।
7. अन्य *(उल्लिखित करें)* ____________________
8. नहीं कह सकता
9. लागू नहीं

प्र8बी. (यदि प्र8 में 'उम्मीदवार') उम्मीदवार के पक्ष में सबसे महत्वपूर्ण विचार क्या था? (उत्तर श्रेणियां न पढ़ें)

0. उम्मीदवार युवा था।
1. मेरी जाति/समुदाय के लोग उस उम्मीदवार का समर्थन कर रहे थे।
2. गांव/मोहल्ले में समूह या गुट ने उम्मीदवार का समर्थन किया था।
3. उम्मीदवार के साथ हमारे पारिवारिक संबंध या अच्छे संबंध हैं।
4. मैं/मेरे परिवार के सदस्य उम्मीदवार से लाभान्वित हुए हैं, या लाभ की उम्मीद रखते हैं।
5. मैं उम्मीदवार के व्यक्तित्व से प्रभावित हूं।

6. उम्मीदवार उपलब्ध रहता है।
7. अन्य (निर्दिष्ट करें) ____________________
8. नहीं बता सकते हैं।
9. लागू नहीं

प्र9. क्या आपने चुनाव-संबंधी गतिविधियों में भाग लिया था?

	गतिविधियां	हा	नहीं	याद नहीं	कोई राय नहीं
ए.	**ए.** उम्मीदवार के लिए धन इकट्ठा करना	**1**	2	3	8
बी.	**बी.** चुनाव बैठक/रैलियों में भाग लेना	**1**	2	3	8
सी.	**सी.** चुनाव अभियान में भाग लेना/पैम्फलेट बांटना	**1**	2	3	8
डी.	**डी.** टीवी पर चुनाव-संबंधित कार्यक्रम देखना	**1**	2	3	8

प्र10. क्या आपने अपने राज्य में हुए पिछले विधानसभा चुनावों में मत दिया था?
1. हां 2. नहीं 3. याद नहीं 4. कोई राय नहीं

प्र11. क्या आपने अपने क्षेत्र में आयोजित अंतिम पंचायत/नगरपालिका चुनावों में मतदान किया था?
1. हां 2. नहीं 3. याद नहीं 4. कोई राय नहीं

प्र12. उम्मीदवार के लिए मतदान करते समय सबसे अधिक क्या मायने रखता है–उम्मीदवार का अनुभव, उम्मीदवार का दल, उम्मीदवार का कार्य या उम्मीदवार की युवा आयु? ***वरीयता के क्रम में 1 से 4 तक क्रमित करें।***

क्रम

ए. **ए.** उम्मीदवार का अनुभव ____________
बी. **बी.** उम्मीदवार का दल ____________
सी. **सी.** उम्मीदवार का कार्य ____________
डी. **डी.** उम्मीदवार की युवा आयु ____________

प्र13. चुनावों के अतिरिक्त, क्या आपने पिछले दो वर्षों में किसी सामाजिक या राजनीतिक मुद्दे से संबंधित किसी विरोध प्रदर्शन/जुलूस में हिस्सा लिया है? 1. हां 2. नहीं 3. याद नहीं

प्र14. क्या आप कभी भी किसी राजनीतिक दल के सदस्य हैं/रहे हैं?
1. हा 2. नहीं 3. कोई उत्तर नहीं

प्र15. क्या आप कभी राजनीतिक दल की छात्र इकाई/युवा इकाई के सदस्य हैं/रहे हैं?
1. हां 2. नहीं 3. कोई उत्तर नहीं

प्र16. क्या आप अपने कार्यस्थल पर किसी भी संघ के सदस्य हैं/रहे हैं?
1. हां 2. नहीं 3. कोई उत्तर नहीं

प्र17. क्या आप कभी भी किसी भी सामाजिक सेवा संगठन या गैर सरकारी संगठन के सदस्य हैं/रहे हैं?
* 1. हां 2. नहीं 3. कोई उत्तर नहीं

प्र18. इसके अतिरिक्त आप कभी भी किसी अन्य संगठन के सदस्य हैं/रहे हैं?
1. हां 2. नहीं 3. कोई उत्तर नहीं

प्र18ए. ***(यदि हां)*** आप कौन से संगठन से हैं/उसका हिस्सा रहे हैं?........................ ***(सटीक उत्तर रिकॉर्ड करें)***

प्र19. आपके निर्वाचन क्षेत्र से सांसद कौन है? ***(कोडबुक परामर्श करें)***..........
1. अभिज्ञ 2. अनभिज्ञ

प्र19ए. ***(अगर अभिज्ञ है)*** क्या आपके निर्वाचन क्षेत्र का सांसद किसी राजनीतिक परिवार से संबंधित है? ***(कोडबुक परामर्श करें)*** 1. अभिज्ञ 2. अनभिज्ञ 3. एन.ए.

प्र20. क्या आप अपने निर्वाचन क्षेत्र का प्रतिनिधित्व करने वाले सांसद के प्रदर्शन से संतुष्ट हैं? (आगे जांच करें कि ***'पूरी तरह से'*** या ***'कुछ हद तक'*** संतुष्ट या असंतुष्ट)

1. पूरी तरह से संतुष्ट 2. कुछ हद तक संतुष्ट 3. कुछ हद तक असंतुष्ट
4. पूरी तरह से असंतुष्ट 8. नहीं बता सकता/नहीं जानते

प्र21. आपके निर्वाचन क्षेत्र के विधायक कौन हैं? ***(नेम्मारा, थूथुकुडी, मुंग्रा बादशापुर और बिष्णूपुर निर्वाचन क्षेत्रों में नहीं पूछा जाना चाहिए)*** .... 1. अभिज्ञ 2. अनभिज्ञ

प्र21ए. (अगर अभिज्ञ है) क्या आपके निर्वाचन क्षेत्र के विधायक किसी भी राजनीतिक परिवार से संबंधित हैं?

1. अभिज्ञ 2. अनभिज्ञ 9. लागू नहीं

प्र22. क्या आप अपने निर्वाचन क्षेत्र का प्रतिनिधित्व करने वाले विधायक के प्रदर्शन से संतुष्ट हैं? (आगे जांच करें कि ***'पूरी तरह से'*** या ***'कुछ हद तक'*** संतुष्ट या असंतुष्ट)

1. पूरी तरह से संतुष्ट 2. कुछ हद तक संतुष्ट 3. कुछ हद तक असंतुष्ट
4. पूरी तरह से असंतुष्ट 8. नहीं बता सकता/नहीं जानते

प्र23. क्या आपके क्षेत्र से सरपंच/पार्षद 40 वर्ष से कम आयु के हैं?

1. हां 2. नहीं 3. नहीं जानते

प्र24. अब मैं आपके समक्ष दो कथन पढ़ने जा रहा हूं। कृपया मुझे बताएं कि क्या आप कथन 1 या कथन 2 के साथ अधिक सहमत हैं।

ए.

बी.

ए.	**(1)** युवा नेता अपने उत्साह और ताजा सोच के कारण बेहतर प्रदर्शन करने में सक्षम हैं।	**(2)** युवा नेताओं के पास उत्साह हो सकता है लेकिन चूंकि उन्हें अनुभव की कमी है, इसलिए वे प्रभावी ढंग से प्रदर्शन करने में सक्षम नहीं हैं।
	एक (1) से सहमत	**2. दो (2) से सहमत 8. कोई राय नहीं**
बी.	**(1)** युवा नेता बेहतर शिक्षित हैं और इसलिए समस्याओं को हल करने में अधिक सक्षम हैं।	**(2)** युवा नेता बेहतर शिक्षित हो सकते हैं लेकिन चूंकि वे बुनियादी वास्तविकताओं के संपर्क में नहीं हैं, इसलिए वे समस्याओं को हल करने में असमर्थ हैं।
	एक (1) से सहमत	**2. दो (2) से सहमत 8. कोई राय नहीं**

प्र25. अब मैं कुछ कथन पढ़ूंगा। कृपया मुझे बताएं कि आप उनमें से प्रत्येक के साथ सहमत हैं या असहमत हैं? ***(अगर 'दृढ़ता से' या 'कुछ हद तक' सहमत या असहमत हो तो जांच करें)***

	सहमत		**असहमत**		
	दृढ़ता से	*कुछ हद तक*	*कुछ हद तक*	*दृढ़ता से*	*कोई राय नहीं*
ए. **ए.** देश का युवा धर्म और जाति के आधार पर विभाजित है।					
बी. **बी.** बेहतर विकास के लिए, युवा नेताओं को देश को नियंत्रित करने का प्रभार दिया जाना चाहिए।	1	2	3	4	8
सी. **सी.** राजनीतिक मुद्दों पर, युवा और वृद्ध नेता एक जैसा सोचते हैं। कोई फर्क नहीं पड़ता।	1	2	3	4	8
डी. **डी.** मतदाताओं को मत देने के दौरान सभी उम्मीदवारों को अस्वीकार करने का विकल्प मिलना चाहिए यदि उन्हें इनमें से कोई भी पसंद नहीं है।	1	2	3	4	8

ई. युवा नेताओं को टीवी और समाचार पत्रों में और अधिक देखा जाता है और इसलिए अपने निर्वाचन क्षेत्रों की समस्याओं पर ध्यान देने में असमर्थ हैं।	1	2	3	4	8

प्र26. अब मैं आपको युवा नेताओं (40 वर्षऔर उससे कम) और वृद्ध नेताओं (60 वर्ष और उससे अधिक) की तुलना करने के लिए कहूंगा। कृपया मुझे बताएं कि इन कर्तव्यों को करने में कौन बेहतर है?

	युवा नेता	वृद्ध नेता	कोई अंतर नहीं	नहीं बता सकता/ कोई राय नहीं
ए. नियमित रूप से निर्वाचन क्षेत्र का दौरा करना	1	2	3	8
बी. मतदाताओं के संपर्क में रहना	1	2	3	8
सी. दल कार्यकर्ताओं के संपर्क में रहना	1	2	3	8
डी. निर्वाचन क्षेत्र का विकास	1	2	3	8
ई. ईमानदारी से कार्य करना	1	2	3	8

प्र27. मान लीजिए कि आपके लोकसभा निर्वाचन क्षेत्र से दो उम्मीदवार लड़ रहे हैं। एक 60 वर्ष का है और दूसरा 35 वर्ष का है। दोनों पहली बार चुनाव लड़ रहे हैं और दोनों विकास का वादा कर रहे हैं। ऐसी स्थिति में, आप किस उम्मीदवार पहले या दूसरे के लिए मतदान करेंगे?

1. पहला उम्मीदवार 2. दूसरा उम्मीदवार 3. कोई उत्तर नहीं

प्र28. आम तौर पर यह देखा जाता है कि एक ही परिवार के सदस्य एक ही निर्वाचन क्षेत्र से एक के बाद एक चुनाव जीतते हैं? क्या आप इस तथ्य से अवगत हैं?

1. हां 2. नहीं 3. नहीं जानते

प्र29. अब मैं आपके समक्ष दो कथन पढ़ूंगा। कृपया मुझे बताएं कि क्या आप **कथन 1** या **कथन 2** के साथ अधिक सहमत हैं?

ए.	**(1)** जैसे डॉक्टरों के बच्चों का डॉक्टर और अभिनेताओं के बच्चों का अभिनेता बनने में कुछ भी गलत नहीं है, वैसे ही राजनीतिक दलों का राजनीतिक नेताओं के बच्चों को टिकट देने में कुछ भी गलत नहीं है।	**(2)** डॉक्टरों के बच्चे डॉक्टर बन सकते हैं और अभिनेता के बच्चे अभिनेता बन सकते हैं लेकिन राजनीतिक दलों के लिए समान उदाहरण का पालन करना और राजनीतिक नेताओं के बच्चों को टिकट देना सही नहीं है।
	एक (1) से सहमत 2. दो (2) से सहमत 8. कोई राय नहीं	
बी.	**(1)** दूसरों की तुलना में, यदि कोई राजनीतिक परिवार से रहता है तो चुनाव लड़ने के लिए टिकट प्राप्त करना आसान हो जाता है। राजनीतिक दल टिकट देता है जब जीतने की योग्यता मुख्य विचार नहीं है।	**(2)** राजनीतिक दल केवल उन लोगों को टिकट देते हैं, जो वे सोचते हैं, चुनाव जीत सकते हैं। अगर किसी राजनीतिक परिवार के किसी व्यक्ति को टिकट मिल जाता है, तो इसे केवल संयोग के रूप में देखा जाना चाहिए।
	एक (1) से सहमत 2. दो (2) से सहमत 8. कोई राय नहीं	

प्र30. मान लीजिए कि आपके लोकसभा निर्वाचन क्षेत्र से चुनाव लड़ने वाले दो उम्मीदवार हैं। एक उम्मीदवार 50 वर्ष का है और वह निर्वाचन क्षेत्र का मौजूदा सांसद है। दूसरा उम्मीदवार 28 वर्ष का है और उसके पिता कई बार निर्वाचन क्षेत्र से सांसद रहे थे। ऐसी स्थिति में, आप किस उम्मीदवार पहले या दूसरे के लिए मतदान करेंगे?

1. पहला उम्मीदवार 2. दूसरा उम्मीदवार 3. कोई उत्तर नहीं

ए.

बी.

सी.

डी.

प्र31. अब मैं कांग्रेस नेता राहुल गांधी के बारे में दो कथन पढ़ूंगा। कृपया मुझे बताएं कि आप किस कथन से अधिक सहमत हैं–**पहला** या **दूसरा**?

ए.	(1) राहुल गांधी वास्तव में एक बहुत ही लोकप्रिय नेता हैं	(2) राहुल गांधी की लोकप्रियता मीडिया द्वारा बनाई गई है
	एक (1) से सहमत 2. दो (2) से सहमत 8. कोई राय नहीं	
बी.	(1) राहुल गांधी सभी युवाओं को राजनीति में आने के लिए उचित और समान अवसर दे रहे हैं।	(2) राहुल गांधी केवल उन युवा नेताओं को बढ़ावा दे रहे हैं जो राजनीतिक परिवार से संबंधित हैं।
	एक (1) से सहमत 2. दो (2) से सहमत 8. कोई राय नहीं	
सी.	(1) राहुल गांधी के गांवों और झोपड़ियों के दौरे लोगों की समस्याओं को समझने के लिए उनके द्वारा एक ईमानदार प्रयास है।	(2) राहुल गांधी के गांवों और झोपड़ियों के दौरे वोटबैंक की राजनीति के अतिरिक्त कुछ भी नहीं है।
	एक (1) से सहमत 2. दो (2) से सहमत 8. कोई राय नहीं	
डी.	(1) वर्तमान स्थिति को देखते हुए, देश को प्रधानमंत्री के रूप में राहुल गांधी चाहिए।	(2) चूंकि राहुल गांधी को राजनीति और शासन में अनुभव की कमी है, इसलिए अभी उन्हें प्रधानमंत्री बनाना सही नहीं होगा।
	एक (1) से सहमत 2. दो (2) से सहमत 8. कोई राय नहीं	

प्र32. राहुल गांधी के अतिरिक्त, क्या कोई अन्य युवा नेता है जो आपको प्रेरित करता है?

1. हां 2. नहीं 3. राहुल गांधी भी नहीं 4. कह नहीं सकता

प्र32ए. ***(यदि हां)*** युवा नेता का नाम दें जो आपको प्रेरित करता है? (यदि एक से अधिक नामों का उल्लेख सबसे महत्वपूर्ण नाम पूछें) ____________________________ 99. लागू नहीं

प्र33. एक मौका दिया जाए, तो क्या आप राजनीति को अपना करियर बनायेंगे?

1. हां 2. नहीं 3. नहीं बता सकता

प्र33ए. ***(यदि नहीं)*** लोगों के पास राजनीति को अपना करियर नहीं बनाने के लिए अलग-अलग कारण हैं। कुछ लोग राजनीति में रुचि रखते हैं लेकिन राजनीतिक नेताओं से निराश हैं, कुछ राजनीति में रुचि रखते हैं लेकिन राजनीतिक संबंध या संसाधन नहीं हैं, और कुछ राजनीति में बिल्कुल रुचि नहीं रखते हैं। राजनीति को करियर नहीं बनाने के लिए आपका मुख्य कारण क्या है?

1. कोई रुचि नहीं 2. रुचि है लेकिन राजनीति से निराश हैं

3. रुचि है लेकिन संबंध या संसाधन नहीं है

4. अन्य उल्लिखित करें__________________ 8. कोई राय नहीं 9. लागू नहीं

प्र34. आपकी राय में, कौन सा मौजूदा नेता युवाओं की समस्याओं पर सबसे अधिक ध्यान केंद्रित करता है? (नाम) ____________________________________ 99. लागू नहीं

प्र35. आपकी राय में, क्या युवा नेता देश के अन्य नेताओं की तुलना में बेहतर शासन कर सकते हैं?

1. हां 2. नहीं 8. कोई राय नहीं

प्र36. क्या आपको लगता है कि आपके मत का असर पड़ता है कि देश को कैसे चलाना चाहिए?

1. कोई असर नहीं पड़ता 2. असर पड़ता है 3. नहीं जानता/कह नहीं सकता

प्र36ए. (यदि असर पड़ता है) आपको क्या लगता है कि आपके मत का क्या असर पड़ता है? -------------

----

*

--(सटीक उत्तर रिकॉर्ड करें और अनुवाद प्रोफार्मा का उपयोग कर बाद में अंग्रेजी में अनुवाद करें)

प्र37. आप कितनी बार समाचार पत्र पढ़ते हैं–प्रतिदिन, दो दिन में एक बार, एक सप्ताह में 2–4 बार, एक सप्ताह में 5–6 बार या कभी नहीं?

1. प्रतिदिन 2. 1–2 दिन में एक बार 3. एक सप्ताह में 2–4 बार
4. एक सप्ताह में 5–6 बार 5. कभी नहीं

प्र38. आप रेडियो पर कितनी बार समाचार सुनते हैं–दिन में एक बार से अधिक, दिन में एक बार, दो दिन में एक बार, एक सप्ताह में 2–4 बार, एक सप्ताह में 5–6 बार या कभी नहीं?

1. दिन में एक बार से अधिक 2. दिन में एक बार 3. 1–2 दिन में एक बार
4. एक सप्ताह में 2–4 बार 5. एक सप्ताह में 5–6 बार 6. कभी नहीं

प्र39. आप टेलीविजन पर समाचार कितनी बार देखते हैं–दिन में एक बार से अधिक, दिन में एक बार, दो दिन में एक बार, एक सप्ताह में 2–4 बार, एक सप्ताह में 5–6 बार या कभी नहीं?

1. दिन में एक बार से अधिक 2. दिन में एक बार 3. 1–2 दिन में एक बार
4. एक सप्ताह में 2–4 बार 5. एक सप्ताह में 5–6 बार 6. कभी नहीं

प्र40. आप कितनी बार इंटरनेट का उपयोग करते हैं–प्रतिदिन, सप्ताह में कम से कम 3–4 बार, सप्ताह में कम से कम एक बार, कभी-कभी या कभी नहीं?

1. प्रतिदिन/लगभग हर दिन 2. सप्ताह में कम से कम 3–4 बार 3. सप्ताह में कम से कम एक बार
4. कभी-कभी 5. कभी नहीं 9. एन.ए.

प्र41. आप इंटरनेट का सबसे अधिक उपयोग किस कार्य के लिए करते हैं?

1. ई-मेलिंग 2. चैटिंग/सोशल नेटवर्किंग 3. सूचना/शिक्षा के लिए
4. गेमिंग 5. ऑनलाइन लेनदेन
6. कोई अन्य (उल्लिखित करें)________________ 8. कोई राय नहीं 9. लागू नहीं

पृष्ठिभूमि विवरण

व्यक्तिगत जानकारी

Z1. आपकी आयु क्या हैं? ***(पूर्ण हुए वर्षों में)*** ____________ (95 वर्ष और उससे अधिक आयु के लिए 95 रिकॉर्ड करें)

Z2. लिंग: 1. पुरुष 2. महिला

Z3. आपकी वैवाहिक स्थिति क्या है?

1. विवाहित ***(अगर पति और पत्नी दोनों साथ में रहते हैं)***
2. विवाहित, गौना नहीं हुआ ***(विवाहित लेकिन साथ में रहना नहीं शुरू किया)***
3. विधवा 4. तलाकशुदा 5. विलग
6. वियुक्त 7. अविवाहित

Z4. आपने किस स्तर तक पढ़ाई की है ____________________ ***(सटीक रिकॉर्ड करें और कोड बुक से परामर्श लें)***

Z4a. (यदि रेसीडेंट ने पढ़ाई की और 25 वर्ष से कम आयु है) क्या आप अभी भी अपनी पढ़ाई जारी रखे हैं? 2. हां 1. नहीं 3.एनए

एफ एम

Z5b. आपके पिता और आपकी माता ने किस स्तर तक पढ़ाई की है?

पिता:______________________________ **माता:**_________________________

Z5. आपका मुख्य व्यवसाय क्या है? ________________________ ***(सटीक रिकॉर्ड करें और कोड बुक से परामर्श लें और यदि सेवानिवृत्त हो, तो उनके पिछले व्यवसाय का पता लगाने का प्रयास करें)***

Z6. आपकी जाति/जाति-बिरादरी/जनजाति का नाम क्या है? ________________________
(राज्य कोड पुस्तिका, या मास्टर सूची से परामर्श लें)

Z6a. और आपका जाति समूह क्या है? ***(राज्य के लिए अनुसूचित जाति/जनजाति/अन्य पिछड़ा वर्ग सूची दो बार जांचें और परामर्श लें)***

1. अनुसूचित जाति (एससी) 2. अनुसूचित जनजाति (एसटी)
3. अन्य पिछड़ा वर्ग (ओबीसी) 4. अन्य

Z8. आपका धर्म क्या है?

1. हिन्दू 2. मुस्लिम 3. ईसाई 4. सिख 5. बौद्ध/नव बौद्ध
6. जैन 7. जीववाद 8. कोई धर्म नहीं 9. अन्य ***(उल्लिखित करें)***___________

Z9. क्या आपके पास मतदाता पहचान पत्र है?

1. हां मेरे पास है 2. छायाचित्रित, लेकिन मुझे नहीं मिला 3. है, लेकिन इसमें गलतियां हैं
4. नहीं है 4. था, लेकिन खो गया 7. कोई अन्य (उल्लिखित करें)______

Z10. क्या आपके पास राशन कार्ड है?

1. गरीबी रेखा से ऊपर 2. गरीबी रेखा से नीचे 3. अन्त्योदय
4. अन्नपूर्णा 5. नहीं है 6. था, लेकिन खो गया
7. कोई अन्य ***(उल्लिखित करें)***_________

नोट: इसके बाद कुटुंब के किसी भी संदर्भ का अर्थ 'सामान्य कुटुंब' होगा जिसे परिवार के सदस्य और रिश्तेदार जहां रहते हैं, के रूप में परिभाषित किया जाएगा। यदि रेसीडेंट 'संस्थागत कुटुंब' को संदर्भित करता है, उदाहरण के लिए वृद्धावस्था के घर, छात्रावास, धार्मिक संस्थान इत्यादि, निवास कुटुंब के बारे में पूछें।

Z11. क्षेत्र/स्थान: 1. गांव 2. नगर (1 लाख से नीचे)
3. शहर (1 लाख से ऊपर) 4. महानगरीय शहर (10 लाख से ऊपर)
(यदि संदेह में हों तो मतदाता सूची से परामर्श लें। अगर मतदाता सूची में नहीं बताया गया है, तो गांव के रूप में वर्गीकृत करें)

ए सी

Z12. कुटुंब में रहने वाले परिवार के सदस्यों की कुल संख्या: वयस्क: ____ बच्चे:: ____ (यदि 9 से अधिक, 9 कोड करें)

Z13. घर में कमरों की कुल संख्या:_________ ***(रसोईघर को एक कमरे के रूप में गिनें, लेकिन स्नानघर/शौचालय/मार्ग/बरामदा या अनाज के भंडारण या जानवरों को रखने के लिए किसी संरचना को शामिल न करें। यदि 9 से अधिक, तो 9 कोड करें)***

Z14. घर का प्रकार जहां रेसीडेंट रहता है? ***(खुद या किराए पर लिया गया)***

1. झोपड़ी/झुग्गी झोपड़ी (यदि इस्तेमाल किए गए दीवार सामग्री प्लास्टिक/पॉलिथिन/मिट्टी/घास/पत्तियां/पत्थरों/अनावृत ईंट हैं और वहां कोई छत नहीं है या यह दीवारों के लिए उपयोग की जाने वाली सामग्रियों से बना है)
2. कच्चा घर (यदि दीवार सामग्री में लकड़ी/बांस/मिट्टी शामिल है और छत फूस/लकड़ी/टिन/एस्बेस्टोस चादरें आदि की है)
3. कच्चा-पक्का (यदि दीवारें जली हुई ईंट जैसी पक्की सामग्री से बनी हैं लेकिन छत ठोस/सीमेंट की नहीं होती है)

4. मिश्रित घर (यदि कुछ कमरे पक्के हैं और अन्य कमरे कच्चे-पक्के या कच्चे हैं)
5. पक्का स्वतंत्र घर (दोनों दीवारों और छतों को पक्की सामग्री से बना है और अलग प्लाट पर बनाया गया है)
6. फ्लैट (यदि एक से अधिक घर एक ही प्लाट साझा करते हैं और इमारत कम से कम द्विमंजिला है)

घरेलू जानकारी

Z15. खेती के अंतर्गत कुल कृषि भूमि (बगीचे और वृक्षारोपण सहित) (पिछले 12 महीनों में): ________
(स्थानीय इकाइयों में पूछें, लेकिन मानक एकड़ में रिकॉर्ड करें। यदि 99 से अधिक, 99 कोड करें)

Z16. क्या आप या आपके घर के सदस्यों के पास निम्नलिखित हैं:

		हां	नहीं
ए.	**ए.** साइकिल	1	0
बी.	**बी.** रसोई गैस	1	0
सी.	**सी.** मोबाइल/टेलीफोन	1	0
डी.	**डी.** बिजली का पंखा/कूलर	1	0
ई.	**ई.** टीवी	1	0
एफ.	**एफ.** पंपिंग सेट **(प्रश्न केवल ग्रामीण उत्तरदाता से पूछें)**	1	0
जी.	**जी.** स्कूटर/मोटरसाइकिल/मोपेड	1	0
एच.	**एच.** कार/जीप/वैन	1	0
आई.	**आई.** ट्रैक्टर	1	0
जे.	**जे.** फ्रिज	1	0
के.	**के.** पशुधन की कुल संख्या: **(प्रश्न केवल ग्रामीण उत्तरदाता से पूछें)**	____	0

Z17. कुल मासिक घरेलू आय–घर के सभी सदस्यों की आमदनी को एक साथ रखके?
(रूपये)______________________

परिशिष्ट 2

सर्वेक्षण के दौरान जिनका साक्षात्कार हुआ था: सामाजिक प्रोफाइल

लिंग

		पुरुष	*स्त्री*	*योग*
युवा	%	56.7	43.3	100
	सं	869	663	1532
बुज़ुर्ग	%	54.2	45.8	100
	सं	560	473	1033
समस्त	%	55.7	44.3	100
	सं	1429	1136	2565

वैवाहिक स्थिति

		विवाहित	*विवाहित, गौना नहीं हुआ*	*विधुर*	*तलाकशुदा*	*अलग*	*परित्यक्त*	*कभी विवाह नहीं हुआ*	*योग*
युवा	%	72.1	3.1	1.1	.1	2.3	1.7	19.5	100
	सं	1096	47	17	2	35	27	297	1521
बुज़ुर्ग	%	93.1	.7	4.7	-	.2	.2	1	100
	सं	958	7	49	0	2	2	11	1029
समस्त	%	80.1	2.1	2.6	2.1	1.4	1.1	12.0	100
	सं	2054	54	66	2	37	29	308	2565

नोट: 15 उत्तरदाताओं की जानकारी उपलब्ध नहीं थी।

उत्तरदाताओं की शिक्षा का स्तर

		अशिक्षित	*प्राथमिक*	*मिडिल स्कूल*	*हाई स्कूल*	*कॉलेज*	*लागू नहीं*	*योग*
युवा	%	11.4	21.3	14.4	34.5	18.3	.1	100
	सं	175	326	221	528	280	2	1532
बुज़ुर्ग	%	28.0	29.7	11.9	22.6	7.3	.6	100
	सं	289	306	123	234	75	6	1033
समस्त	%	18.1	24.6	13.4	29.7	13.8	.3	100
	सं	464	632	344	762	355	8	2565

उत्तरदाताओं की शिक्षा का स्तर' पिता

		अशिक्षित	प्राथमिक	मिडिल स्कूल	हाई स्कूल	कॉलेज	लागू नहीं	योग
युवा	%	40.9	20.8	8.3	20.3	6.2	3.5	100
	सं	627	319	127	311	95	53	1532
बुजुर्ग	%	56.8	18.6	4.2	11.9	3.4	5.1	100
	सं	587	192	43	123	35	53	1033
समस्त	%	47.3	19.9	6.6	16.9	5.1	4.1	100
	सं	1214	511	170	434	130	106	2565

उत्तरदाताओं की शिक्षा का स्तर' माता

		अशिक्षित	प्राथमिक	मिडिल स्कूल	हाई स्कूल	कॉलेज	लागू नहीं	योग
युवा	%	58.7	19	6.3	10.1	1.8	4.1	100
	सं	900	291	97	155	26	63	1532
बुजुर्ग	%	72.1	13.2	4.4	4.2	.7	5.5	100
	सं	745	136	45	43	7	57	1033
समस्त	%	64.1	16.6	5.5	7.7	1.4	4.7	100
	सं	1645	427	142	198	33	120	2565

उत्तरदाताओं का पेशा

		उच्च पेशेवर	निम्न पेशेवर	व्यवसाय	कुशल और अकुशल श्रमिक	कृषि	गैर श्रमिक	लागू नहीं	योग
युवा	%	1.4	4.8	9.5	17.4	23.9	41.1	1.9	100
	सं	22	74	145	267	366	629	29	1532
बुजुर्ग	%	1	5.9	9.3	16.2	32	32.6	3	100
	सं	10	61	96	167	331	337	31	1033
समस्त	%	1.2	5.3	9.4	16.9	27.2	37.7	2.3	100
	सं	32	135	241	434	697	966	60	2565

पिता का पेशा

		उच्च पेशेवर	निम्न पेशेवर	व्यवसाय	कुशल और अकुशल श्रमिक	कृषि	गैर श्रमिक	लागू नहीं	योग
युवा	%	.8	6.1	11.9	21.3	54.3	1.2	4.4	100
	सं	13	93	182	326	832	19	67	1532
बुजुर्ग	%	.9	4.5	7.3	18.4	59.1	1.5	8.4	100
	सं	9	46	75	190	610	16	87	1033
समस्त	%	.9	5.4	10.0	20.1	56.2	1.4	6.0	100
	सं	22	139	257	516	1442	35	154	2565

जाति समुदाय

		हिन्दू उच्च जाति	हिन्दू अन्य पिछड़ी जाति	हिन्दू अनु. जाति	हिन्दू अनु. जनजाति	मुस्लिम	अन्य	योग
युवा	%	22.1	38.3	22.8	5	8.1	3.8	100
	सं	338	586	349	77	124	58	1532
बुजुर्ग	%	24	37.7	21	5.4	7.9	4	100
	सं	248	389	217	56	82	41	1033
समस्त	%	22.8	38.0	22.1	5.2	8.0	3.9	100
	सं	586	975	566	133	206	99	2565

जाति समूह

		अनुसूचित जाति	अनुसूचित जनजाति	अन्य पिछड़ी जातियां	अन्य	योग
युवा	%	24.6	5.1	41.6	29	100
	सं	376	78	636	442	1532
बुजुर्ग	%	22	5.6	41.8	31	100
	सं	226	58	430	319	1033
समस्त	%	23.5	5.3	41.6	29.7	100
	सं	602	136	1066	761	2565

धर्म

		हिन्दू	मुस्लिम	ईसाई	सिख	बौद्ध	जैन	बिना धर्म	अन्य	योग
युवा	%	88.3	8.1	2.5	.3	.3	.4	.1	.1	100
	सं	1353	124	38	5	4	6	1	1	1532
बुजुर्ग	%	88.2	7.9	2.4	.6	.3	.4	0	.2	100
	सं	911	82	25	6	3	4	0	2	1033
समस्त	%	88.3	8.0	2.5	.4	.3	.4	0	.1	100
	सं	2264	206	63	11	7	10	1	3	2565

मतदाता पहचान पत्र

		हां	फोटो खिंचा परंतु प्राप्त नहीं हुआ	हां, लेकिन त्रुटियां हैं	नहीं	था, लेकिन खो गया	सूचना नहीं/ अन्य	योग
युवा	%	92	3.4	1	3.1	.5	.1	100
	सं	1409	52	16	47	7	1	1532
बुजुर्ग	%	93.6	1.1	1	2.5	1.5	.4	100
	सं	967	11	10	26	15	4	1033
समस्त	%	92.6	2.5	1.0	2.8	.9	.2	100
	सं	2376	63	26	73	22	5	2565

राशन कार्ड

		गरीबी रेखा से ऊपर	*गरीबी रेखा से नीचे*	*अंत्योदय*	*अन्नपूर्णा*	*नहीं*	*गुम*	*लागू नहीं/ अन्य*	*अन्य*
युवा	%	38.3	41.8	2.2	1	10.8	.5	5.4	100
	सं	587	641	33	16	165	8	82	1532
बुजुर्ग	%	36.7	45.8	1.8	.5	8.2	1.5	5.5	100
	सं	379	473	19	5	85	15	57	1033
समस्त	%	37.7	43.4	2.0	.8	9.7	.9	5.4	100
	सं	966	1114	52	21	250	23	139	2565

क्षेत्र/निवास का इलाका

		गांव	*कस्बा*	*शहर*	*मेट्रोपॉलिटन शहर*	*योग*
युवा	%	73.3	14	7	5.7	100
	सं	1123	215	107	87	1532
बुजुर्ग	%	74.2	15.7	7.6	2.5	100
	सं	767	162	78	26	1033
समस्त	%	73.7	14.7	7.2	4.4	100
	सं	1890	377	185	113	2565

परिवार के सदस्यों की संख्या (बुजुर्ग)

		1–2	*3–4*	*5–6*	*7–8*	*9 और अधिक*	*रिक्त/लागू नहीं*	*योग*
युवा	%	22.5	40.7	23.3	8.2	4.1	1.2	100
	सं	345	624	356	126	63	18	1532
बुजुर्ग	%	25.9	36.8	25.2	8.2	3.5	.5	100
	सं	268	380	260	84	36	5	1033
समस्त	%	23.9	39.2	24.0	8.1	3.9	.9	100
	सं	613	1004	616	210	99	23	2565

परिवार के सदस्यों की संख्या (बच्चे)

		1–2	*3–4*	*5–6*	*7–8*	*9 और अधिक*	*रिक्त/लागू नहीं*	*योग*
युवा	%	45.5	31.2	5.3	1.5	1	15.5	100
	सं	696	478	81	24	16	237	1532
बुजुर्ग	%	42	33.7	8.9	2.3	1.5	13.6	100
	सं	434	348	71	23	16	141	1033
समस्त	%	44.1	32.2	5.9	1.8	1.2	14.7	100
	सं	1140	826	152	47	32	378	2565

घर में कुल कमरों की संख्या

		1–2	*3–4*	*5–6*	*8 और अधिक*	*योग*
युवा	%	60.6	35.3	.2	3.9	100
	सं	929	541	2	60	1532
बुज़ुर्ग	%	48.8	43.6	.8	6.8	100
	सं	504	451	8	70	1033
समस्त	%	55.9	37.4	.4	5.1	100
	सं	1433	992	10	130	2565

घर का प्रकार

		झोपड़ी/ झुग्गी	*कच्चा घर*	*कच्चा पक्का*	*मिश्रित*	*पक्का (स्वतंत्र)*	*फ्लैट*	*लागू नहीं*	*योग*
युवा	%	5.8	21.9	20	23.4	26.8	1.6	.5	100
	सं	89	335	306	358	411	25	8	1532
बुज़ुर्ग	%	6.5	22.1	21.7	21.2	26.9	.9	.8	100
	सं	67	228	224	219	278	9	8	1033
समस्त	%	6.1	21.9	20.7	22.5	26.9	1.3	.6	100
	सं	156	563	530	577	685	34	16	2565

कुल मासिक आय

		1000 तक	*1001–2000*	*2001–3000*	*3001–4000*	*4001–5000*	*5001–10000*	*10001–20000*	*20000 से ऊपर*	*योग*
युवा	%	11.8	20	17.8	12.5	12.2	16.7	6.3	2.7	100
	सं	181	307	272	192	187	256	96	41	1532
बुज़ुर्ग	%	14.1	20.1	17.3	12.8	11.1	15.2	6.3	3	100
	सं	146	208	179	132	115	157	65	31	1033
समस्त	%	12.7	20.1	17.6	12.6	11.8	16.1	6.3	2.8	100
	सं	327	515	451	324	302	413	161	72	2565

आर्थिक वर्ग

		धनी	*मध्यम*	*निम्न*	*निर्धन*	*अत्यंत निर्धन*	*योग*
युवा	%	9.9	26.3	45.3	14.4	4.1	100
	सं	152	403	694	220	63	1532
बुज़ुर्ग	%	11.4	24.7	42.1	14.5	7.3	100
	सं	118	255	435	150	75	1033
समस्त	%	10.5	25.7	44.0	14.4	5.4	100
	सं	270	658	1129	370	138	2565

परिशिष्ट 3

राय और रूख: बुनियादी निष्कर्ष

तालिका 1: राजनीति और राजनीतिक समाचारों में रुचि

		ज्यादा सरोकार	*कुछ रुचि*	*कोई रुचि नहीं*	*कोई राय नहीं*	*योग*
युवा	%	9.8	52.4	33.9	3.9	100
	सं	150	803	519	60	1532
बुजुर्ग	%	6.9	44.1	41.9	7.1	100
	सं	71	456	432	73	1033

तालिका 2: निम्नलिखित राजनीतिक संस्थानों द्वारा किए गए कार्यों के बारे में चर्चा

			हमेशा	*कभी कभी*	*कभी नहीं*	*कोई राय नहीं*	*योग*
केंद्र सरकार	युवा	%	11.8	37.9	43.7	6.6	100
		सं	181	580	670	101	1532
	बुजुर्ग	%	10.4	30.5	46.7	12.5	100
		सं	107	315	482	129	1033
राज्य सरकार	युवा	%	15.8	40.4	37.6	6.2	100
		सं	242	619	576	95	1532
	बुजुर्ग	%	13	33.9	41.9	11.2	100
		सं	134	350	433	116	1033
सांसद	युवा	%	12.5	40.2	39.8	7.4	100
		सं	192	616	610	114	1532
	बुजुर्ग	%	11.5	33	41.6	13.8	100
		सं	119	341	430	143	1033
विधायक	युवा	%	18.3	40	34.3	7.3	100
		सं	281	613	526	112	1532
	बुजुर्ग	%	13.2	35.3	37.8	13.7	100
		सं	136	365	390	142	1033
राजनीतिक दल	युवा	%	18.9	38.3	35.5	7.3	100
		सं	289	587	544	112	1532
	बुजुर्ग	%	15.9	32.2	39.1	12.8	100
		सं	164	333	404	132	1033

(तालिका 2 जारी)

(तालिका 2 जारी)

			हमेशा	*कभी कभी*	*कभी नहीं*	*कोई राय नहीं*	*योग*
पंचायत/नगर पालिका	युवा	%	31.1	42.8	21	5.2	100
		सं	477	655	321	79	1532
	बुजुर्ग	%	28.4	37	24.3	10.4	100
		सं	293	382	251	107	1033

तालिका 3(ए) (i): कश्मीर में युवाओं द्वारा विरोध प्रदर्शन के बारे में जागरूकता

		हां	*नहीं*	*याद नहीं*	*योग*
युवा	%	31.7	64	4.2	100
	सं	486	981	65	1532
बुजुर्ग	%	23.7	72	4.3	100
	सं	245	744	44	1033

तालिका 3(ए) (ii): *(यदि जानकारी)* कश्मीर में युवाओं द्वारा विरोध प्रदर्शन के बारे में चर्चा में भागीदारी

		हां	*नहीं*	*याद नहीं*	*योग*
युवा	%	64.4	31.3	4.3	100
	सं	313	152	21	486
बुजुर्ग	%	59.2	35.9	4.9	100
	सं	145	88	12	245

नोट: मात्र वैध उत्तरदाताओं के लिए आंकड़ों की गणना क्योंकि प्रश्न एक आश्रित प्रश्न है।

तालिका 3(बी) (i): अयोध्या मुद्दे पर इलाहाबाद उच्च न्यायालय के फैसले के बारे में जागरूकता

		हां	*नहीं*	*याद नहीं*	*योग*
युवा	%	57.6	39.6	2.9	100
	सं	882	606	44	1532
बुजुर्ग	%	45.8	50.5	3.7	100
	सं	473	522	38	1033

तालिका 3(बी) (ii): *(यदि जानकारी)* अयोध्या मुद्दे पर इलाहाबाद उच्च न्यायालय के फैसले के बारे में चर्चा में भागीदारी

		हां	*नहीं*	*याद नहीं*	*योग*
युवा	%	67.2	28.8	4	100
	सं	593	254	35	882
बुजुर्ग	%	63	31.5	5.5	100
	सं	298	149	26	473

नोट: मात्र वैध उत्तरदाताओं के लिए आंकड़ों की गणना क्योंकि प्रश्न एक आश्रित प्रश्न है।

तालिका 3(सी) (i): बिहार विधानसभा चुनावों के बारे में जागरूकता

		हां	*नहीं*	*याद नहीं*	*योग*
युवा	%	29	66.3	4.7	100
	सं	444	1016	72	1532
बुजुर्ग	%	22.7	71.7	5.6	100
	सं	234	741	58	1033

तालिका 3(सी) (ii): *(यदि जानकारी)* बिहार विधानसभा चुनावों के बारे में चर्चा में भागीदारी

		हां	*नहीं*	*याद नहीं*	*योग*
युवा	%	62.8	32.9	4.3	100
	सं	279	146	119	444
बुजुर्ग	%	61.1	33.3	5.6	100
	सं	143	78	13	234

नोट: मात्र वैध उत्तरदाताओं के लिए आंकड़ों की गणना क्योंकि प्रश्न एक आश्रित प्रश्न है।

तालिका 3(डी) (i): नक्सली हिंसा के बारे में जागरूकता

		हां	*नहीं*	*याद नहीं*	*योग*
युवा	%	44.1	51.4	4.4	100
	सं	676	788	68	1532
बुजुर्ग	%	33.3	62.3	4.4	100
	सं	344	644	45	1033

तालिका 3(डी) (ii): *(यदि जानकारी)* नक्सली हिंसा के बारे में चर्चा में भागीदारी

		हां	*नहीं*	*याद नहीं*	*योग*
युवा	%	62.6	31.8	5.6	100
	सं	423	215	38	676
बुजुर्ग	%	60.2	34	5.8	100
	सं	207	117	20	344

नोट: मात्र वैध उत्तरदाताओं के लिए आंकड़ों की गणना क्योंकि प्रश्न एक आश्रित प्रश्न है।

तालिका 3(इ) (i): दिल्ली में हुए राष्ट्रमंडल खेलों के बारे में जागरूकता

		हां	*नहीं*	*याद नहीं*	*योग*
युवा	%	44.2	52.2	3.7	100
	सं	677	799	56	1532
बुजुर्ग	%	31.5	64.4	4.2	100
	सं	325	665	43	1033

तालिका 3(इ) (ii): (*यदि जानकारी*) दिल्ली में हुए राष्ट्रमंडल खेलों में भ्रष्टाचार के बारे में चर्चा में भागीदारी

		हां	*नहीं*	*याद नहीं*	*योग*
युवा	%	70	25.3	4.7	100
	सं	474	177	32	677
बुजुर्ग	%	68	26.8	5.2	100
	सं	221	87	17	325

नोट: मात्र वैध उत्तरदाताओं के लिए आंकड़ों की गणना क्योंकि प्रश्न एक आश्रित प्रश्न है।

तालिका 3(एफ) (i): 2जी स्पेक्ट्रम/टेलीकॉम घोटाला के बारे में जागरूकता

		हां	*नहीं*	*याद नहीं*	*योग*
युवा	%	42.5	54.1	3.4	100
	सं	651	829	52	1532
बुजुर्ग	%	31	65.2	3.9	100
	सं	320	673	40	1033

तालिका 3(एफ) (ii): (*यदि जानकारी*) 2जी स्पेक्ट्रम/टेलीकॉम घोटाला के बारे में चर्चा में भागीदारी

		हां	*नहीं*	*याद नहीं*	*योग*
युवा	%	76.2	20.1	3.7	100
	सं	496	131	24	651
बुजुर्ग	%	68.8	27.8	3.4	100
	सं	220	89	11	320

नोट: मात्र वैध उत्तरदाताओं के लिए आंकड़ों की गणना क्योंकि प्रश्न एक आश्रित प्रश्न है।

तालिका 4: (प्र3 में यदि हां) राजनीतिक मुद्दों पर चर्चा

		दोस्तों के साथ	*परिवार के साथ*	*पड़ोसियों के साथ*	*सहकर्मियों के साथ*	*किसी व्यक्ति के साथ*	*कोई राय नहीं*	*योग*
युवा	%	58.4	18.1	4.5	2.7	3.3	13	100
	सं	284	88	22	13	16	63	486
बुजुर्ग	%	40.8	20	11.4	6.1	6.9	14.7	100
	सं	100	49	28	15	17	36	245

नोट: मात्र वैध उत्तरदाताओं के लिए आंकड़ों की गणना क्योंकि प्रश्न एक आश्रित प्रश्न है।

तालिका 5: चुनाव सुधार से संबंधित मुद्दों पर राय

			सहमत	*असहमत*	*कोई राय नहीं*	*योग*
सांसद/विधायक को वापस बुलाने का अधिकार	युवा	%	68.5	15.9	15.6	100
		सं	1049	244	239	1532
	बुज़ुर्ग	%	57.1	18	24.9	100
		सं	590	186	257	1033
चुनाव लड़ने के लिए 65 की आयु सीमा	युवा	%	49.3	35.1	15.7	100
		सं	755	537	240	1532
	बुज़ुर्ग	%	41.8	36	22.2	100
		सं	432	372	229	1033
अनिवार्य मतदान	युवा	%	59.6	25.7	14.7	100
		सं	913	394	225	1532
	बुज़ुर्ग	%	51.5	25.6	22.9	100
		सं	532	264	237	1033
चुनावों में युवाओं के लिए आरक्षण	युवा	%	41.6	32.5	25.9	100
		सं	637	498	397	1532
	बुज़ुर्ग	%	31.8	34.3	34	100
		सं	328	354	351	1033

तालिका 6: राजनीतिक दलों के समर्थक

		कांग्रेस	*भाजपा*	*वाम*	*बसपा*	*सपा*	*अद्रमुक*	*अन्य दल*	*नहीं जानते*	*योग*
युवा	%	23.5	19.7	6.9	8.3	6.7	8.6	25.7	.6	100
	सं	260	218	76	92	74	95	284	7	1106
बुज़ुर्ग	%	27	17.1	7.6	10.6	9.1	3.9	23.7	1	100
	सं	199	126	56	78	67	29	174	7	736

नोट: मात्र वैध उत्तरदाताओं के लिए आंकड़ों की गणना क्योंकि कुछ उत्तरदाताओं ने जवाब नहीं दिया।

तालिका 7: 2009 लोकसभा चुनावों में मतदान में भागीदारी

		हां	*नहीं*	*याद नहीं*	*कोई राय नहीं*	*योग*
युवा	%	84.1	12.5	2.5	.8	100
	सं	1288	192	39	13	1532
बुज़ुर्ग	%	91.3	4.5	2.8	1.4	100
	सं	943	47	29	14	1033

तालिका 7(ए): (प्र7 में यदि हां) 2009 लोकसभा चुनावों में राजनीतिक दल के लिए मतदान

		कांग्रेस	*भाजपा*	*वाम*	*बसपा*	*सपा*	*जद (यू)*	*अन्य दल*	*नहीं मालूम*	*योग*
युवा	%	20.1	16.1	5.7	7.1	6.8	6.1	19.4	18.7	100
	सं	259	207	73	92	88	79	249	241	1288
बुजुर्ग	%	22.5	14.4	6.2	9.8	8.2	5.3	14.5	19.1	100
	सं	212	136	59	92	77	50	137	180	943

नोट: मात्र वैध उत्तरदाताओं के लिए आंकड़ों की गणना क्योंकि प्रश्न एक आश्रित प्रश्न है।

तालिका 8: (प्र7 में यदि हां) 2009 लोकसभा चुनावों में मतदान विचार: दल या उम्मीदवार

		दल	*उम्मीदवार*	*नहीं कह सकते*	*योग*
युवा	%	62.3	25.9	11.8	100
	सं	802	334	152	1288
बुजुर्ग	%	60.1	25.1	14.7	100
	सं	567	237	139	943

नोट: मात्र वैध उत्तरदाताओं के लिए आंकड़ों की गणना क्योंकि प्रश्न एक आश्रित प्रश्न है।

तालिका: 8(ए): (प्र8 में यदि दल) एक दल के पक्ष में सबसे महत्वपूर्ण विचार

		युवा उम्मीदवार	*मेरे समुदाय द्वारा समर्थित*	*गांव या मोहल्ला द्वारा समर्थित*	*परिवार द्वारा समर्थित*	*परिवार को दल से लाभ मिला*	*अच्छा नेतृत्व*	*दल का अच्छा कार्यक्रम*	*कह नहीं सकते/अन्य*	*योग*
युवा	%	2	11.5	5.9	29.7	12.6	20.7	15.3	2.7	100
	सं	16	89	47	238	101	166	123	22	802
बुजुर्ग	%	1.8	10.4	7.2	26.5	13.4	21	15.7	4.1	100
	सं	10	59	41	150	76	119	89	23	567

नोट: मात्र वैध उत्तरदाताओं के लिए आंकड़ों की गणना क्योंकि प्रश्न एक आश्रित प्रश्न है।

तालिका 8(बी): (प्र8 में यदि उम्मीदवार) उम्मीदवार के पक्ष में सबसे महत्वपूर्ण विचार

		युवा उम्मीदवार	*मेरे समुदाय द्वारा समर्थित*	*गांव या मोहल्ला द्वारा समर्थित*	*उम्मीदवार से अच्छे संबंध*	*परिवार को दल से लाभ मिला*	*उम्मीदवार का व्यक्तित्व*	*सुलभ*	*कह नहीं सकते/अन्य*	*योग*
युवा	%	12.3	10.2	6.6	9.6	15.6	33.5	3.9	8.4	100
	सं	41	34	22	32	52	112	13	28	334
बुजुर्ग	%	4.2	8.9	7.2	13.5	13.9	31.2	9.7	11.4	100
	सं	10	21	17	32	33	74	23	27	237

नोट: मात्र वैध उत्तरदाताओं के लिए आंकड़ों की गणना क्योंकि प्रश्न एक आश्रित प्रश्न है।

तालिका 9: चुनाव संबंधी गतिविधियों में भागीदारी

			हां	*नहीं*	*याद नहीं*	*कोई राय नहीं*	*योग*
उम्मीदवार के लिए कोष संग्रह	युवा	%	5	88.4	2.6	4	100
		सं	77	1354	40	61	1532
	बुजुर्ग	%	4.5	87	3.2	5.2	100
		सं	47	899	33	54	1033
चुनावी बैठकों या रैलियों में उपस्थिति	युवा	%	23	71.4	2.2	3.3	100
		सं	353	1094	34	51	1532
	बुजुर्ग	%	22	69.5	3.6	4.9	100
		सं	227	718	37	51	1033
चुनाव प्रचार या पैंफलेट बांटना	युवा	%	20.6	74.3	1.9	3.2	100
		सं	316	1138	29	49	1532
	बुजुर्ग	%	17.1	74.7	3.2	4.9	100
		सं	177	772	33	51	1033
टीवी पर चुनाव संबंधी कार्यक्रम देखना	युवा	%	45.9	49.2	1.8	3.1	100
		सं	703	754	28	47	1532
	बुजुर्ग	%	38.3	54.8	2.8	4.1	100
		सं	396	566	29	42	1033

तालिका 10: पिछले विधानसभा चुनावों में मतदान में भागीदारी

		हां	*नहीं*	*याद नहीं*	*कोई राय नहीं*	*योग*
युवा	%	79.5	16.8	2.7	1	100
	सं	1218	257	42	15	1532
बुजुर्ग	%	88.1	7.3	2.9	1.7	100
	सं	910	75	30	18	1033

तालिका 11: पिछले पंचायत/नगरपालिका चुनावों में मतदान में भागीदारी

		हां	*नहीं*	*याद नहीं*	*कोई राय नहीं*	*योग*
युवा	%	81.6	14.6	2	1.8	100
	सं	1250	223	31	28	1532
बुजुर्ग	%	91.4	5.5	1	2.1	100
	सं	944	57	10	22	1033

तालिका 12: (प्र12 ए, बी, सी और डी) एक उम्मीदवार के लिए मतदान करते समय सबसे महत्वपूर्ण विचार (*वरीयता के क्रम में 1 से 4 तक दर्जा दें।*)

			दर्जा 1	*दर्जा 2*	*दर्जा 3*	*दर्जा 4*	*कोई राय नहीं*	*योग*
उम्मीदवार का अनुभव	युवा	%	12.9	30.7	33.4	19.1	3.9	100
		सं	198	471	511	292	60	1532
	बुजुर्ग	%	18.4	31.2	32.3	13	5.1	100
		सं	190	322	334	134	53	1033
उम्मीदवार का दल	युवा	%	32.8	27.3	22.9	13.2	3.7	100
		सं	503	419	351	202	57	1532
	बुजुर्ग	%	33	28.8	22.6	10.5	5.1	100
		सं	341	298	233	108	53	1033
उम्मीदवार का काम	युवा	%	40.5	26.4	19.3	11	2.8	100
		सं	621	405	295	168	43	1532
	बुजुर्ग	%	37.9	28.4	21.7	7.4	4.7	100
		सं	391	293	224	76	49	1033
उम्मीदवार की युवावस्था	युवा	%	11.7	12.3	20.7	51.4	3.9	100
		सं	179	188	317	788	60	1532
	बुजुर्ग	%	6.6	7.6	17.6	63.1	5.1	100
		सं	68	78	182	652	53	1033

तालिका 13: दो वर्षों में एक सामाजिक या राजनीतिक मुद्दे से संबंधित किसी विरोध/प्रदर्शन में भागीदारी

		हां	*नहीं*	*याद नहीं*	*योग*
युवा	%	11.9	85.8	2.3	100
	सं	182	1314	36	1532
बुजुर्ग	%	11.3	84.8	3.9	100
	सं	117	876	40	1033

तालिका 14: राजनीतिक दल की ताजा/पूर्व सदस्यता

		हां	*नहीं*	*कोई उत्तर नहीं*	*योग*
युवा	%	8.7	86.2	5.1	100
	सं	133	1321	78	1532
बुजुर्ग	%	7.6	86.4	6	100
	सं	78	893	62	1033

तालिका 15: एक राजनीतिक दल की युवा इकाई की ताजा/पूर्व सदस्यता

		हां	*नहीं*	*कोई उत्तर नहीं*	*योग*
युवा	%	9.8	85.7	4.5	100
	सं	150	1313	69	1532
बुजुर्ग	%	5.6	88.2	6.2	100
	सं	58	911	64	1033

तालिका 16: आपके कार्यस्थल पर संगठन की ताजा/पूर्व सदस्यता

		हां	*नहीं*	*कोई उत्तर नहीं*	*योग*
युवा	%	3.2	91.8	5	100
	सं	49	1407	76	1532
बुजुर्ग	%	4.7	90.1	5.1	100
	सं	49	931	53	1033

तालिका 17: सामाजिक सेवा संगठन या एनजीओ की ताजा/पूर्व सदस्यता

		हां	*नहीं*	*कोई उत्तर नहीं*	*योग*
युवा	%	2.4	92.7	4.9	100
	सं	37	1420	75	1532
बुजुर्ग	%	2.3	89.3	8.4	100
	सं	24	922	87	1033

तालिका 18: किसी अन्य संगठन की ताजा/पूर्व सदस्यता

		हां	*नहीं*	*कोई उत्तर नहीं*	*योग*
युवा	%	2.7	91.2	6.1	100
	सं	42	1397	93	1532
बुजुर्ग	%	1.7	88.9	9.4	100
	सं	18	918	97	1033

तालिका 19: अपने निर्वाचन क्षेत्र के मौजूदा सांसद के बारे में जागरूकता

		जानकारी	*नहीं जानकारी*	*योग*
युवा	%	58.2	41.8	100
	सं	891	641	1532
बुजुर्ग	%	50.6	49.4	100
	सं	523	510	1033

तालिका 19(ए): (प्र19 में यदि जानकारी) मौजूदा सांसद के बारे में जागरूकता, चाहे किसी दल का हो

		जानकारी	*नहीं जानकारी*	*योग*
युवा	%	42.6	57.4	100
	सं	380	511	891
बुजुर्ग	%	41.3	58.7	100
	सं	216	307	523

नोट: मात्र वैध उत्तरदाताओं के लिए आंकड़ों की गणना क्योंकि प्रश्न एक आश्रित प्रश्न है।

तालिका 20: मौजूदा सांसद के प्रदर्शन से संतुष्टि

		पूरी तरह संतुष्ट	*कुछ हद तक संतुष्ट*	*कुछ हद तक असंतुष्ट*	*पूरी तरह असंतुष्ट*	*कह नहीं सकते/ नहीं जानते*	*योग*
युवा	%	14.9	39.6	12.8	15	17.8	100
	सं	228	606	196	230	272	1532
बुजुर्ग	%	16	33.9	11.2	16	22.9	100
	सं	165	350	116	165	237	1033

तालिका 21: अपने निर्वाचन क्षेत्र के मौजूदा विधायक के बारे में जागरूकता

		जानकारी	*नहीं जानकारी*	*योग*
युवा	%	63.7	36.3	100
	सं	976	556	1532
बुजुर्ग	%	54.8	45.2	100
	सं	566	467	1033

तालिका 21(a): (प्र21 में यदि जानकारी) मौजूदा विधायक के बारे में जागरूकता, चाहे किसी दल का हो

		जानकारी	*नहीं जानकारी*	*योग*
युवा	%	38.9	61.1	100
	सं	380	596	976
बुजुर्ग	%	39	61	100
	सं	221	345	566

तालिका 22: मौजूदा विधायक के प्रदर्शन से संतुष्टि

		पूरी तरह संतुष्ट	*कुछ हद तक संतुष्ट*	*कुछ हद तक असंतुष्ट*	*पूरी तरह असंतुष्ट*	*कह नहीं सकते/ नहीं जानते*	*योग*
युवा	%	16	40.9	8.9	13.3	21	100
	सं	245	626	136	203	322	1532
बुजुर्ग	%	17.8	33	11.5	14	23.6	100
	सं	184	341	119	145	244	1033

तालिका 23: सरपंच/पार्षद की आयु के बारे में जागरूकता (भले 40 के भीतर हो)

		हां	*नहीं*	*नहीं जानते*	*योग*
युवा	%	43.8	41.3	14.9	100
	सं	671	632	229	1532
बुजुर्ग	%	41.4	39.6	19	100
	सं	428	409	196	1033

तालिका 24(ए): (1) अपने जोश और ताजी सोच के कारण युवा नेता बेहतर प्रदर्शन करने में सक्षम हैं। (2) युवा नेताओं में जोश भले हो लेकिन चूंकि उनमें अनुभव की कमी होती है, वे प्रभावी प्रदर्शन करने में सक्षम नहीं होते।

		सहमत 1	*सहमत 2*	*कोई राय नहीं*	*योग*
युवा	%	62.3	21.1	16.6	100
	सं	954	323	255	1532
बुजुर्ग	%	47.4	29.2	23.3	100
	सं	490	302	241	1033

तालिका 24(बी): (1) युवा नेता बेहतर शिक्षित होते हैं और इसलिए समस्याओं को हल करने में अधिक सक्षम होते हैं। (2) युवा नेता बेहतर शिक्षित हो सकते हैं परंतु चूंकि उन्हें जमीनी वास्तविकताएं नहीं पता होतीं, वे समस्याओं को हल करने में सक्षम नहीं हैं।

		सहमत 1	*सहमत 2*	*कोई राय नहीं*	*योग*
युवा	%	51.3	30.4	18.3	100
	सं	786	466	280	1532
बुजुर्ग	%	39.9	35.4	24.7	100
	सं	412	366	255	1033

तालिका 25: (प्र25 ए, बी, सी, डी और इ) राजनीतिक मुद्दों पर राय-

			पूरी तरह संतुष्ट	*कुछ हद तक संतुष्ट*	*कुछ हद तक असंतुष्ट*	*पूरी तरह असंतुष्ट*	*कोई राय नहीं*	*योग*
जाति और धर्म में बंटे युवा	युवा	%	29	24.3	6.5	14.2	26	100
		सं	444	373	99	218	398	1532
	बुजुर्ग	%	25.4	21.2	7.4	13.8	32.2	100
		सं	262	219	76	143	333	1033
देश चलाने का दायित्व युवाओं को दिया जाए	युवा	%	39	26.2	8.9	5.9	20.1	100
		सं	597	401	136	90	308	1532
	बुजुर्ग	%	31.2	23.7	10.9	6.6	27.6	100
		सं	322	245	113	68	285	1033

(तालिका 25 जारी)

(तालिका 25 जारी)

			पूरी तरह संतुष्ट	*कुछ हद तक संतुष्ट*	*कुछ हद तक असंतुष्ट*	*पूरी तरह असंतुष्ट*	*कोई राय नहीं*	*योग*
राजनेताओं का राजनीतिक दर्शन उम्र से अप्रभावित	युवा	%	15.7	23.2	19.8	17.6	23.6	100
		सं	241	356	303	270	362	1532
	बुजुर्ग	%	14.4	19.9	18.8	16.2	30.7	100
		सं	149	206	194	167	317	1033
खारिज करने का अधिकार	युवा	%	44.4	15.8	7.9	6.2	25.7	100
		सं	680	242	121	95	394	1532
	बुजुर्ग	%	36.9	15.7	7.3	8.1	32	100
		सं	381	162	75	84	331	1033
युवा नेता अप्रभावी हैं क्योंकि वे मीडिया से जुड़े हैं	युवा	%	26	19.3	13.2	11.7	29.7	100
		सं	399	296	202	180	455	1532
	बुजुर्ग	%	21.9	18.5	13.4	11.6	34.7	100
		सं	226	191	138	120	358	1033

तालिका 26: (प्र26 ए, बी, सी, डी और इ) युवा नेताओं के प्रदर्शन के बीच तुलना (40 साल और नीचे) और वृद्ध नेता (60 साल और ऊपर)

			युवा नेता	*वृद्ध नेता*	*अंतर नहीं*	*कोई राय नहीं*	*योग*
निर्वाचन क्षेत्र में नियमित जाना	युवा	%	48	18.7	22.7	10.6	100
		सं	735	287	348	162	1532
	बुजुर्ग	%	36.3	22.3	27.5	13.9	100
		सं	375	230	284	144	1033
मतदाताओं के संपर्क में रहना	युवा	%	43.7	22.1	23.3	10.9	100
		सं	669	336	357	167	1532
	बुजुर्ग	%	30.1	27.8	27.4	14.7	100
		सं	311	287	283	152	1033
दल के कार्यकर्ताओं के संपर्क में रहना	युवा	%	38.6	22.9	23.8	14.6	100
		सं	592	351	365	224	1532
	बुजुर्ग	%	28.8	26.5	26.4	18.2	100
		सं	298	294	293	188	1033
निर्वाचन क्षेत्र का विकास	युवा	%	40.2	14.8	26	19.1	100
		सं	616	226	398	292	1532
	बुजुर्ग	%	24.3	22.7	28.1	25	100
		सं	251	234	290	258	1033

(तालिका 26 जारी)

(तालिका 26 जारी)

			युवा नेता	*वृद्ध नेता*	*अंतर नहीं*	*कोई राय नहीं*	*योग*
ईमानदारी से कार्य	युवा	%	39.3	13.8	29.8	17.2	100
		सं	602	211	456	263	1532
	बुजुर्ग	%	23.3	23.3	33.6	19.7	100
		सं	241	241	347	204	1033

तालिका 27: एक वृद्ध (60 वर्ष आयु) और एक युवा (35 वर्ष आयु) उम्मीदवार के बीच मतदान की प्राथमिकता यदि दोनों पहली बार चुनाव लड़ रहे हों।

		वृद्ध पहली बार	*युवा पहली बार*	*कोई उत्तर नहीं*	*योग*
युवा	%	24.9	61.9	13.2	100
	सं	382	948	202	1532
बुजुर्ग	%	37.1	43.9	19.1	100
	सं	383	453	197	1033

तालिका 28: एक निर्वाचन क्षेत्र से एक के बाद एक चुनाव जीतने वाले परिवार के सदस्यों के बारे में जागरूकता

		हां	*नहीं*	*जानकारी नहीं*	*योग*
युवा	%	38.3	4.5	21.1	100
	सं	587	621	324	1532
बुजुर्ग	%	35.3	38.1	26.5	100
	सं	365	394	274	1033

तालिका 29(ए): राजनेताओं के बच्चों को चुनाव लड़ने के लिए उनके दल द्वारा टिकट दिया जाना गलत नहीं

		सहमत	*असहमत*	*कोई राय नहीं*	*योग*
युवा	%	25.3	53.3	21.5	100
	सं	387	816	329	1532
बुजुर्ग	%	24.7	47.7	27.4	100
	सं	255	495	283	1033

तालिका 29(बी): राजनेताओं के बच्चे चुनाव लड़ने के लिए टिकट आसानी से पा जाते हैं

		सहमत	*असहमत*	*कोई राय नहीं*	*योग*
युवा	%	28.6	44.3	27.2	100
	सं	438	678	416	1532
बुजुर्ग	%	26.9	40.2	32.9	100
	सं	278	415	340	1033

तालिका 30: 50 साल की आयु के उम्मीदवार जो निर्वाचन क्षेत्र से मौजूदा सांसद है और 28 साल की आयु के उम्मीदवार जिसके पिता निर्वाचन क्षेत्र से अनेक बार सांसद रहे, में वरीयता

		पहला उम्मीदवार	*दूसरा उम्मीदवार*	*कोई राय नहीं*	*योग*
युवा	%	30.4	52.9	16.6	100
	सं	466	811	255	1532
बुजुर्ग	%	39.4	38.8	21.8	100
	सं	407	401	255	1033

तालिका 31(ए): क्या राहुल गांधी वास्तव में लोकप्रिय हैं या मीडिया द्वारा प्रचारित

		वास्तव में लोकप्रिय	*लोकप्रियता मीडिया की देन*	*कोई राय नहीं*	*योग*
युवा	%	51	23.9	25.1	100
	सं	781	366	385	1532
बुजुर्ग	%	45.9	20.2	33.9	100
	सं	474	209	350	1033

तालिका 31(बी): क्या राहुल गांधी सभी को समान अवसर देते हैं या राजनीतिक परिवारों के युवाओं को बढ़ावा देते हैं

		समान अवसर देते हैं	*राजनीतिक परिवार वालों का पक्ष लेते हैं*	*कोई राय नहीं*	*योग*
युवा	%	36	30	34.1	100
	सं	551	459	522	1532
बुजुर्ग	%	30.4	27.3	42.3	100
	सं	314	282	437	1033

तालिका 31(सी): क्या राहुल गांधी का मलिन बस्तियों और गांवों में दौरा एक ईमानदार प्रयास है या वोट बैंक के लिए

		वास्तविक चिंता	*लोकप्रियता*	*कोई राय नहीं*	*योग*
युवा	%	36.9	32	31.1	100
	सं	566	490	476	1532
बुजुर्ग	%	31.1	29	39.9	100
	सं	321	300	412	1033

तालिका 31(डी): राहुल गांधी को अगला प्रधानमंत्री होना चाहिए?

		सहमत	*नहीं। उन्हें अनुभव नहीं*	*कोई राय नहीं*	*योग*
युवा	%	27.6	37.8	34.6	100
	सं	423	579	430	1532
बुजुर्ग	%	23.4	34.4	42.1	100
	सं	242	356	435	1033

तालिका 32: राहुल गांधी के अतिरिक्त कोई प्रेरक युवा नेता

		हां	*नहीं*	*राहुल गांधी भी नहीं*	*नहीं कह सकते*	*योग*
युवा	%	12.7	44.3	10.6	32.4	100
	सं	195	679	162	496	1532
बुजुर्ग	%	9.5	39.1	10.4	41	100
	सं	98	404	107	424	1033

तालिका 32(ए): प्रेरक युवा नेता (प्र32 में यदि हां)

		वरूण गांधी (भाजपा)	*अखिलेश यादव (सपा)*	*राज ठाकरे (मनसे)*	*जगन मोहन रेड्डी*	*सचिन पायलट (कांग्रेस)*	*नहीं जानते*	*अन्य*	*योग*
युवा	%	14.4	5.6	4.6	7.2	6.7	27.7	33.8	100
	सं	28	11	9	14	13	54	66	195
बुजुर्ग	%	20.4	9.2	1	1	1	32.7	34.7	100
	सं	20	9	1	1	1	32	34	98

नोट: मात्र वैध उत्तरदाताओं के लिए आंकड़ों की गणना क्योंकि प्रश्न एक आश्रित प्रश्न है।

तालिका 33: राजनीति को अपना करियर बनाने में रुचि

		हां	*नहीं*	*कह नहीं सकते*	*योग*
युवा	%	33.7	54.2	12.1	100
	सं	517	830	185	1532
बुजुर्ग	%	26.3	58.9	14.8	100
	सं	272	608	153	1033

तालिका 33(ए): (प्र33 में यदि नहीं) राजनीति को करियर न बनाने का कारण

		रुचि नहीं	*मोहभंग*	*कोई कड़ी/ साधन नहीं*	*अन्य*	*विकल्प नहीं*	*योग*
युवा	%	68.9	10.4	8.3	2	10.4	100
	सं	572	86	69	17	86	830
बुजुर्ग	%	61.3	9.2	8.7	2.5	18.3	100
	सं	373	56	53	15	111	608

नोट: मात्र वैध उत्तरदाताओं के लिए आंकड़ों की गणना क्योंकि प्रश्न एक आश्रित प्रश्न है।

तालिका 34: मौजूदा नेता जो युवाओं की समस्याओं पर सर्वाधिक ध्यान देता है

		राहुल गांधी	*नितीश कुमार*	*शिवराज सिंह चौहान*	*जयललिता*	*करुणानिधि*	*अन्य*	*लागू नहीं*	*योग*
युवा	%	8	2.7	1	1.8	2	11.8	72.7	100
	सं	122	41	15	28	31	181	1114	1532
बुजुर्ग	%	6.7	1.9	1.4	1.5	1.8	10.5	76.2	100
	सं	69	20	14	16	19	108	787	1033

तालिका 35: युवा नेता अन्य नेताओं के मुकाबले देश को बेहतर चलाते हैं?

		हां	*नहीं*	*कोई राय नहीं*	*योग*
युवा	%	62.1	18.2	19.7	100
	सं	951	279	302	1532
बुजुर्ग	%	45.1	28.8	26	100
	सं	466	298	269	1033

तालिका 36: मत प्रभावकारिता

		प्रभाव नहीं	*प्रभाव पड़ा है*	*कह नहीं सकते*	*योग*
युवा	%	34.3	43	22.7	100
	सं	526	658	348	1532
बुजुर्ग	%	31	39.9	29.1	100
	सं	320	412	301	1033

तालिका 37: समाचार पत्र पढ़ने की आवृत्ति

		प्रतिदिन	*1–2 दिन में एक बार*	*एक हफ्ते में 2–4 बार*	*एक हफ्ते में 5–6 बार*	*कभी नहीं*	*योग*
युवा	%	29	16.1	10.6	4.9	39.4	100
	सं	445	246	162	75	604	1532
बुजुर्ग	%	22.8	9.3	10.4	4.5	53	100
	सं	236	96	107	46	548	1033

तालिका 38: रेडियो पर समाचार सुनने की आवृत्ति

		दिन में एक से अधिक बार	*दिन में एक बार*	*1–2 दिन में एक बार*	*एक हफ्ते में 2–4 बार*	*एक हफ्ते में 5–6 बार*	*कभी नहीं*	*योग*
युवा	%	4.5	9.9	7.6	7.5	5.3	65.2	100
	सं	69	152	116	115	81	999	1532
बुज़ुर्ग	%	4.9	9.9	5.6	7.6	5.2	66.7	100
	सं	51	102	58	79	54	689	1033

तालिका 39: टेलीविजन पर समाचार देखने की आवृत्ति

		दिन में एक से अधिक बार	*दिन में एक बार*	*1–2 दिन में एक बार*	*एक हफ्ते में 2–4 बार*	*एक हफ्ते में 5–6 बार*	*कभी नहीं*	*योग*
युवा	%	14.4	21.9	10.9	14.4	10.1	28.3	100
	सं	221	336	167	221	154	433	1532
बुज़ुर्ग	%	13.4	16.8	8.8	11.1	7.6	42.3	100
	सं	138	174	91	115	78	437	1033

तालिका 40: इंटरनेट सर्फिंग की आवृत्ति

		रोज/लगभग प्रतिदिन	*एक हफ्ते में कम से कम 3–4 बार*	*एक हफ्ते में कम से कम एक बार*	*कभीकभार*	*कभी नहीं*	*लागू नहीं.*	*योग*
युवा	%	3	2.7	2.6	8.6	54.2	28.9	100
	सं	46	41	40	131	831	443	1532
बुज़ुर्ग	%	1	1.2	.8	2.9	57.4	36.8	100
	सं	10	12	8	30	593	380	1033

तालिका 41: इंटरनेट के प्राथमिक उपयोग

		इ-मेल	*सोशल नेटवर्किंग*	*शिक्षा*	*जुआ*	*अन्य*	*लागू नहीं/कोई राय नहीं*	*योग*
युवा	%	4.4	2.2	7.8	1.2	2.6	81.8	100
	सं	67	34	120	18	40	1253	1532
बुज़ुर्ग	%	1.3	1	1.8	.3	3.6	92	100
	सं	13	10	19	3	37	951	1033

पृष्ठभूमि की जानकारी

तालिका Z2: लिंग

		पुरुष	*महिला*	*योग*
युवा	%	56.7	43.3	100
	सं	869	663	1532
बुजुर्ग	%	54.2	45.8	100
	सं	560	473	1033

तालिका Z3: वैवाहिक स्थिति

		विवाहित	*विवाहित, गौना नहीं हुआ*	*विधुर*	*तलाकशुदा*	*अलग*	*परित्यक्त*	*कभी शादी नहीं हुई*	*योग*
युवा	%	72.1	3.1	1.1	.1	2.3	1.7	19.5	100
	सं	1096	47	17	2	35	27	297	1521
बुजुर्ग	%	93.1	.7	4.7	-	.2	.2	1	100
	सं	958	7	49	0	2	2	11	1029

नोटः 15 उत्तरदाताओं के बारे में जानकारी नहीं थी।

तालिका Z4: उत्तरदाताओं के शिक्षा का स्तर

		अशिक्षित	*प्राथमिक*	*मिडिल स्कूल*	*हाई स्कूल*	*कालेज*	*लागू नहीं*	*योग*
युवा	%	11.4	21.3	14.4	34.5	18.3	.1	100
	सं	175	326	221	528	280	2	1532
बुजुर्ग	%	28	29.7	11.9	22.6	7.3	.6	100
	सं	289	306	123	234	75	6	1033

तालिका Z4 (ए): उत्तरदाताओं के पिता का शैक्षणिक स्तर

		अशिक्षित	*प्राथमिक*	*मिडिल स्कूल*	*हाई स्कूल*	*कॉलेज*	*लागू नहीं*	*योग*
युवा	%	40.9	20.8	8.3	20.3	6.2	3.5	100
	सं	627	319	127	311	95	53	1532
बुजुर्ग	%	56.8	18.6	4.2	11.9	3.4	5.1	100
	सं	587	192	43	123	35	53	1033

तालिका Z4 (बी): उत्तरदाताओं की माता का शैक्षणिक स्तर

		अशिक्षित	प्राथमिक	मिडिल स्कूल	हाई स्कूल	कॉलेज	लागू नहीं	योग
युवा	%	58.7	19	6.3	10.1	1.8	4.1	100
	सं	900	291	97	155	26	63	1532
बुजुर्ग	%	72.1	13.2	4.4	4.2	.7	5.5	100
	सं	745	136	45	43	7	57	1033

तालिका Z5: उत्तरदाताओं का पेशा

		उच्च पेशेवर	निम्न पेशेवर	व्यवसाय	कुशल और अकुशल श्रमिक	कृषि	गैर श्रमिक	लागू नहीं	योग
युवा	%	1.4	4.8	9.5	17.4	23.9	41.1	1.9	100
	सं	22	74	145	267	366	629	29	1532
बुजुर्ग	%	1	5.9	9.3	16.2	32	32.6	3	100
	सं	10	61	96	167	331	337	31	1033

तालिका Z5 (ए): गृहणियों की आय के वैकल्पिक स्रोत

		हां	नहीं	योग
युवा	%	25.4	74.6	100
	सं	113	332	445
बुजुर्ग	%	26.6	73.4	100
	सं	85	234	319

नोट: मात्र वैध उत्तरदाताओं के लिए आंकड़ों की गणना क्योंकि प्रश्न एक आश्रित प्रश्न है।

तालिका Z5 (बी): पिता का पेशा

		उच्च पेशेवर	निम्न पेशेवर	व्यवसाय	कुशल और अकुशल श्रमिक	कृषि	गैर श्रमिक	लागू नहीं	योग
युवा	%	.8	6.1	11.9	21.3	54.3	1.2	4.4	100
	सं	13	93	182	326	832	19	67	1532
बुजुर्ग	%	.9	4.5	7.3	18.4	59.1	1.5	8.4	100
	सं	9	46	75	190	610	16	87	1033

तालिका Z6: जाति समुदाय

		हिन्दू उच्च जाति	हिन्दू अन्य पिछड़ी जाति	हिन्दू अनु. जाति	हिन्दू अनु. जनजाति	मुस्लिम	अन्य	योग
युवा	%	22.1	38.3	22.8	5	8.1	3.8	100
	सं	338	586	349	77	124	58	1532
बुज़ुर्ग	%	24	37.7	21	5.4	7.9	4	100
	सं	248	389	217	56	82	41	1033

तालिका Z6 (ए): जाति समूह

		अनुसूचित जाति	अनुसूचित जनजाति	अन्य पिछड़ी जातियां	अन्य	योग
युवा	%	24.6	5.1	41.6	29	100
	सं	376	78	636	442	1532
बुज़ुर्ग	%	22	5.6	41.8	31	100
	सं	226	58	430	319	1033

तालिका Z7: धर्म

		हिन्दू	मुस्लिम	ईसाई	सिख	बौद्ध	जैन	कोई धर्म नहीं	अन्य	योग
युवा	%	88.3	8.1	2.5	.3	.3	.4	.1	.1	100
	सं	1353	128	38	5	4	6	1	1	1532
बुज़ुर्ग	%	88.2	7.9	2.4	.6	.3	.4	0	.2	100
	सं	911	82	25	6	3	4	0	2	1033

तालिका Z9: मतदाता पहचान पत्र

		हां	फोटो खिंची, लेकिन कार्ड नहीं मिला	हां, लेकिन त्रुटिपूर्ण	नहीं	था लेकिन खो गया	कोई सूचना नहीं/अन्य	योग
युवा	%	92	3.4	1	3.1	.5	.1	100
	सं	1409	52	16	47	7	1	1532
बुज़ुर्ग	%	93.6	1.1	1	2.5	1.5	.4	100
	सं	967	11	10	26	15	4	1033

तालिका Z10: राशन कार्ड

		गरीबी रेखा से ऊपर	गरीबी रेखा से नीचे	अंत्योदय	अन्नपूर्णा	नहीं	खो गया	लागू नहीं/ अन्य	योग
युवा	%	38.3	41.8	2.2	1	10.8	.5	5.4	100
	सं	587	641	33	16	165	8	82	1532
बुज़ुर्ग	%	36.7	45.8	1.8	.5	8.2	1.5	5.5	100
	सं	379	473	19	5	85	15	57	1033

तालिका Z11: क्षेत्र/स्थान

		गांव	कस्बा	शहर	मेट्रोपॉलिटन शहर	योग
युवा	%	73.3	14	7	5.7	100
	सं	1123	215	107	87	1532
बुजुर्ग	%	74.2	15.7	7.6	2.5	100
	सं	767	162	78	26	1033

तालिका Z12: परिवार के सदस्यों की संख्या (बालिग)

		1–2	3–4	5–6	7–8	9 तथा ऊपर	रिक्त/लागू नहीं	योग
युवा	%	22.5	40.7	23.3	8.2	4.1	1.2	100
	सं	345	624	356	126	63	18	1532
बुजुर्ग	%	25.9	36.8	25.2	8.2	3.5	.5	100
	सं	268	380	260	84	36	5	1033

तालिका Z12: परिवार के सदस्यों की संख्या (बच्चे)

		1–2	3–4	5–6	7–8	9 तथा ऊपर	रिक्त/लागू नहीं	योग
युवा	%	45.5	31.2	5.3	1.5	1	15.5	100
	सं	696	478	81	24	16	237	1532
बुजुर्ग	%	42	33.7	8.9	2.3	1.5	13.6	100
	सं	434	348	71	23	16	141	1033

तालिका Z13: घर में कमरों की कुल संख्या

		1–2	3–4	5–6	8 तथा ऊपर	योग
युवा	%	60.6	35.3	.2	3.9	100
	सं	929	541	2	60	1532
बुजुर्ग	%	48.8	43.6	.8	6.8	100
	सं	504	451	8	70	1033

तालिका Z14: घर का प्रकार

		झोपड़ी/झुग्गी	कच्चा घर	कच्चा पक्का	मिश्रित	पक्का (स्व.)	फ्लैट	लागू नहीं	योग
युवा	%	5.8	21.9	20	23.4	26.8	1.6	.5	100
	सं	89	335	306	358	411	25	8	1532
बुजुर्ग	%	6.5	22.1	21.7	21.2	26.9	.9	.8	100
	सं	67	228	224	219	278	9	8	1033

तालिका Z16: महत्वपूर्ण गृहस्थी के सामान

			हां	*नहीं*	*योग*
साइकिल	युवा	%	76.1	23.9	100
		सं	1166	366	1532
	बुजुर्ग	%	73.7	26.3	100
		सं	761	272	1033
रसोई गैस	युवा	%	47.7	52.3	100
		सं	731	802	1532
	बुजुर्ग	%	45	55	100
		सं	465	568	1033
मोबाइल/टेलीफोन	युवा	%	74	26	100
		सं	1133	399	1532
	बुजुर्ग	%	73.7	26.3	100
		सं	761	272	1033
विद्युत पंखा/कूलर	युवा	%	77.1	22.9	100
		सं	1181	351	1532
	बुजुर्ग	%	76.1	23.9	100
		सं	786	247	1033
टीवी	युवा	%	70.2	29.8	100
		सं	1076	456	1532
	बुजुर्ग	%	67	33	100
		सं	692	341	1033
पंपिंग सेट	युवा	%	20.9	79.1	100
		सं	320	1212	1532
	बुजुर्ग	%	22.9	7.1	100
		सं	237	796	1033
स्कूटर/मोटरसाइकिल/ मोपेड	युवा	%	32.3	67.7	100
		सं	495	1037	1532
	बुजुर्ग	%	30.7	69.3	100
		सं	317	716	1033
कार/जीप/वैन	युवा	%	4.1	95.9	100
		सं	63	1469	1532
	बुजुर्ग	%	4.6	95.4	100
		सं	48	985	1033

(तालिका Z16 जारी)

(तालिका Z16 जारी)

			हां	*नहीं*	*योग*
ट्रैक्टर	युवा	%	6.6	93.4	100
		सं	101	1431	1532
	बुजुर्ग	%	7.6	92.4	100
		सं	79	954	1033
फ्रिज	युवा	%	16.4	83.6	100
		सं	252	1280	1532
	बुजुर्ग	%	15.6	84.4	100
		सं	161	872	1033

तालिका Z16 (k): पशुधन संख्या (मात्र ग्रामीण उत्तरदाता)

		0	*1–2*	*3–4*	*5–6*	*7–8*	*9 और ऊपर*	*योग*
युवा	%	55.2	24	13.5	4.6	1.5	1.4	100
	सं	845	367	206	71	22	21	1532
बुजुर्ग	%	53	24.3	14.4	4.9	1.4	1.9	100
	सं	548	251	149	51	14	20	1033

तालिका Z17: कुल मासिक आय

		1000 तक	*1001–2000*	*2001–3000*	*3001–4000*	*4001–5000*	*5001–10000*	*10001–20000*	*20000 से ऊपर*	*योग*
युवा	%	11.8	20	17.8	12.5	12.2	16.7	6.3	2.7	100
	सं	181	307	272	192	187	256	96	41	1532
बुजुर्ग	%	14.1	20.1	17.3	12.8	11.1	15.2	6.3	3	100
	सं	146	208	179	132	115	157	65	31	1033

तालिका: आर्थिक वर्ग

		धनाढ्य	*मध्यम*	*निम्न*	*निर्धन*	*अत्यंत निर्धन*	*योग*
युवा	%	9.9	26.3	45.3	14.4	4.1	100
	सं	152	403	694	220	63	1532
बुजुर्ग	%	11.4	24.7	42.1	14.5	7.3	100
	सं	118	255	435	150	75	1033

संपादक और योगदानकर्ताओं का परिचय

संपादक

संजय कुमार प्रोफ़ेसर हैं तथा वर्तमान में सेंटर फ़ॉर द स्टडी ऑफ़ डेवलपिंग सोसायटीज़ (सीएसडीएस) के निदेशक हैं। वे सीएसडीएस के अनुसंधान कार्यक्रम, लोकनीति के संस्थापक सदस्यों में से एक हैं तथा वर्तमान में इसके सह-निदेशक हैं।

उनके शोध का प्रमुख क्षेत्र चुनाव संबंधी राजनीति है, हालांकि वे भारतीय युवा, दक्षिण एशिया में लोकतंत्र की स्थिति, भारतीय किसानों की स्थिति, दिल्ली की झुग्गी-झोपड़ियों (स्लम्स) और चुनाव संबंधी हिंसा से जुड़े शोधों के संचालन में भी शामिल रहे हैं।

उन्होंने कई पुस्तकों, संपादित खंडों का लेखन किया है, संपादित पुस्तकों में अध्यायों का योगदान दिया है और विभिन्न राष्ट्रीय तथा अंतरराष्ट्रीय शोध पत्रिकाओं में उनके लेखों का प्रकाशन हो चुका है। उनकी सबसे नवीन पुस्तक *पोस्ट मंडल पॉलिटिक्स इन बिहार: चेंजिंग इलेक्टोरल पैटर्न्स* है। उनके अन्य प्रकाशनों में *चेंजिंग इलेक्टोरल पॉलिटिक्स इन दिल्ली: फ़्रॉम कास्ट टू क्लास, इंडियन यूथ इन अ ट्रांसफॉर्मिंग वर्ल्ड: एटीट्यूड्स एंड परसेप्शन्स* (पीटर आर डिसूज़ा और संदीप शास्त्री के साथ), *मेजरिंग वोटिंग बिहेवियर इन इंडिया* (प्रवीण कुमार के साथ), *राइज़ ऑफ़ प्लेबियंस?* (क्रिस्टोफ़ जैफरलॉट के साथ), *दे चेंजिंग फ़ेस ऑफ़ इंडियन लेजिस्लेटिव असेम्बलीज़,* और *इलेक्टोरल पॉलिटिक्स इन इंडिया: रिसर्जेंस ऑफ़ द भारतीय जनता पार्टी* (सुहास पलशीकर और संजय लोढ़ा के साथ) शामिल हैं। उनके नवीनतम अनुसंधान पर आधारित भारतीय युवाओं पर उनका नया संस्करण आने वाला है।

अपने अकादमिक लेखन के अलावा वह अंग्रेजी और हिंदी दोनों भाषाओं में राष्ट्रीय और क्षेत्रीय समाचार पत्रों के लिए नियमित रूप से लिखते हैं। उनके लेख नियमित रूप से द हिंदू, इंडियन एक्सप्रेस, एशियन एज, डेक्कन क्रॉनिकल्स, दैनिक भास्कर, राजस्थान पत्रिका और द मिंट में प्रकाशित होते हैं। वह भारतीय टेलीविजन पर चुनाव विश्लेषक और राजनीतिक टिप्पणीकार के रूप में भी जाने-माने चेहरे हैं। वे कई देशों में अंतरराष्ट्रीय चुनाव पर्यवेक्षक भी रहे हैं।

योगदानकर्ता

विभा अत्री लोकनीति (सीएसडीएस) में शोधकर्ता हैं। वह उस समूह की सदस्य थीं जिसने 2011 में भारत में युवाओं और राजनीति का अध्ययन किया था। वह पंजाब विश्वविद्यालय, चंडीगढ़ से राजनीति विज्ञान में एमफिल हैं, और उन्हें मात्रात्मक विधियों में प्रशिक्षण प्राप्त

है। उनकी अनुसंधान रुचियों में चुनावी राजनीति, पंचायती राज संस्थान और राजनीति में महिलाओं की भागीदारी शामिल हैं।

ज्योति मिश्रा लोकनीति (सीएसडीएस) में शोधकर्ता हैं। वह उस समूह की सदस्य थीं जिसने 2011 में भारत में युवाओं और राजनीति का अध्ययन किया था। उन्होंने सेंटर फॉर पॉलिटिकल स्टडीज, जवाहरलाल नेहरू विश्वविद्यालय, नई दिल्ली से अपना एमफिल पूरा किया है, और वहीं से पीएचडी कर रही हैं। उनकी अनुसंधान रुचियों में व्यापार और राजनीति, संघीय राजनीति, दलीय राजनीति और चुनावी राजनीति शामिल है।

किंजल संपत अपने वैश्विक नजरिये को परिभाषित करने के लिए सामाजिक विज्ञान की पड़ताल कर रहीं है। उन्होंने लोकनीति (सीएसडीएस), सीएसटीईपी, बेंगलुरू और जैन विश्वविद्यालय, बेंगलुरू के साथ एक शोधकर्ता के रूप में कार्य किया है। उनका अध्ययन विधिक चेतना से लेकर सार्वजनिक राय के विश्लेषण तक, विभिन्न विषयों पर रहा है। वर्तमान में, वह अपने स्नातकोत्तर शोध-प्रबंध पर कार्य कर रही हैं। उनकी पिछली डिग्री दिल्ली स्कूल ऑफ इकोनॉमिक्स से समाजशास्त्र (2010) में और मुंबई विश्वविद्यालय से मास मीडिया (2006) में रही है।

श्रेयस सरदेसाई 2010 से लोकनीति (सीएसडीएस) में शोधकर्ता हैं और चुनाव से संबंधित प्रमुख सर्वेक्षण परियोजनाओं को संभालते हैं। वह टेलीविजन समाचार में लगभग सात वर्ष का अनुभव रखने वाले एक मीडिया पेशेवर भी हैं। वह उस प्रमुख टीम का हिस्सा थे जिसने 2005 में सीएनएन-आईबीएन चैनल लॉन्च किया और 2010 तक समाचार संपादक के रूप में वहां कार्य किया। वह कुछ समय तक एनडीटीवी और हेडलाइंस टुडे से भी जुड़े थे। श्रेयस दिल्ली विश्वविद्यालय, सेंट स्टीफेंस कॉलेज से इतिहास में स्नातक हैं। उन्होंने जवाहर लाल नेहरू विश्वविद्यालय, नई दिल्ली से राजनीति विज्ञान में स्नातकोत्तर की पढ़ाई पूरी की।

अनन्या सिंह लोकनीति (सीएसडीएस) में एक शोधकर्ता हैं। वे दिल्ली विश्वविद्यालय से राजनीति विज्ञान में स्नातक हैं। उनकी रुचि के क्षेत्रों में युवाओं और कल्याण कार्यक्रमों पर विशिष्ट ध्यान केंद्रित करने के साथ चुनावी राजनीति, सार्वजनिक नीति शामिल हैं।

अन्य संबंधित पुस्तकें जिनमें आपकी रुचि हो सकती है

2017
ISBN 978-93-864-4698-5

2015
ISBN 978-93-515-0582-2

2017
ISBN 978-93-866-0234-3

2018
ISBN 978-93-515-0669-0

हमारी मेल-सूची से जुड़ें और विशेष ऑफ़र्स का लाभ उठाएं।

marketing@sagepub.in पर लिखें।

हमारी विभिन्न पुस्तकों के लिए देखें **www.sagebhasha.com**

Made in United States
North Haven, CT
04 November 2026

21765352R00125